学术前沿研究

辽宁省教育厅高校科技专著出版基金资助

中国能源投入产出问题研究

尚红云◎著

北京师范大学出版集团
BEIJING NORMAL UNIVERSITY PUBLISHING GROUP
北京师范大学出版社

图书在版编目(CIP) 数据

中国能源投入产出问题研究/尚红云著.—北京: 北京师范大学出版社, 2011.3
ISBN 978-7-303-11764-2

Ⅰ.①中… Ⅱ.①尚… Ⅲ.①能源工业－投入产出分析－研究－中国 Ⅳ.① F426.2

中国版本图书馆 CIP 数据核字(2010)第 227120 号

营销中心电话　010-58802181 58808006
北师大出版社高等教育分社网　http://gaojiao.bnup.com.cn
电 子 信 箱　beishida168@126.com

出版发行：北京师范大学出版社 www.bnup.com.cn
　　　　　北京新街口外大街 19 号
　　　　　邮政编码：100875
印　　刷：北京京师印务有限公司
经　　销：全国新华书店
开　　本：155 mm × 235 mm
印　　张：13
字　　数：208 千字
版　　次：2011 年 3 月第 1 版
印　　次：2011 年 3 月第 1 次印刷
定　　价：28.00 元

策划编辑：马洪立　　　责任编辑：庄永敏
美术编辑：毛 佳　　　　装帧设计：天吉之赋工作室
责任校对：李 菡　　　　责任印制：李 啸

前　言

　　能源资源作为自然资源的重要组成部分，是现代社会人类生存和发展最重要的物质支撑。自新中国成立以来，特别是自改革开放以来，中国能源的开发与利用支撑了中国经济的高速发展，但同时也引发了一系列的矛盾和问题，其中最突出的是环境污染问题。环境污染问题是中国进一步发展所必须面对和解决的重大问题。现有对能源消耗和环境污染问题的研究，多偏重于从技术角度、法律角度或政府管制的角度进行研究，而缺乏将技术与经济相结合角度进行的分析研究。尤其需要指出的是，现有关于中国能源投入产出问题的研究很少有人论证能源投入对经济增长贡献的阶段性；由能源消耗所引致的环境污染问题（尤其是大气污染问题）的文献也未提供充分的证据来证明各种因素对大气污染物排放的影响；更很少有人利用投入产出方法充分论证能源效率、技术进步、经济总量、经济结构等因素对能耗总量、各种能源消耗量的影响程度，基于投入产出理论的各种模型对能源消耗变动的分解分析也未从行业贡献的角度去深入解释。

　　有鉴于此，《中国能源投入产出问题研究》一书以能源与经济、能源与环境之间的关联性为依据，借鉴国际上前沿性投入产出方法，结合计量经济方法，以能源与经济、能源与环境的关联性分析为中心，从技术、效率、结构、总量等多个角度对我国能源消耗对经济增长的促进作用，能源消耗带来的环境问题进行经济和技术分析，通过实证分析过程揭示经济增长对能源消耗的影响机理，能源消耗对经济增长的制约性，能源消耗对环境的直接影响与间接影响。这对于中国能源问题的研究具有一定的理论价值和实践意义。本书提出的促进我国能源与经济、环境协调发展的政策建议对于全国和能源行业发展政策的制定也具有一定的参考价值。

《中国能源投入产出问题研究》一书共分 7 章。第 1 章引论部分及简要概述。第 2 章，能源投入产出基础理论及模型拓展。本章解释了投入产出方法的含义，投入产出理论的发展以及投入产出方法在国民经济核算中的作用；介绍了能源投入产出表的编制方法和表式，并解释了能源投入产出表中数据的基本含义，体现了能源部门与国民经济其他部门的关联性；引入了能源投入产出相关系数和基本模型体系，为能源投入产出模型的拓展奠定基础。能源投入产出模型体系的前沿性拓展部分详细述评了能源与经济的前沿性投入产出关联模型及其在各国的应用，讨论了模型的优点和在应用上的局限性，为中国能源投入产出问题的探讨提供了方法基础和研究思路，是后面章节实证研究的理论基础。这些模型主要有产品利用对能源需求的投入产出模型、能源投入产出一般均衡模型、能源消费的 SDA 模型。第 3 章，中国能源消耗现状及其存在的问题。本章描述中国能源消耗现状，分析中国能源消耗存在的问题，体现了中国能源问题研究的必要性。主要内容有：从能源消耗结构、各种能源生产和消耗的阶段性变化与特点、能源消耗的行业特点、28 个行业的能源消耗强度差异等方面描述了中国能源消耗的现状；从能源供需缺口、能源结构优化、单位 GDP 能耗、能源消耗引发的环境问题等方面探讨能源消耗存在的问题。第 4 章，中国能源投入产出结构分解分析。本章利用能源投入产出双极分解模型研究中国能源消耗变动的影响因素，体现经济、技术因素对能源消耗变动的影响。首先，分析能耗强度、技术进步、最终需求因素对能耗总量变动和四种能源消耗变动的影响程度，测算各种影响因素对能耗总量变动的贡献；其次，从部门角度分别分析各种因素对能源消耗变动影响的行业贡献，并将能源强度变动分解为技术因素和产业结构因素，从而体现这两个因素变动对能耗变动的影响；最后，从产业关联的角度，利用产业关联测度系数来进一步分析产业结构对能耗变动的影响。第 5 章，中国能源投入对经济增长的贡献。本章主要实证分析中国能源投入对经济增长的贡献，体现能源投入产出的积极效应。这一章首先利用多个指标分析中国能源投入与国民经济发展的关联；其次，构建能源与经济总量模型、能源与经济增量模型来论证能源投入与经济增长的因果关系，实证研究能源投入对经济增长的阶段性影响，体现能源消耗对经济增长的促进作用。第 6 章，中国能源投入带来的环境压力测算。本章主要实证研究中国能源投入与环境污染的关联，体现能源投入产出的负面效应。这一章首先分析中国环境污染现状，体现能耗消耗带来的环境压力；其次，利用相关系数法直接测度能源投入与环境污染的关联性；最后，基于投入产出方法推导Laspeyres 结构分解分析模型，实证研究能源消耗促进经济增长的同时所带来的环境压力，体现能源投入与环境污染的间接关联。第 7 章，促进我国能源与经济、环境协调发展的政策建议。这一章先全面提出节能降耗的政策建议，并就如何提高工业能效提出具体措施；然后，分别在技术创新和重点部门二氧化硫减排方面提出政策建议。

应该指出的是，能源与经济、环境之间关系的研究是一个重大的理论和现实问题，也是关系国计民生的基本问题之一，要把这样的一个问题做好，确实是一件很困难的事情。尽管笔者为此付出了艰辛的努力，并在研究思路、研究方法等方面也做了较多的创新性努力，但由于能力和条件所限，错误和不当之处在所难免，敬请同行专家和读者批评指正，并提出宝贵意见。

最后，在本书出版之际，我们衷心感谢对本书的研究以及顺利出版给予大力支持和帮助的北京师范大学出版集团！

东北财经大学　尚红云

2011 年 1 月

目　录

第 1 章
引 论

能源是一个国家经济发展赖以维持和人类生存赖以维系的物质基础，是关系国家经济命脉和安全的重要战略物资，能源的合理开发和利用是经济社会可持续发展的重要前提条件。近些年来，中国经济迅猛发展，对能源的需求也迅速扩张，尽管技术进步提高了能源效率，降低了单位产出能耗，但经济结构的不合理，经济总量的迅速上升抵消了技术进步对能源需求的降低，最终导致能源消耗大幅上升。

污染严重，环境质量降级是能源消耗带来的最显著的负外部效应。我国以煤消耗为主的能源消耗特点是导致污染加重的主要原因。能源消耗总量的持续增加导致"三废"生产量的持续上升，其中，二氧化碳、氮氧化合物、二氧化硫、烟尘和粉尘等是主要的大气污染物，尽管除污技术的应用大大降低了工业大气污染物的排放，但最终需求总量的上升和中国当今的经济结构仍然导致大气污染物排放总量的上升。

本书借鉴能源投入产出前沿性方法的研究思路，将投入产出模型和经济计量模型相结合来研究能源投入对经济增长的贡献以及经济增长、经济结构、技术进步等因素对能源消耗的影响，体现能源投入的积极效应，剖析能源消耗不断增长的经济技术因素；同时利用相关分析法和基于投入产出机理的结构分解分析方法测度能源投入与环境的直接和间接关联，体现能源投入产出的负外部效应。最终，本书根据实证分析结果，提出节能减排方案，这对于合理安排能源消耗结构，提高能源效率，从而有效的实现部门节能减排，实现能源与经济、环境的可持续发展，具有重要的战略意义。

1.1 研究背景与意义

1.1.1 研究背景

改革开放以来，我国经济和社会发展取得了举世瞩目的成就，人民生活水平不断提高。但是，伴随着经济的高速增长，能源枯竭、环境污染和生态破坏问题日益严重。尽管我国政府非常重视环境保护，采取了许多政策和措施来节能降耗，预防和治理环境污染，然而，能源的稀缺性日益加剧，环境污染和生态破坏问题仍然没有得到根本解决，甚至在某些方面还十分突出，并有不断加重的趋势。

一、常规能源储量与开发前景不容乐观

我国是世界能源大国，煤炭是能源的主要构成部分，但我国人均常规能源可采储量远低于世界平均水平。从总量上看，我国能源资源储量处于世界前列。2000 年我国能源资源总量约 4 万亿吨标煤，居世界第三位。其中，煤炭保有储量为 10024.9 亿吨，可采储量只有 893 亿吨，位居世界第二，人均煤炭剩余可采储量约 60 吨，为世界平均值的55.4%，按目前的生产和消耗水平，可以开采使用 100 年以上；石油资源量为 930 亿吨，约占能源总量的 20%，可采储量只有 38 亿吨，人均石油剩余可采储量约 2.6 吨，为世界平均值的 11.1%，可采年限仅 20年；现已探明的煤层气资源量为 38 万亿立方米，相当于 450 亿吨标煤，排世界第三位，但尚未成规模开发利用，且天然气储量只占能源总量的约 6%，仅够开采 37 年①。因此，我国常规能源资源并不丰富，应建立正确的"资源意识"，并具有相应的"忧患意识"。

在新能源开发方面，据中国矿业大学李大锈教授(2006)介绍，我国可供开发利用的水能资源为 3.78 亿千瓦，目前仅开发利用了 11%；每年我国陆地接收的太阳辐射总量相当于 24000 亿吨标煤；可供开发利用的风能资源总量为 2.54 亿千瓦；已探明的地热储量相当于 4626 亿吨标煤，现已开发利用的仅为十万分之一；可开发的潮汐能也在 2000 万千瓦以上；同时，我国还有着丰富的生物能资源，包括农作物秸秆、薪柴和各种有机废物，可供发展沼气电力。

以上统计数据表明，我国常规能源的可开采时间短暂，丰富的新能源有待于加大开发的力度。

---

① 数据来源：中国能源网。

二、现有能源消耗存在较多问题

由于历史原因，中国现有各种能源资源的利用还存在以下几个方面的问题：(1)煤炭在一次能源结构中所占比重过高，特别是煤炭直接用于终端消耗的比例过大，是造成我国环境污染日益严重的重要原因。中国的城市大气污染主要是由煤的燃烧引起的，在排入大气的污染物质中，二氧化硫的 87%，氮氧化物的 67%，烟尘的 79%，一氧化碳的 71% 都是来自煤的燃烧。(2)受资源条件限制，国内能源供需缺口越来越大。据预测，中国未来能源供需缺口将越来越大，在采用先进技术、推进节能、加速可再生能源开发利用以及依靠市场力量优化资源配置的条件下，2010 年能源供需缺口约 8%，到 2040 年能源将短缺 24% 左右，其中石油短缺数额可能多达 4.4 亿吨标准煤。石油对外依存度(净进口量与消耗量之比)由 1995 年的 6.6% 上升为 2007 年的 46%，到 2020 年左右，中国石油进口量有可能超过 3 亿吨，而石油的消耗量至少需要 4.5 亿吨，届时石油的对外依存度将达 70%，也就是说中国今后新增的石油需求量几乎要全部依靠进口。[①] 随着石油对外依存度的较大提高，中国的能源安全问题日益显现。(3)能源消耗强度高，能源利用效率低。中国是一个能源消耗大国，能源消耗总量排世界第二。而中国人口众多，人均能源相对缺乏。从中国石油和石化工程研究会在京主办的燃油节能及环保技术研讨会(2005)上获悉，目前我国人均能源占有量仅为世界平均水平的 40%，能源利用效率目前仅为 32%，比国外先进水平低十多个百分点，比发达国家落后 20 年，能耗强度大大高于发达国家及世界平均水平，约为美国的 3 倍，日本的 7.2 倍。按照"十一五"规划，到 2010 年，预计全国能源利用效率将提高到 40% 左右。因此，如何提高能源利用效率，实现节能降耗目标，已经成为中国政府在未来经济发展中所关注的一个紧迫问题。

节能降耗是提高经济增长质量和效益的重要途径，所以我国的节能工作仍需向广度和深度发展。根据研究，如果采取强化节能措施和提高能效的政策，到 2020 年能源消耗水平可以减少 15%－27%，单位 GDP 能耗将每年下降 2.3%－3.7%，虽然下降的幅度与过去 20 年相比可能趋缓，但仍大大超过届时世界 1.1% 的年均下降率。

三、能源消耗—经济发展—环境污染之间的矛盾突出

改革开放至今，中国经济高速发展，国民经济规模不断扩大，能源

---

① 数据来源：严陆光、陈俊武主编，《中国能源可持续发展若干重大问题研究》，北京：科学出版社，2007 年 3 月。

紧张和环境污染已经成为制约经济全面、协调、可持续发展的重要问题。历年中国统计年鉴数据显示，中国国内生产总值由 1991 年的 21781.5 亿元增长到 2006 年的 210871.0 亿元，与此同时，我国的能源消耗总量由 1991 年的 103783 万吨标准煤增长到 2006 年的 246270 万吨标准煤。能源的高消耗必然带来污染物的高产出和污染治理的高投入，而经处理后的"三废"排放总量的变化比较复杂。自 20 世纪 90 年代以来，全国工业废水排放总量由 1991 年的 235.9 亿吨[①]上升到 2006 年的 240 亿吨，全国工业废气排放总量由 1991 年的 84653 亿标立方米上升到 2006 年的 330992 亿标立方米，工业固体废物排放量由 1991 年的 3376 万吨下降到 2006 年的 1302.1 万吨。1991—2006 年的 16 年之中，虽然三种污染物最终排放量的升降变化不一，但污染治理投资由 1991 年的 59.7 亿元上升到 2006 年的 2566 亿元，2006 年仅工业污染源治理投资 483.9 亿元。由此可见，工业化进程对我国能源节约和环境保护产生了巨大压力，经济的高速发展与能源的高消耗和污染治理投资的高投入（或污染物的高产出量）同步。

由上述分析不难得出能源消耗和经济发展、环境污染之间存在以下矛盾的动态关系：自然环境为经济发展提供能源；能源消耗对自然环境排放污染物；提高能源效率、加快经济发展治理污染，从而改善环境。三者之间的关系如图 1-1 所示。因此，必须正确认识经济发展速度及发展模式，能源消耗水平及消耗结构，环境防护之间的相互关联，实现能源和经济、环境的协调发展。

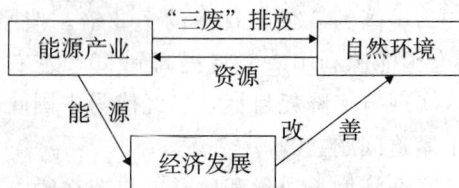

图 1-1　能源与经济、环境关系图

1.1.2　研究意义

由于中国经济处于快速发展阶段，能源消耗巨大，而且粗放型特征明显，导致环境污染严重。节能减排降耗是未来国家经济发展的努力方向之一，也是国务院总理温家宝在 2008 年政府工作报告中明确强调今年要着重抓好的九项工作之一。中共中央综合考虑未来五年我国发展的

---

① 1991 年的"三废"排放总量只包括县及县以上的工业企业排放。

趋势和条件，提出了"十一五"时期要实现国民经济持续、快速、协调、健康发展和社会全面进步，取得全面建设小康社会的重要阶段性进展的主要目标是：在优化结构、提高效益和降低消耗的基础上，实现 2010 年人均国内生产总值比 2000 年翻一番；资源利用效率显著提高，单位国内生产总值能源消耗比"十五"期末降低 20％左右，生态环境恶化趋势基本遏制，耕地减少过多状况得到有效控制。

因此，在各部门产出总量迅速增长的同时，研究能源效率、经济增长、产业结构、技术进步等因素对能源消耗总量的影响机理和影响程度，研究能源投入对经济增长的促进作用，能源投入对环境的直接和间接影响，进而研究如何提高各部门的能源利用效率，减少各部门污染物的排放量，对于建设资源节约型和环境友好型社会，进而实现能源与经济、环境的可持续发展具有重要的理论价值和现实意义。具体来说：

1. 本书为研究中国当前的能源投入产出问题提供科学的理论依据

本文将梳理国际上有关能源投入产出前沿性模型，分析这些模型成立的理论背景，评价这些模型的优缺点，深入研究能源消耗变动的影响机理，最终找到适用于中国能源问题分析的投入产出模型，这将为我国目前能源问题的研究提供科学的理论依据。

2. 投入产出方法的应用为研究能源与经济、环境的关联提供了一种全新的分析工具

经济增长需要消耗能源，能源消耗就会带来污染物的排放。利用投入产出方法能深入分析部门间和产品间复杂的相互依存关系以及主要的比例关系，研究国民经济各种活动间的连锁反应，揭示能源与经济、环境之间复杂的因果联系和联动联系，成为一种犀利的分析工具，为我国改进和加强能源与经济、环境的综合平衡发展服务。

3. 本书为能源和环境政策的研究制定提供可靠的决策依据

本文将基于不同年度的历史数据，研究能源消耗与经济发展的互为因果关系，界定高能耗行业与低能耗行业，论证能源与环境的直接和间接联系，最终针对具体部门如何实现节能降耗、减少污染排放提出切实可行的政策措施。这对于充分发挥政府在节能降耗中的职能，优化我国能源消耗结构，提高能源利用效率，加强环境保护具有现实的指导意义；也将为相关部门制定有效可行的节能减排方案提供参考。

1.2 国内外研究现状综述

目前国内外已有许多学者基于投入产出方法对能源投入产出问题做

了区域性或阶段性研究，提出了提高能源效率、实现节能减排的各项措施，为本研究的开展奠定了良好的基础。

1.2.1 能源与经济的投入产出关联分析

能源与经济之间相关关系的研究大约有五种方法：(1)Haugh 和 Pierce 提出的相关分析法；(2)Granger 和 Sargent 提出的单侧分布滞后的方法；(3)Sims 提出的双侧分布滞后的方法；(4)Hsiao 提出的最终预测误差(FPE)因果关系检验法；(5)Hafida 提出的多元自回归移动平均模型方法。所有基于这些方法的应用分析都属于计量经济分析。用投入产出方法做经济与能源关联分析的研究主要体现在以下几个方面。

1. 国外研究

(1)能源生产方面

巴西的 Joaquim J. m. Guihoto 等诸位学者构建了 2002 年 27 个地区间 42 个行业的投入产出系统来分析石油和天然气在巴西整个经济和各个州中的地位，详细分析了石油和天然气的生产链，从生产、提炼，结束于服务和分配活动。研究结果表明巴西的石油和天然气产出占整个GDP 的 10.4%，在各个州中，石油和天然气产出占 GDP 的比例从不足 1%到 27%不等。

(2)能源消耗方面

智利学者 Pablo Munoz Jaramillo(2006)根据商品的国外最终需求，利用双方法论，即物质方面货币化投入产出技巧的应用和能源方面混合投入产出技巧的应用(实物单位能源产品和货币单位非能源产品)，重新分配 1996 年智利经济发展消耗的物质和能源。研究结果表明 1996 年智利经济发展需要 500 百万吨直接物质投入(简称 DMI)和 920 百万 GJ 的基本能源，出口部门对 GDP 的贡献率为 38%，但也消耗了 396 百万吨 DMI，284 百万 GJ 的基本能源。这些结果表明智利的出口部门是经济增长的发动机。

(3)能源效率和能源消耗结构的转变方面

能源效率的提高是韩国关心的一个主要公共政策，是应付不稳定能源市场的一种好的解决方法之一。韩国学者 KIM，Yoon Kyung(2007)利用 1990 年、1995 年、2000 年的投入产出表进行了能源效率的横向部门分析和纵向时间序列分析，结果表明：能源消耗弹性系数、能源消耗总量在 1994—2000 年期间显著提高，但 2000 年的能源强度比 1990 年和 1995 年的低，大多数行业具有较低的能源消耗，这是由于经济结构的变化，韩国能源效率得到了提高。同时，用 1999 年和 2000 年的经验数据说明了韩国对石油的高度依赖性，而且无论是工业部门，还是家庭都倾向于选择电力和煤气这些清洁和方便的能源，而煤炭这种强污染性和不方便能源的消耗迅速下降，体现了能源消耗结构的转变。

(4)能源节约方面

Worrell et al.(1995)、Gielen(1998)以及 Jochem(2004)研究了原材料和能源系统的关系以及关于节约能源或减少 CO_2 释放的物质效率提高的潜力。这些研究多数是基于颠倒的、以科技为基础的方法，如过程链分析方法或物质流量分析(WFA)方法，在这些方法中分析原料和最终产品的相互连接过程。研究结果都表明了原材料利用效率的提高可以对能源节约做出重要的贡献。

2. 国内研究

(1)能源消耗影响因素分析方面

郭丕斌(2006)通过建立能源消耗的影响因素分解模型，证明了各个产业能源消耗活动对能源系统的影响可分解为技术因素、经济总量、产业结构和能源是否多极利用四个方面；并把能源消耗对环境系统的影响分解为能源消耗总量、能源消耗结构(利用煤、石油、天然气和水电的不同类型)和治理因素(清洁生产水平)三个方面，来说明实施产业转型是在正常经济发展水平下保护资源和环境的有效出路。

(2)能源消耗增长与经济增长的关系方面

原国家统计局核算司司长彭志龙等(2007)通过研究 1992－2006 年之间中国能源消耗与经济增长的关系发现，总体上能源消耗增长慢于 GDP 增长，能源消耗弹性系数波动较大，不同年度高能耗行业能源消耗弹性系数的波动也较大，单位 GDP 能耗呈下降趋势，中国工业能源消耗比重约为 70％，工业部门是能源消耗的主要部门。

(3)能源消耗强度行业差异方面

西北师范大学经济管理学院的王秋红(2007)对 1996－2002 年甘肃省能源变化情况做了投入产出分析。经分析发现，在三次产业中，第二、三产业单位产值能耗呈上升趋势，第一产业单位产值能耗呈下降趋势；第二产业是高耗能产业，它直接影响着整个地区的能耗水平，应该是甘肃省今后降耗的重点产业；第三产业是低耗能产业，是今后产业结构调整的方向，但同时也是单位产值能耗增长幅度最大的产业。从 1996－2002 年甘肃省能源消耗强度变动影响因素分析可以看出，单位增加值能源消耗的变动，既取决于生产的技术水平，也取决于产业结构的状况，从各部门产值能耗系数的分析结果可以看出，石化、冶金、有色金属和电力等支柱产业，基本上都是甘肃省的高耗能部门。

(4)降低单位 GDP 能耗的措施方面

西安交通大学管理学院中国管理问题研究中心的刘洪涛、郭菊娥等(2007)编制了中国 2004 年能源投入产出延长表，将投入产出技术与分式规划方法创新相结合建立能源投入产出分式规划模型，并基于 2004 年能源延长表，使用该模型对通过产业结构调整来降低单位 GDP 能耗的效应进行了实际测算分析，得出相应的产业结构调整方案；通过使用产业关联效应分析方法分析产业结构调整的实现方式，这对于国家通过产业结构调整来降低单位 GDP 能耗有着一定的参考价值。

1.2.2 能源与环境的投入产出关联分析

1. 国外研究

(1)废物投入产出(WIO)模型的发展及应用

为评价产品再循环社会系统的价值，明确需求—供给平衡结构是必要的。废物处理政策分析的关键出发点是 WIO 模型的发展(Nakamura，1999；Nakamura and Kondo，2002；Kondo and Kakamura，2004)。WIO 模型描述了因能源消耗导致的各种不同类型的废物是如何产生的，在一个研究框架中是如何由不同的技术治理的，这个框架广泛地被工业生态学家所熟知，这个模型对家用电子设备寿命的再循环进行了环境评估，使我们在评价生命周期情况时考虑能源和废物再循环策略。Kondo and Nakamura(2005)对 WIO 模型提出了一个决议分析扩展形式，同时利用线性规划理论进一步提出了另一个扩展形式来识别废物处理和再循环策略，即在技术和能源约束条件下最大化生态效率潜力。这个模型被应用于日本经济。Kagawa(2005)探索了 WIO 模型的另一个扩展，将 Miyazawa 和 Masegi(1963)提出的扩展的投入产出框架引入 WIO 模型，模型明确解释了收入分配、家庭能源消耗和家庭废物产生之间的关联。Kagawa 不仅对家庭内生的 WIO 模型提出了一个完整的理论基础，而且通过实证分析证明了模型的适用性和有效性。Takase et al.(2005)引入了一个扩展的投入产出框架，来体现家庭能源消耗和家庭废物产生之间的依赖性。这个框架在分析消耗回弹效应时非常有用。Takase et al. 还根据此框架估计了 CO_2 的释放和由家庭消耗产生的垃圾。Takase，Kondo and Washizu(2006)利用 WIO 模型研究了能源消耗行为与废物投入产出的关系。

(2)社会因素和资源消耗行为对环境的影响

生活方式分析集中于消耗活动和温室气体释放总量之间的关系，这些温室气体来自家庭直接能源利用或货物和服务生产的非直接能源利用。按照亚当·斯密的观点"消耗是生产的唯一目的和目标"，学者们经常争论气候变化的大部分影响是否可以直接或间接地归为消耗者。随着行为观的再塑，在近年来可持续消耗争论的推动下，用投入产出模型评估家庭消耗活动对环境的直接和间接影响已得到广泛应用，如 Weber and Perrels(2000)，Wier et al. (2001)，Pachauri and Spreng(2002)，Lenzen et al. (2004)，Cohen et al. (2005)等诸多学者分别利用投入产出模型研究了家庭能源消耗活动对环境的影响。在这些模型中，家庭消耗支出群一般被解释为一种生活方式的经济表现，由于来自不同社会经济群的支出群产生不同的环境流量，所以，在这些模型中经常利用环境节约潜力来区分消耗群和生活方式群。英国的 Giovanni Baiocchi、Jan Minx John Barrett 和 Tommy Wiedmann(2006)就收入水平和其他社会因素对环境质量的影响提供了一些新的证据，利用详细的社会经济信息和 ACORN(Association of Community Organizations for Reform Now)数据分类体系将整个英国人口分为 5 类，17 群，56 种类型。ACORN数据群包括 400 个变量，30％来自 2001 年人口普查，其他来自于 CACI(Cooperation Network of ASME Code Items)消耗方式数据库，证明了家庭平均收入、社会公平等重要社会因素和能源消耗行为对 CO_2 释放的影响。Giovanni Baiocchi，Jan Minxy，John Barrettz，Tommy Wiedmann(2006)利用计量经济学中截面数据的建模方法建立推广的投入产出模型分析能源消耗和其他社会因素对 CO_2 释放的影响。

2. 国内研究

关于能源与环境相关性研究的国内文献较多，如张楚莹(2008)基于能源相关部门的活动水平和排放因子，建立了 2000 年和 2005 年中国分行业的氮氧化物(NOx)排放清单。基于能源预测，分析了在不同 NOx控制方案下 2010—2030 年中国 NOx 的排放趋势。王美红等(2008)利用1990—2006 年有关统计数据，分析了中国工业化过程中的能源消耗和废气排放。结果发现，从 1997 年开始中国工业进入加速发展阶段，工业的能源消耗和废气排放总量呈指数增长。邵超峰(2008)基于改革开放以来我国的能源消费趋势，探讨了我国能源消费过程中存在的主要问题，指出能源利用强度低、结构不合理是引发区域大气环境问题的主要原因。任彪等(2007)利用灰色关联分析分别对能源消耗和环境污染治理投资对经济发展的影响以及能源消耗对环境污染治理投资的影响进行了分析。结果表明：水电的消耗和环境污染治理投资对经济发展影响较大，而水电的消耗又对环境污染治理投资的影响比较大，这与中国目前的状况相符合。张红(2008)通过大量翔实的数据资料，对山东省的能源利用和环境污染状况进行分析发现，山东省目前的经济增长是建立在能源巨大消耗基础上的，是不可持续的增长，是与可持续发展背道而驰的。同时，能源的过度消耗也给山东省的环境带来了巨大的压力。

但基于投入产出方法研究能源与环境关系的国内文献寥寥无几，进一步就研究结论提出有建设性节能减排建议的文献更是少见。李伟(2007)运用两部门模型和 2005 年中国 18 部门投入产出完全消耗系数数据的分析研究发现，生态环境建设与一个国家所处的发展阶段、这个阶段的国民经济投入产出结构以及对代际积累消耗关系的资源配置结构直接相关，对代际问题的不同态度也极大地影响生态环境建设的路径和决策，现实的经济社会投入－产出结构也制约着生态环境建设的力度。中科院的喻春琳(2007)采用投入产出理论和灵敏度分析法对我国能源消耗引发的二氧化硫排放进行分析，在考虑污染排放时，还考虑了部门关联对于排放的影响。他首先对我国二氧化硫排放重点部门(阈值划分法)进行了内部指示指标和外部指示指标比较分析，得到各个二氧化硫排放重点部门的减排规划方案；其次基于投入产出局部闭模型对二氧化硫排放重点部门进行灵敏度分析；最后，在现有国民经济结构下，从技术进步和最终使用两个角度来考察各个二氧化硫排放重点部门减排方案。

以上关于能源与经济、能源与环境关联性的研究既有理论探讨也有具体年度数据的实证检验，都是值得学习和借鉴的，为本研究的开展提供了切入点。

1.3 研究思路与方法

1.3.1 研究思路

首先是理论综述与前沿性模型的构建。本文论述了投入产出基础理论：投入产出方法的产生、发展及其在国民经济核算中的应用等基本问题；能源投入产出表的编制及表的含义；能源投入产出系数及基本模型体系，以此作为后面章节能源投入产出模型构建的理论基础。述评国际上有关能源投入产出的前沿性模型，总结这些模型的构建过程和已解决的问题，评价这些模型在应用上的局限性，提出本文的研究方法及要解决的问题，体现本研究与其他研究的不同之处，形成本文研究的理论基础和实证过程的参照依据。

其次是能源与经济关系研究。在全面分析能源需求现状和存在问题的基础上，利用能源消耗弹性系数、能源强度、产业关联测度系数等指标分析能源消耗与经济增长的关联，体现本研究的必要性；基于投入产出理论建立能源消耗变动的双极分解模型，利用投入产出表中数据，结合经常性统计数据，实证研究我国两个不同年度间能源消耗量变动的影响因素，以及各因素影响程度的部门贡献，体现经济、技术因素对能源消耗的影响；建立拓展的能源投入 C－D(柯布-道格拉斯)生产函数来实证研究能源消耗对经济增长的促进作用。

再次是能源与环境关系研究。在全面分析中国环境污染现状的基础上，利用相关分析法测度能源消耗与经济增长的直接关联；基于工业大气污染物排放变动的 Laspeyres 分解模型，利用投入产出表中数据，结合经常性统计数据，实证研究我国两个不同年度间污染物排放量变动的影响因素，以及各因素的影响程度，体现能源消耗促进经济增长的同时带来的环境问题，体现能源与环境的间接关联。

最后是节能减排方案的制定。借鉴国际经验，立足我国实际，结合实证分析结果对如何促进我国能源与经济、环境的可持续发展提出政策建议。该部分首先提出促进经济与能源可持续发展的节能降耗措施；其次，基于实证研究结果，提出加快技术创新，实现节能减排的具体措施；最后，就二氧化硫排放重点部门提出污染减排方案。

具体研究思路可用下图表示：

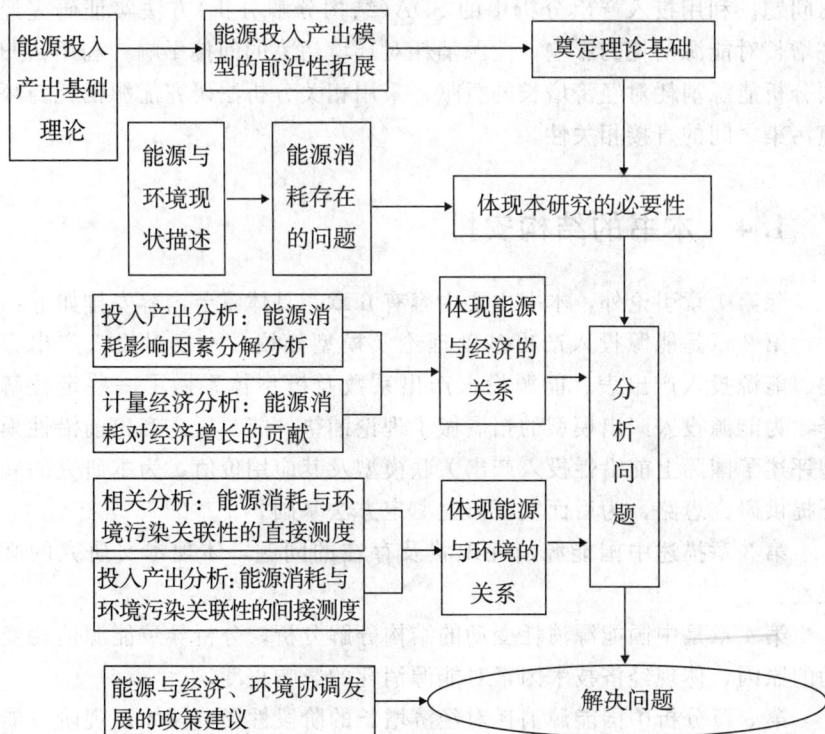

图 1-2　本书研究思路图

1.3.2 研究方法

本书在研究时坚持理论性与实用性相结合、动态性与静态性研究相结合、定性分析与定量分析相结合。整个论证过程中既有理论分析，也有方法应用，在各个章节中，还具体采用以下方法：

1. 定性分析与定量分析相结合，动态分析与静态分析相结合。本书在描述经济发展、能源消耗、环境污染状况时，以定量分析为主，又辅之以定性分析，整个研究过程既有阶段性研究，也有现状研究，体现了静态和动态的结合。

2. 理论归纳与实证研究相结合、以实证研究为主的论证方法。理论归纳与实证研究相结合、以实证研究为主的论证方法是本文的主要研究特色之一。对经济增长与能源消耗，能源消耗与环境压力的关联分析过程中既有理论归纳，也有实证研究，实证研究内容将占重要篇幅。

3. 根据研究内容与数据的充分程度采用不同的统计方法。根据选取数据的内容，本书在整个研究过程中将采用多种统计分析方法。本书的研究过程以投入产出方法为主，借助于其他统计方法研究能源投入产出问题。利用投入产出分析中的 SDA（结构分解分析）方法实证研究经济增长对能源消耗的影响，能源消耗对环境污染的间接影响；利用回归法分析能源消耗对经济增长的贡献；采用相关分析法研究能源消耗与环境污染之间的直接相关性。

1.4 本书的结构安排

除第 1 章引论外，本书主要内容有 6 章，具体章节内容安排如下：

第 2 章是能源投入产出基础理论及模型拓展。本章对投入产出方法、能源投入产出表、能源投入产出系数及模型体系做了一些定性解释，为能源投入产出模型的拓展做了理论铺垫；能源投入产出前沿性模型评述了国际上前沿性投入产出关联模型及其应用价值，为本研究的展开提供研究思路，为后面实证研究奠定方法基础。

第 3 章描述中国能源消耗现状及存在的问题，体现本文研究的必要性。

第 4 章是中国能源消耗变动的结构分解分析，分析导致能源消耗变动的原因，体现经济技术因素对能源消耗的影响程度。

第 5 章分析中国能源消耗对经济增长的阶段性影响，体现现阶段能源投入对经济增长的促进作用。

通过第 4 章和第 5 章的实证分析，测度经济增长对能源消耗的影响程度以及能源投入对经济增长的促进作用，体现能源与经济的关联。

第 6 章测算中国能源消耗对环境的直接和间接影响，体现能源投入促进经济发展的同时所带来的负外部效应。

第 7 章是对中国节能减排方案的政策建议。针对实证分析结果，就节能降耗提出具体措施，就污染减排提出具体方案。

1.5　本书所做的工作与创新之处

在前人研究的基础上，本书的工作重心与创新之处如下：

1. 投入产出前沿性模型的评述

国际上有关能源投入产出的前沿性模型有产品利用对能源需求的投入产出模型、能源投入产出一般均衡模型、能源消费的 SDA 分解模型等。本课题将梳理这些前沿性模型，研究这些模型成立的理论背景，评价这些模型的优缺点，最终找到适用于中国能源问题研究的投入产出模型。这在以往研究中很少见到。

2. 能源消耗双极分解模型的构建及其在中国的应用

为体现能源与经济的关系，本书基于若干种能源消耗的投入产出平衡方程建立能源消耗总量变动的双极分解模型，以及体现能源消耗变动部门贡献的双极分解模型，结合经常性统计数据与投入产出表数据，用这两个模型来解决以下问题：(1)测算我国两个不同年度间 42 个部门的能源消耗强度，比较能源部门与非能源部门的能耗特点；(2)测算我国两个不同年度间能源强度变动、技术进步变动和最终需求变动对四种能源消耗变动的影响大小和影响方向；(3)测算各个影响因素对能源消耗总量变动的贡献；(4)测算四种能源变动效应的部门贡献。截至现在，还没有人用本书提出的能源消耗变动的双极分解模型来研究中国能源消耗问题。

3. 工业大气污染物排放的 Laspeyres 分解模型及其中国的应用

为体现能源消耗对环境污染的间接影响，本书基于若干个部门的投入产出模型建立工业大气污染物排放量变动的 Laspeyres 分解模型，以此来研究我国 13 个工业部门两个不同年度间三种大气污染物排放变动的影响因素；测算各种影响因素对污染物排放变动的影响大小和影响方向；测算三种污染物排放变动的部门贡献。这也是以往学者不曾做的研究。

第 2 章
能源投入产出基础理论及模型拓展

投入产出核算是国民经济核算体系(新 SNA)的五大核算之一，是国民经济核算的延伸与发展，它侧重于中间产品和国民经济各部门技术经济联系的核算，投入产出核算的核心是美国经济学家列昂惕夫(Wassily W. Leontief)所创立的投入产出表(input-output table)。将投入产出核算纳入整个核算体系，使得国民经济核算体系为加强和改进宏观经济管理与调控提供更丰富、详细的数据信息，尤其是投入产出表的编制以及投入产出模型的使用为国民经济核算资料的运用开辟了更广阔的领域。投入产出表已经成为联系经济理论与现实之间的不可或缺的桥梁，其应用极为广泛，为国民经济核算资料的运用开辟了更广阔的领域，为国民经济发展计划的制订、调整，为经济预测，为分析和论证各项经济政策提供一种数量经济方法。

能源投入产出表的编制和能源投入产出模型的前沿性拓展和应用体现了能源部门与国民经济其他部门之间的关联，为分析和论证能源与经济、能源与环境之间的投入产出关系提供了一种前沿性数量经济方法。

2.1 能源投入产出基础理论

本节将侧重于能源投入产出表的构造理论与解析、能源投入产出相关系数的定义、能源投入产出基本模型体系的构建，以此体现能源部门与国民经济其他部门之间的投入产出关系，为后面能源投入产出模型的前沿性拓展和在中国的应用奠定理论基础。

2.1.1　投入产出核算的基本问题

一、关于投入产出方法

1. 投入产出方法的定义

俄裔美国经济学家 W. 列昂惕夫在前人关于经济活动相互依存性研究的基础上，于 1931 年开始研究投入产出方法，是投入产出账户的创始人。他利用国情普查资料编制了美国 1919－1929 年的投入产出表，分析了美国经济结构和经济均衡问题，并于 1936 年发表了投入产出分析的第一篇论文：《美国经济结构中的投入产出关系》，这标志着投入产出方法的诞生，接着他在 1941 年出版了《美国经济的结构，1919－1929》一书，1953 年，又出版了《美国经济结构研究》一书。在这些著作中，列昂惕夫建立了投入产出模型，奠定了投入产出模型的方法基础。由于列昂惕夫对投入产出方法的建立和发展做出了重大贡献，他于 1973 年荣获第五届诺贝尔经济学奖。

投入产出方法，又称为投入产出分析(input-output analysis)、产业关联方法、部门联系平衡法，就是以适当的国民经济产业(部门)分类为基础，通过一定的平衡表式、比例系数和结构分析，从数量上研究经济系统内各部门之间的相互联系(投入、产出关系)、相互影响，进而利用经济模型来分析国民经济结构及其变动的内在原因和相互影响的数学分析方法体系。它从宏观角度出发，把国民经济分成若干互相联系的产品部门，并运用线性代数方法，借助计算机来模拟社会生产过程和国民经济结构，综合分析各部门之间的技术经济联系和重要的比例关系。

可见，投入产出方法是一种分析经济体系结构、经济组成部门之间的组合方式和相互影响的数量分析方法。投入产出分析不单独分析一个经济部门，而是将经济部门置于相互联系、相互影响的经济环境中，通过其内在的技术经济联系来分析各部门的运行状态、所处地位、在国民经济中的作用，进而体现国民经济总体运行状况。

2. 投入产出分析的思想

投入产出分析是一般均衡理论的一种简化形式，其创立者列昂惕夫曾说过："投入产出分析是用新古典学派的一般均衡理论，对各种错综复杂的经济活动之间在数量上的相互依赖关系进行经验研究，是一般均衡理论的具体延伸。"但它却是沿着另一条截然不同的思路，那就是：在一定程度上排除了价格调节的作用，主要依靠一种数量(生产技术)调节经济结构的路径。即假定生产者对市场的反应不是通过调整价格，而是通过调整产量来适应需求发生的变化。由于价格调节作用是一般均衡理论的核心调节机制，就这一意义而言，局部均衡分析比投入产出分析更接近于一般均衡论。但从另一个方面看，投入产出分析能够从模型和数量上通过直接消耗系数和间接影响，分析某一个部门（或产品）所发生的变化波及所有部门（或产品）及整个经济体系的过程。这相对于忽略掉其他市场、其他部分影响的局部均衡分析来说，投入产出分析在形式或模型上与一般均衡更加接近，其目的是解决一般均衡模型的实际应用问题。

总之，投入产出分析侧重于通过产量调节来解释问题。它反映了一个经济体系如何通过调整各部门（产品）的产量来达到资源配置最优化，从而衍生出一个国家或地区的产业政策和发展战略，其目的在于解决一般均衡模型的应用问题，显然较适合于宏观经济计划和分析。

二、投入产出方法的发展及其在国民经济核算中的作用

1. 投入产出方法的发展

投入产出分析在近 70 年的发展历程中，根据应用的需要，将价值型、实物型投入产出基本模型进行了各式各样的扩展，形成了庞大的模型应用体系。在计量单位上，从实物型和价值型的计量单位换算成其他内容的计量单位，构成新的扩展模型；在研究范围上，将描述的对象按研究的范围不同分别建立地区、地区间，部门、部门间，企业、企业间投入产出模型；在模型功能上，从预测、规划模型扩展到价格制定模型、税收计划模型、人口模型、教育模型、环境污染影响因素的分解模型、能源消耗的 SDA 模型；在模型描述的时期上，从形式简单的静态模型扩展为动态模型，动态投入产出模型从其发展过程上又进一步扩展为微分方程的动态模型、差分形式的动态模型、动态逆矩阵模型、含增长率的动态模型、不同投资时滞的动态模型、年度间的投入产出模型等；在模型形式上，从线性扩展到非线性；在模型涉及指标上，从只表现经济系统的流量指标，引入了存量指标；在建模技术上，引入了运筹学的许多优化技术，常见的模型形式有投入产出线性规划模型、投入产出影子价格模型、投入产出 CGE 模型、投入产出大道定理等。现在，投入产出优化模型正在向多级化综合模型发展，向目标规划模型发展，向动态优化模型发展，向包含不确定性因素的优化模型发展。

此外，在技术创新上，中国学者陈锡康提出的投入占用产出技术，在某种程度上完善了投入分析方法的不足。投入占用产出技术已经成功地运用到粮食产量预测、水资源分析、高校资源配置等有新意的研究中。目前国际文献中所研究的动态投入产出模型基本上都建立在固定资产的建设与使用之间的时滞基础上。但考虑到不仅固定资产建设与使用之间

具有时滞性，熟练劳动力的培养与使用之间、自然资源的勘探、准备和使用之间、科技投入与成果取得之间等都存在时滞，而且人才培养的时滞比实物资本形成的时滞更长也更重要。在此基础上陈锡康提出了新的动态投入占用产出模型，即提出考虑物质资本、人力资本、科学技术、自然资源勘探、环境保护等的建设与使用时滞的新颖的动态投入占用产出模型。

投入产出理论仍在继续向前延伸和发展着，除现有模型之外，还将随着应用的需要逐渐涌现新的方法、技术，现有模型也会随着实践而不断得以更新、改进，到最终完善。

2. 投入产出方法在国民经济核算中的应用

最初，投入产出方法与国民经济核算是各自独立发展的。1950 年，在荷兰举行的第一次国际投入产出会议上，有的代表提出将投入产出分析纳入国民经济核算体系的建议，但怎样纳入，当时并未做进一步研究。联合国统计专家在研究制定 1953 年的 SNA 时，也已认识到应该开展反映生产过程本身的中间流量的核算，但苦于没有一种合适的核算方法，因此，1953 年的 SNA 中还没有投入产出核算，但又特别注明：待以后条件成熟，研究出适用的方法，应该开展对中间消耗的核算。后来斯通利用英国的资料，为国民经济核算编制了一个投入产出式的矩阵账户，用以核算中间产品流量。到 1968 年，条件成熟了，联合国颁布修订后的 SNA 便吸纳了投入产出核算法，将其用来专门核算反映生产过程本身状况的中间消耗流量，使其在核算的概念、定义、分类、核算准则和惯例上与 SNA 严格一致，并称之为投入产出核算。至此，投入产出核算便成为整个国民经济核算体系的一个有机组成部分。

投入产出核算的产生，使国民经济核算发生了重大的变革。无论是中国现行国民经济核算体系还是联合国等五个国际组织制定的 1993 年国民经济核算体系，都把投入产出核算纳入整个核算体系，作为国内生产总值核算的扩展和延伸，这使国民经济核算体系不仅能够综合描述国民经济发展的概貌，而且还能反映国民经济内部各组成部分之间复杂的相互联系与因果关系，从而可以更全面、深刻地揭示整个社会再生产过程，为改进和加强计划管理与宏观调控提供数量依据，投入产出方法已成为国民经济运行的信息库和数据库。

2.1.2　能源投入产出表的编制

投入产出表也称部门联系平衡表或产业关联表，是根据国民经济各部门生产中的投入来源和使用去向纵横交叉组成的一张棋盘式平衡表，用于反映国民经济各部门的投入和产出、投入的来源和产出去向，以及部门和部门之间相互提供、相互消耗产品的错综复杂的技术经济关系。我国从 20 世纪 60 年代开始研究投入产出核算法，1974 年编制出第一张 61 种产品的实物型投入产出表。到 80 年代，各省市相继编出自己的投入产出表。1988 年又成功地编制出大型"中国 1987 年投入产出表"，并于 90 年代形成制度，即"2"、"7"年份编表，"0"、"5"年份调整和编制延长表，这标志着我国投入产出核算的水平达到了一个新的高度。2002 年，我国进行了第四次全国投入产出调查，充分参考和利用了 2004 年第一次全国经济普查数据资料，编制了 2002 年全国投入产出表。到目前为止，我国已在 1987 年、1992 年、1997 年、2002 年开展了四次投入产出调查和编表工作，投入产出方法无论在基本原理、方法技术，还是在应用领域等各方面都获得了长足的发展，形成了现代经济分析技术的一个重要分支。

能源投入产出表通常是在一般的投入产出表基础上改造而成的。一般来说，有两种常用的方法，可以将能源引入一般的投入产出表，建立能源投入产出表。

一、能源部门的分类及能源投入产出表的表式

1. 能源投入产出表编制的意义及能源部门的分类

能源部门是国民经济中的基础部门之一，能源部门之间以及能源部门与其他部门之间的投入产出关系也是国民经济中的重要关系。能源生产量的多少，再生能源以及创新能源的生产潜力已成为制约生产发展和经济增长的一个重要因素。

我国对农业、化工、机电、冶金、纺织等部门都编制了部门投入产出表，积累了编制部门投入产出表的经验，但是能源部门在社会经济中的地位和性质，决定了能源部门的特殊性。编制能源投入产出表的目的是从能源部门的特殊性出发，揭示各能源部门之间以及能源部门同国民经济各部门之间的投入和产出数量关系，以便深入了解并测算经济总量、能源效率、产业结构调整、技术进步等因素对能耗降低的效应。依据能源行业发展现状、数据的可获得性、各能源部门之间的相互关联以及各能源部门与其他非能源部门间的技术经济联系，将国民经济全部产业划分为 5 个能源部门和 23 个非能源部门（这种划分方式与后面章节相一致，具体部门划分见表 2-3）。其中非能源部门可以按 1997 年和 2002 年的单位增加值能耗进行高能耗和低能耗产业群的划分，并且能源部门的产出可采用价值量和实物量两种指标。

按照能源分类标准，可以将能源部门细分为煤炭开采和洗选业、石油和天然气开采业、电力蒸汽热水生产供应业、石油加工、炼焦及核燃

料加工业，煤气的生产和供应业，它们都属于工业部门，总产出和中间投入的数据采集方法如同一般经济流量表中的工业部门。

2. 能源投入产出表的表式

能源投入产出表的编制方法通常有两种：第一种方法是能源投入以实物单位计量，并置于投入产出表的下方；第二种方法是将投入产出表的部门划分为一般部门和能源部门两大类，并且前者以货币单位计量，后者以实物单位计量(或货币化单位计量)，构成混合型(Hybrid)能源投入产出表。为与后面实证研究过程的部门分类相一致，本文采用后一种能源投入产出表的编制方法(见表 2-1)。

表 2-1　能源投入产出表的基本表式

投入 ＼ 产出			中间使用			最终使用	总产出
			能源部门 $1,2,\cdots,m$	非能源部门 $m+1,m+2,\cdots,m+n$	合计		
中间投入	能源部门	1	$(E_{kl})_{m\times m}$	$(E_{kj})_{m\times n}$		$(Y_k^E)_{m\times 1}$	$(X_K^E)_{m\times 1}$
		2					
		...					
		m					
	非能源部门	$m+1$	$(X_{il})_{n\times m}$	$(X_{ij})_{n\times n}$		$(Y_i)_{n\times 1}$	$(X_i)_{n\times 1}$
		$m+2$					
		...					
		$m+n$					
最初投入(增加值)			$(V_{dl})_{q\times m}$	$(V_{dj})_{q\times n}$			
总投入			$(X_l^E)_{1\times m}$	$(X_j)_{1\times n}$			

根据投入产出分析的基本原理、能源部门的特点以及我国对能源部门的属性界定，在 2002 年 122 个部门投入产出表的基础上，将我国 122 个部门重新划分为 5 个能源部门和 23 个非能源部门，从而设计我国能源投入产出表的表式如下[①]：

[①] 表 2-2 的构建借鉴了《能源投入产出分式规划模型的构建与应用》(刘洪涛、郭菊娥等，2007)中能源投入产出表的构建方法。

表 2-2　2002 年我国能源投入产出表的具体表式

投入 ＼ 产出			中间使用			最终使用				总产出
			能源部门 S1 …	非能源部门 … S28	中间使用合计 TIU	最终消耗合计 TC	…	最终使用合计 TFU	其他	TO
能源部门	煤炭开采和洗选业	S1　万元	$(E_{il})_{5\times5}$	$(E_{kj})_{5\times23}$				$(Y_k^E)_{5\times1}$		$(X_K^E)_{5\times1}$
	煤炭开采和洗选业	S1′　万吨标准煤								
	⋮	⋮								
	煤气的生产和供应业	S5　万元								
	煤气的生产和供应业	S5′　万吨标准煤								
非能源部门 高能耗部门	非金属矿物制品业	S6　万元	$(X_{il})_{23\times5}$	$(X_{ij})_{23\times23}$				$(Y_i)_{23\times1}$		$(X_i)_{22\times1}$
	木材加工及家具制造业	S23　万元								
非能源部门 低能耗部门	电气、机械及器材制造业	S24　万元								
	⋮	⋮								
	建筑业	S28　万元								
中间投入合计		TII　万元								

续表

投入＼产出		单位	中间使用			最终使用			其他	总产出
			能源部门 S1 ⋯	非能源部门 ⋯ S28	中间使用合计 TIU	最终消耗合计 TC	⋯	最终使用合计 TFU		TO
最初投入	固定资产消耗	d_j	万元	$(V_{di})_{4\times5}$	$(V_{dj})_{4\times22}$						
	劳动者报酬	v_j	万元								
	生产税净额	s_j	万元								
	营业盈余	m_j	万元								
	最初投入合计	TVA	万元								
总投入		TI	万元	$(X_i)_{1\times5}$	$(X_j)_{1\times22}$						

表 2-3　中国能源投入产出表部门分类及部门代码名称

代码	部门名称	代码	部门名称
S1	煤炭开采和洗选业	S15	农、林、牧、渔业
S2	石油和天然气开采业	S16	化学工业
S3	电力蒸汽热水生产供应业	S17	交通运输及仓储业、电信、计算机服务和软件业
S4	石油加工、炼焦及核燃料加工业	S18	批发零售和住宿餐饮业
S5	煤气的生产和供应业	S19	金属制品业
S6	自来水的生产和供应业	S20	通用、专用设备制造业
S7	非金属矿物制品业	S21	交通运输设备制造业
S8	金属冶炼及压延加工业	S22	其他制造业
S9	金属矿采选业	S23	其他服务业
S10	非金属矿采选业	S24	服装皮革羽绒及其制品业
S11	食品制造及烟草加工业	S25	电气、机械及器材制造业
S12	纺织业	S26	通信设备、计算机及其他电子设备制造业
S13	木材加工及家具制造业	S27	仪器仪表及文化办公用机械制造业
S14	造纸印刷及文教用品制造业	S28	建筑业

利用投入产出模型可以对能源消耗部门之间,能源消耗部门与国民经济部门间的关系做出较深入的分析。

3. 经济流量表与能源配置表之间的衔接

经济流量表与能源配置表之间的衔接主要体现在以下方面:(1)经济流量表与能源配置表可进行相同的部门分类,经济流量表的总产出是计算部门能源配置系数的依据;(2)能源配置表中各个部门能源的中间使用与最终使用、中间消耗与最终消耗与经济流量表对应部门相同;(3)相关投入产出模型将经济流量表与能源表中数量关系衔接起来。

二、能源投入产出表的含义

横向来看,表 2-1 中的能源部门和非能源部门的中间使用部分构成能源投入产出表的第Ⅰ象限,是中间产品象限,是由名称相同、数目一致的 m 个能源部门和 n 个非能源部门(产品)纵横交叉形成的棋盘式表格。其主栏是中间投入,宾栏为中间产品,也即中间使用。第Ⅰ象限是投入产出表的核心，主要反映国民经济各产业（产品）部门之间（即能源部门之间、能源部门与非能源部门之间）相互依存、相互制约的技术经济联系。第 I 象限中每个数字都有双重意义：从横向上看，它表明每个部门的产品提供给有关部门作为生产消耗使用的数量，称为中间产品或中间使用；从纵向上看，它表明每个部门在生产过程中消耗各个相关部门的产品数量，称为中间投入或中间消耗。

横向来看，能源部门和非能源部门的最终使用部分形成投入产出表的第 II 象限，又称最终使用象限，它的主栏与第 I 象限相同。宾栏为最终产品或使用，包括最终消耗、固定资产形成、库存增加、净出口（出口减进口）和其他。从横向上看，该象限反映各能源部门和非能源部门的产品作为最终产品的使用去向。从纵向上看，该象限反映各种不同类型的需求（消耗、投资、出口）的规模及结构构成。与第 I 象限不同，第 II 象限不是反映部门间的生产技术联系，而是反映部门的社会经济联系。

纵向来看，能源部门和非能源部门的最初投入形成能源投入产出表的第 III 象限，又称增加值象限，它的主栏由增加值或最初投入构成，包括雇员报酬、生产及进口税净额、固定资本消耗及营业盈余。其宾栏与第 I 象限相同。该象限主要反映各部门增加值分配或最初投入的构成情况。

第 IV 象限（表中右下角的空白处）一般被认为主要反映再分配关系，又称"再分配象限"，由于资料来源等方面的限制，目前还只能用一个空象限来表示，其具体内容通常不在投入产出表中研究。

把上述四个象限综合起来考察，可以清楚地看出，能源投入产出表事实上是由两张"大表"构成。即把第 I、II 象限连接在一起，形成一个"横表"，反映各部门的产品分配和使用去向；第 I、III 象限连接在一起，形成一个"纵表"，反映各部门在生产中的投入和来源，还反映生产过程的价值形成。

投入产出表的表式清晰、简单，描述了国民经济各个部门产品的来源与去向。基于投入产出表，既可以对各个部门做投入产出核算，还可以开发各种行、列模型，用于分析各部门之间的技术经济关联性与复杂影响。下面以中国 2002 年能源投入产出表（表 2-2）为例，来解读能源投入产出表的经济意义。

首先，从行向解读能源投入产出表的 I、II 象限。行向记录的是 28 个部门产品的中间使用去向与最终使用去向，即行向的 I、II 象限反映的是 28 个产品部门生产的产品一部分作为 28 个产品部门生产过程的中间使用，另一部分作为最终使用，即用于最终消耗、固定资本形成、存货增加和净出口，还有一部分作为其他使用项。最终使用总量利用 GDP 核算年报中支出法的有关指标推算而得。进一步细化能源投入产出表的第 I 象限得出：$(E_{kl})_{5\times5}$ 反映的是 5 个能源部门生产的能源产品作为本部门生产过程的中间使用，体现了能源部门之间的联系；$(E_{kj})_{5\times23}$ 反映的是 5 个能源部门生产的能源产品作为非能源部门生产过程的中间使用，体现了能源部门与非能源部门之间的联系；$(X_{il})_{23\times5}$ 反映的是 23 个非能源部门生产的产品作为能源部门生产过程的中间使用，体现了非能源部门与能源部门之间的联系；$(X_{il})_{23\times23}$ 反映的是 23 个非能源部门生产的产品作为非能源部门生产过程的中间使用，体现了非能源部门之间的联系。

以煤炭开采和洗选业为例，2002 年煤炭开采和洗选业生产的产品，其中一部分供本部门当期生产过程使用，一部分作为石油和天然气开采业等其他 4 个能源生产部门当期生产过程使用，还有一部分作为非金属矿物制品业等 23 个非能源生产部门当期生产过程用。煤炭开采和洗选业生产的能源产品供 28 个能源部门与非能源产品部门生产过程当期使用的全部产值在核算上称为中间使用。除中间使用外，居民和政府部门当期消耗的能源产品、固定资本形成总额、存货的增加及净出口形成了煤炭开采和洗选业产品的最终使用。上述煤炭开采和洗选业产品的各种中间使用、最终使用，加上其他使用项即为 2002 年煤炭开采和洗选业的总产出，这是一个主要的行向平衡关系。

其次，从列向解读能源投入产出表的 I、III 象限。列向记录的是各个能源产品和非能源产品部门生产过程中的投入结构，反映各部门为获得总产出所投入各种产品或生产要素的价值，即列向的 I、III 象限反映的是 28 个产品部门生产过程中所消耗的作为中间投入的 28 个部门产品价值以及作为生产要素的价值，即固定资产折旧、劳动者报酬、生产税净额和营业盈余四项最初投入。固定资产折旧、劳动者报酬、生产税净额和营业盈余合计为增加值，各部门的增加值是反映其在生产过程中创造的新增加价值和固定资产转移价值的重要指标，是各部门生产活动的最终成果。

仍以煤炭开采和洗选业为例，2002 年煤炭开采和洗选业为获得其总产出，分别要消耗本部门的产品、其他 4 个能源部门的产品和 23 个非能源部门的产品，本部门、其他能源部门和非能源部门对煤炭开采和洗选业生产过程中的全部投入，称为中间投入；除中间投入外，煤炭开采和洗选业生产过程中还要使用劳动力、资本等生产要素，各种要素按其对生产的贡献而获得报酬,煤炭开采和洗选业生产过程中使用的四项生产要素的合计称为最初投入;中间投入与最初投入之和等于总投入,总投入等于总产出,这是一个主要的列向平衡关系。

综上所述,能源投入产出表记录的数据可以分为三类。第一类数据是中间流量数据,反映各能源部门之间、能源部门与非能源部门之间、非能源部门之间的投入产出关系,也是能源投入产出核算的核心。这些数据具有双重意义,可以从使用和投入两个方向解读。第二类数据是各部门最终使用(又称为最终需求)数据。第三类数据是各部门最初投入数据,后两类数据只有一种含义。所以,根据能源投入产出表,可以清晰地看出各种能源产品和非能源产品是如何生产出来的,又用到了何处。

2.1.3 能源投入产出相关系数及基本模型体系

能源部门是国民经济中的基础部门之一,能源部门与其他部门间的比例关系,也是整个国民经济中重要的比例关系。在我国,能源生产量的多少已成为生产发展与经济增长的一个重要制约因素,因此需要单独加以分析。

影响能耗大小的因素主要有两个:一是由技术进步、管理水平提高而引起的能源消耗的降低;二是通过部门结构的变动来改变消耗。这两种因素往往综合起来对能耗加以影响。因而,需要用较科学的方法研究各种因素间的关系,才能了解能源部门与国民经济其他部门之间的内在联系。利用投入产出模型,可以对能源生产部门之间及能源生产部门与国民经济其他部门之间的关系做出较深入细致的分析。

由表 2-1 可见,能源投入产出表的第 Ⅰ 象限实际上可以分成四个组成部分,设第 1 至第 m 部门为生产能源产品的部门,第 $m+1$ 至第 $m+n$ 部门为非能源产品的部门。这四个部分分别反映能源生产部门间的联系,非能源生产部门间的联系;能源生产部门与非能源生产部门间的联系(有两部分)。利用能源投入产出表可以定义各种系数和模型并进行能源投入产出分析。

一、能源投入产出基本关联系数

1. 直接消耗系数

国民经济各部门之间复杂的内在联系,首先表现为各部门之间相互耗用产品的数量关系,反映这一数量关系的系数有直接消耗系数和完全消耗系数。直接消耗系数和完全消耗系数是投入产出技术的基础。直接消耗系数指某一部门生产单位总产出需要直接消耗的各部门货物和服务的数量,也称为投入系数。它反映该部门与其他部门之间的技术经济联系和直接依赖关系。在此，直接消耗系数矩阵是测度部门之间所有技术经济联系的桥梁。

直接消耗系数是根据投入产出表中分部门的各列数据计算的，即第 j 部门总投入除该部门直接消耗第 i 部门产品价值求得的系数，用公式表示为：

$$a_{ij} = \frac{j \text{部门对 i 部门产品耗用价值}}{j \text{部门的总产出或总投入}} = \frac{x_{ij}}{X_j} (i, j = 1, 2, \cdots, n)$$

(2-1)

式(2-1)中，x_{ij} 表示 j 部门为获得当期总产出而对 i 部门的消耗量，除以 j 部门的总产出或总投入 X_j 即为 a_{ij}，a_{ij} 就表示 j 部门单位总产出对 i 部门产品的消耗量，反映了生产过程与直接消耗之间共同消长的线性比例关系。将经济流量表第 I 象限中每个部门的中间投入除以本部门的总投入，就可得到全部直接消耗系数 a_{ij} 所组成的矩阵，称为直接消耗系数矩阵，通常记为 A。

在投入产出模型中，能耗变化就表现为 a_{ij} 系数的改变。由此可以计算出在满足一定最终需要的情况下，由能耗变化而对国民经济各部门生产带来的影响。

2. 完全消耗系数

完全消耗系数是指增加某一部门单位最终使用需要直接和间接消耗的各种货物和服务的数量，记为 b_{ij}，完全消耗系数矩阵记为 B。完全消耗系数等于直接消耗系数与所有间接消耗系数之和，即生产单位 j 产品对 i 产品的完全消耗系数 b_{ij}＝直接消耗系数＋一次间接消耗系数＋二次间接消耗系数＋…，记 $a_{ij}^{(k)}$ 为 j 部门生产单位产品对 i 部门产品的第 k 次间接消耗系数，$k=1, 2, \cdots, (a^{(k)}{}_{ij})_{n \times n}$ 为间接消耗系数矩阵，可以证明：

(1)间接消耗是一种消耗的层层传递，这种传递性体现为 $(a^{(k)}{}_{ij})_{n \times n} = A^{k+1}$，$k=1, 2, 3, \cdots$

(2)完全消耗系数矩阵等于直接消耗系数矩阵与所有间接消耗系数矩阵之和，完全消耗系数既反映部门之间的直接联系又反映部门之间的间接联系，即：

$$B = A + A^2 + A^3 + \cdots$$

(3)间接消耗过程是收敛的，由 $B + I = I + A + A^2 + A^3 + \cdots$
$\Rightarrow (B+I)(I-A) = (I-A)(I+A+A^2+A^3+\cdots) = I + A^\infty$

由于直接消耗矩阵 A 满足 $\sum\limits_{i=1}^{n} a_{ij} < 1$，从而级数 $\{A^k\}$ 是收敛的，即

$$\lim_{k \to \infty} A^k = 0$$

所以，$B + I = (I - A)^{-1}$，$B = (I - A)^{-1} - I$。所以由直接消耗系数可以计算完全消耗系数。

3. 列昂惕夫逆乘矩阵

完全消耗系数 b_{ij} 反映了任何两个部门之间的完全联系，它不仅包括直接消耗系数 a_{ij}，而且包括间接消耗系数 c_{ij}，$b_{ij} = a_{ij} + c_{ij}$，c_{ij} 表示 j 产品所消耗的各种物质资料又进一步对 i 产品的完全消耗。因此，实质上 b_{ij} 是生产 j 单位最终产品所完全消耗的 i 种中间产品的数量，所以计算完全消耗系数的关键是计算间接消耗 c_{ij}。j 部门由于消耗了 k 产品而间接消耗了 i 种产品，假设完全消耗系数为 b_{ik}，则 $b_{ik} \times a_{kj}$ 为通过 k 产品而间接消耗的 i 种产品。因此，j 产品部门生产对 i 产品的全部间接消耗为 $\sum_{k=1}^{n} b_{ik} \times a_{kj}$，$j$ 产品部门生产对 i 产品的完全消耗系数为：

$b_{ij} = a_{ij} + \sum_{k=1}^{n} b_{ik} \times a_{kj}$，以矩阵形式表示为：

$B = A + AB$，即 $B(I - A) = A$，所以，$B = A(I - A)^{-1}$

又 $B = A + A^2 + A^3 + \cdots$

$\Rightarrow B = A(I + A + A^2 + A^3 + \cdots) = A(I + B) = A + AB$

$\Rightarrow B = A(I - A)^{-1}$ （2-2）

从式（2-2）可以看出，$(I - A)^{-1}$ 起着乘数放大器的作用，即，直接消耗系数可以通过乘数的作用放大为完全消耗系数。列昂惕夫逆乘矩阵 $(I - A)^{-1}$ 是本文能源投入产出分析采用的关键技术。如，假设 e_k 是第 k 种能源的直接投入系数向量（直接产污系数表示生产部门每单位总产出所产生的污染物），由 $E_k = e_k(I - A)^{-1}$ 可以计算第 k 种能源的完全投入系数向量（完全产污系数表示生产部门每单位最终产出所直接和间接产生的污染物）。类似的，在污染分析中，设 h_j 为第 j 种污染物的直接产物系数向量，则可以通过 $H_j = h_j(I - A)^{-1}$ 来求得 j 种污染物的完全产污物系数向量。

通过列昂惕夫逆乘矩阵 $(I - A)^{-1}$ 可以求得各种完全系数矩阵。

4. 直接分配系数

在 n 个部门构成的投入产出表中，直接分配系数是这样定义的：第 i 个部门产品分配给 j 部门作为中间产品使用的数量占该种产品总产出量的比例，用计算公式表示为：

$$r_{ij} = \frac{X_{ij}}{X_i}, (i, j = 1, 2, \cdots, n)$$ （2-3）

式(2-3)中，

r_{ij} ——i 产品对 j 部门的分配系数；

X_{ij} ——i 产品分配给 j 部门作为中间产品使用的数量；

X_i ——i 产品的总产出量。

式(2-3)告诉我们，利用投入产出表第 I 象限的某行元素作为分子，该行右端对应的总产出量为分母，计算其比值即为 i 产品分配给各生产部门的分配系数。若投入产出表中有 n 种产品，则可得到 n 行分配系，形成一个 n 阶方阵，这就是直接分配系数矩阵 R：

$$R = \begin{bmatrix} r_{11} & r_{12} & \cdots & r_{1n} \\ r_{21} & r_{22} & \cdots & r_{2n} \\ \vdots & \vdots & \vdots & \vdots \\ r_{n1} & r_{n2} & \cdots & r_{nn} \end{bmatrix}$$

直接分配系数矩阵是直接产出系数矩阵中的一部分，是直接产出系数分布在中间产品区域内的那一部分。直接分配系数是按投入产出表的行向原则计算出的全部系数，即以第 I、II 象限同行元素为分子，以同行元素的合计（总产出）为分母，计算出行比值系数。

应指出的是，直接分配系数与直接消耗系数有着本质的区别。前者是按投入产出表的行向原则定义的，后者则是按其列向定义的。尽管它们是行列颠倒关系，但是直接"分配"系数矩阵也不是直接消耗系数矩阵的简单转置形式，它们的元素在数值上有很大的差异。由两个系数的计算公式可知：

$$r_{ij} = \frac{X_{ij}}{X_i} \qquad a_{ij} = \frac{X_{ij}}{X_j} \qquad (i, j = 1, 2, \cdots, n)$$

其矩阵形式：$R = \overset{\wedge}{X^{-1}} (X_{ij})_{n \times n}$，$A = (X_{ij})_{n \times n} \overset{\wedge}{X^{-1}}$

$\overset{\wedge}{X^{-1}}$ 为总产出（或总投入）向量的对角化。

由此可知，矩阵 R 和矩阵 A 只是分布在矩阵主对角线位置上的元素对应相等，除此之外的其他各元素一般不相等。

5. 完全分配系数

如同矩阵 A 具有对应的完全消耗系数矩阵 B 一样，直接分配系数矩阵 R 同样也有相应的完全分配系数矩阵。其定义的原则和计算方法同矩阵 B 有许多类似的地方。矩阵 R 只表示了两个部门或产品间的直接分配联系，而完全分配系数则要表现两个部门或产品间的完全分配联系，它们在数量上仍须遵循如下关系：

完全分配联系＝直接分配联系＋全部间接的分配联系

可见，完全分配系数中首先包含有两种产品的直接分配系数，另外还包括了两种产品以外产品作为中间媒介传递的全部间接的分配系数。设两个产品之间的完全分配系数为 d_{ij}，则有：

$$d_{ij} = r_{ij} + \sum_{k=1}^{n} r_{ik} \cdot d_{kj} \ (i, j = 1, 2 \cdots, n) \tag{2-4}$$

计算公式（2-4）表明，完全分配系数表现了两个部门或产品的全部分配关系，这里既有两个产品间的直接分配关系 r_{ij}，同时又有通过各产品（中间产品 K）传递的全部间接分配关系 $\sum_{k=1}^{n} r_{ik} d_{kj}$。间接分配关系是指 i 产品分配给 K 产品部门生产使用，而 K 产品再分配给 j 部门使用的仅是通过一个中间环节的第一间接联系。依此类推，还有通过二个、三个乃至无限多个中间环节传递的全部间接分配关系。全部间接联系包括了多个产品渠道和无限多层次环节的间接分配关系。

6. 直接能源投入系数

令 $e_{kj} = \dfrac{E_{kj}}{X_j}, k = 1, 2, \cdots, m, \ j = 1, 2, \cdots, m+n$ (2-5)

e_{kj} 为直接能源投入系数，表示第 j 部门生产单位产值对第 k 种能源的消耗量，标号 $i = 1, 2, \cdots, m$，表示能源种类，$j = 1, 2, \cdots, m+n$，表示能源部门与非能源部门的总个数，E_{kj} 为第 j 部门对第 k 种能源的消耗量，X_j 为第 j 部门的总产出，$m(m+n)$ 个 e_{kj} 构成能源投入系数矩阵，记为 E，则 E 的矩阵形式为：

$$E = \begin{bmatrix} e_{11} & e_{12} \cdots & e_{1m+n} \\ e_{21} & e_{22} \cdots & e_{2m+n} \\ \vdots & \vdots & \vdots \\ e_{mm+1} & e_{m\ m+2} \cdots & e_{mm+n} \end{bmatrix}$$

7. 直接综合能耗系数

计算各种产品或各部门的直接综合能耗系数 $e_j^{总}$，以便分析比较各种产品、各部门的能耗情况。其计算公式为：

$$e_j^{总} = \sum_{i=1}^{m} t_i e_{ij} \ (j = 1, 2, \cdots, m+n) \tag{2-6}$$

式（2-6）中，$e_j^{总}$ 为第 j 种产品的直接综合能耗系数；t_i 为第 i 种能源折合成标准煤的折合系数（据国家公布的折标准煤系数有：$t_{煤} = 0.714$，$t_{油} = 1.431$，$t_{天然气} = 1.33$）；e_{ij} 为每单位 j 产品需消耗 i 种能源的数量。

8. 完全综合能耗系数

设 $e'^{总}_j$ 表示每单位 j 产品在生产过程中需直接、间接消耗的各种能源之和。其计算公式为：

$$e'^{\text{总}}_j = \sum_{i=1}^{k} t_i b_{ij} \tag{2-7}$$

式(2-7)中，b_{ij} 为每单位 j 产品需消耗 第 i 种 能源的完全消耗系数。

利用部门的直接综合能耗系数与完全综合能耗系数，计算部门直接能耗或间接能耗占总能耗的比重，找到比重大的产品（或部门）后，就能重点研究它们的节能措施。例如，我国有六个工业部门的耗电、耗煤、耗油量，都占了总电力、总煤炭、总石油消耗量的60％以上。这六个部门就是节能降耗的重点部门，而比较计算部门的综合能耗系数后发现，我国重工业单位产值的直接能耗为轻工业的五倍，完全能耗为轻工业的九倍，所以改变生产结构，就会对耗能发生较大的影响。

二、能源投入产出基本模型体系

针对能源投入产出表 2-1，可以在行方向上建立多组平衡关系。

1. 总体平衡关系

对于能源投入产出表 2-1，若不区分能源部门和非能源部门，则可以在行方向上建立一组总体平衡关系。

与一般投入产出表中的行模型相同，即有：

中间使用十最终需求＝总产出。用公式表示为：

$$\sum_{j=1}^{m+n} X_{ij} + Y_i = X_i , i=1, 2, \cdots, m+n$$

$$\sum_{j=1}^{m+n} a_{ij} X_j + Y_i = X_i$$

$$AX + Y = X$$

$$X = (I-A)^{-1}Y \tag{2-8}$$

$$\therefore \text{行模型为：} \begin{cases} Y = (I-A)X \\ X = (I-A)^{-1}Y \end{cases}, \text{式中：} X = \begin{bmatrix} X_1 \\ X_2 \\ \vdots \\ X_{m+n} \end{bmatrix}, Y = \begin{bmatrix} Y_1 \\ Y_2 \\ \vdots \\ Y_{m+n} \end{bmatrix}$$

2. 能源部门行向平衡关系

细分能源投入产出表 2-1，可以在行方向上建立两组平衡关系。第一，反映能源部门产品生产和使用的行平衡关系，即有：

中间使用部门对能源的消耗十最终需求领域对能源的消耗＝总产出。第二，反映非能源部门产品生产和使用的行平衡关系。

反映能源部门产品生产和使用的行平衡关系用公式表示为：

$$
\begin{cases}
E_{11} + E_{12} + \cdots + E_{1m+n} + Y_1^E = X_1^E \\
E_{21} + E_{22} + \cdots + E_{2m+n} + Y_2^E = X_2^E \\
\quad \cdots \quad \cdots \quad \cdots \quad \cdots \\
E_{m1} + E_{m2} + \cdots + E_{mn+n} + Y_m^E = X_m^E
\end{cases}
\tag{2-9}
$$

即 $\displaystyle\sum_{j=1}^{m+n} E_{kj} + Y_k^E = X_k^E$，$k = 1, 2, \cdots, m$

令 $e_{kj} = \dfrac{E_{kj}}{X_j}$，$k = 1, 2, \cdots, m, j = 1, 2, \cdots, m+n$，

则式(2-9)的矩阵形式为：

$$
EX + Y^E = X^E \tag{2-10}
$$

式(2-10)中，

$$
E = \begin{bmatrix}
e_{11} & e_{12} \cdots & e_{1m+n} \\
e_{21} & e_{22} \cdots & e_{2m+n} \\
\vdots & \vdots & \vdots \\
e_{mn+1} & e_{m\ m+2} \cdots & e_{mn+n}
\end{bmatrix},
X = \begin{bmatrix}
X_1^E \\
X_2^E \\
\vdots \\
X_m^E \\
X_{m+1} \\
\vdots \\
X_{m+n}
\end{bmatrix},
$$

$$
Y^E = \begin{bmatrix}
Y_1^E \\
Y_2^E \\
\vdots \\
Y_m^E
\end{bmatrix},
X^E = \begin{bmatrix}
X_1^E \\
X_2^E \\
\vdots \\
X_m^E
\end{bmatrix}
$$

将式(2-8)代入式(2-10)，可得：

$$
E(I-A)^{-1}Y + Y^E = X^E \tag{2-11}
$$

$$
Y = \begin{bmatrix} Y_1^E & Y_2^E & \cdots & Y_m^E & Y_{m+1} & \cdots & Y_{m+n} \end{bmatrix}'
$$

式(2-11)表明生产过程中各类能源投入量(消耗量)，加上生活部门对能源需求量 Y^E，即为总能源投入量(消耗量) X^E。

3. 非能源部门行向平衡关系

非能源部门产品生产和使用的行平衡关系为：

$$
\begin{cases}
x_{m+11} + x_{m+12} + \cdots + x_{m+1m+n} + y_{m+1} = X_{m+1} \\
x_{m+21} + x_{m+22} + \cdots + x_{m+2m+n} + y_{m+2} = X_{m+2} \\
\quad \cdots \quad \cdots \quad \cdots \quad \cdots \\
x_{m+n1} + x_{m+n2} + \cdots + x_{m+nm+n} + y_n = X_{m+n}
\end{cases}
$$

即 $\displaystyle\sum_{j=1}^{m+n} X_{ij} + Y_i = X_i$，$i = m+1, m+2, \cdots, m+n$

$$\sum_{j=1}^{m+n} a_{ij}X_j + Y_i = X_i$$

令 $A_2 = \begin{bmatrix} a_{m+11} & a_{m+12}\cdots & a_{m+1m+n} \\ a_{m+21} & a_{m+22}\cdots & a_{m+2m+n} \\ \vdots & \vdots & \vdots \\ a_{m+n1} & a_{m+n\ m+2}\cdots & a_{m+nm+n} \end{bmatrix}$

则有，$A_2 X + Y_2 = X_2$ (2-12)

其中，$Y_2 = \begin{bmatrix} Y_{m+1} \\ Y_{m+2} \\ \vdots \\ Y_{m+n} \end{bmatrix}$，$X_2 = \begin{bmatrix} X_{m+1} \\ X_{m+2} \\ \vdots \\ X_{m+n} \end{bmatrix}$

将式(2-8)代入式(2-12)，可得：

$$A_2(I-A)^{-1}Y + Y_2 = X_2$$ (2-13)

式(2-13)表明生产过程中各类非能源产品投入量（消耗量），加上生活部门对非能源需求量，即为非能源投入总量（消耗量）。

2.2 能源投入产出模型体系的前沿性拓展

本节侧重于能源投入产出基本模型体系的前沿性拓展，模型的构建与应用可为能源节约、环境治理、结构调整计划的制订，为分析和论证各项能源与经济、能源与环境政策提供一种前沿性数量经济方法。本节共构建了三个前沿性投入产出模型。第一个模型提出了一个演算过程来综合评估由于物质产品的供给所引发的能源需求，从投入产出分析方面揭示了物质利用和能源需求之间的关系，这种方法被证明是有用的。第二个模型用 SDA 方法将能源消耗的总变化分解为能源强度变化、技术进步变化和最终需求变化三部分因素，分析印度能源技术变化最大的前 10 个非能源部门、能源强度变化最大的前 10 个非能源部门、最终需求变化最大的前 10 个非能源部门。第三个模型建立了产品生产、能源消耗、废物产生、废物处理与再循环之间的实物量和价值量投入产出模型，证明了企业、家庭和废物处理服务（或再循环）部门是如何相互联系的。

2.2.1　新拓展模型 I ：产品利用对能源需求的投入产出模型

一、国内产品利用对能源需求的投入产出模型

在发达国家，能源需求的一个重要部分源于社会物质产品的供给，社会中复杂的生产和分配活动都需要能源。有效的物质产品生产、再利用和再循环、资源替代能够间接地减少能源消耗。要评价物质效率改进以减少能源需求的所有潜能，第一步就是要估计物质产品的提供需要多少能源。有些学者已基于详细的过程分析来证明这一观点，但都只做了部分证明，投入产出分析提供了一个进行更加综合性描述的可能。在此，瑞士学者 Carsten Nathani(2006)提出了一个演算过程来综合评估由于物质产品的供给所引发的能源需求。演算过程包括各级中间投入品和最终产品的物质产品应用，即从资源开采到产品分配的完整的供给链，也考虑到了与进口产品有关的能源需求。演算方法有三步：第一步，也是最关键的一步是决定物质产品和各种水平相关活动(如贸易和运输)的需求，要避免重复计算；第二步是利用列昂惕夫矩阵的可逆性来计算直接的或间接的产出需求；第三步把与产出相关的能源需求量化。

一个国家能源需求来自两个方面：生产和消耗。生产部门在这两个方面的能源需求配置是不同的。生产方面，用于一国产品生产的本国能源需求被计算在内；消耗方面，用于一国消耗的产品生产所消耗的能源被记录下来，不考虑所消耗产品的来源，这种情况下，进口产品的国外能源需求被包含在内。在此假设本国生产与进口产品有关。

为评价能源节约的潜力，首先要估计由物质产品的供给和利用导致的总能源消耗。下面以投入产出分析为基础提供一种恰当的计算方法。这种方法将得到不同经济发展水平的物质产品利用，计算物质产品利用导致的产出和能源消耗。首先，以国内产品和相关贸易与运输服务的最终需求来推导演算过程。关于运输服务，将最终需求产品的运输与旅客运输相分离，后者与物质产品的利用无关。对国内物质产品和相关分配服务的最终需求可计算为：

$$Y_m^{dom} = H_m \cdot (Y^{dom} - Y_{pt}^{dom}) \tag{2-14}$$

方程(2-14)中，H_m 为对角形矩阵，由生产和分配物质产品的部门构成(如贸易和运输部门)，对角线上生产物质产品部门的值为 1，其他为 0；Y_m^{dom} 为国内最终需求矩阵；Y_{pt}^{dom} 为旅客运输服务的最终需求矩阵。

非物质产品最终需求为：

$$Y_{nm}^{dom} = (Y^{dom} - Y_m^{dom})$$ (2-15)

接下来，将非物质产品最终需求的生产所需要的产品投入包含在内，得：

$$V_{m,1}^{dom} = H_m \cdot A \cdot Y_{nm}^{dom}$$ (2-16)

式(2-16)中，A 是标准的国内投入系数矩阵。

在第一轮的非物质产品投入之后，紧接着是第二轮的物质产品投入：

$$V_{m,2}^{dom} = H_m \cdot A \cdot [A \cdot Y_{nm}^{dom} - (H_m \cdot A \cdot Y_{nm}^{dom})]$$ (2-17)

以后各级水平的物质产品投入遵循同样的方案。最后，将所有经济水平上物质产品的总利用表达为：

$$V_{m,tot}^{dom} = Y_m^{dom} + H_m \cdot A \cdot Y_{nm}^{dom} + H_m \cdot A \cdot [(I - H_m) \cdot A \cdot Y_{nm}^{dom}]$$
$$+ H_m \cdot A \cdot \{(I - H_m) \cdot A \cdot [(I - H_m) \cdot A \cdot Y_{nm}^{dom}]\} + \cdots$$ (2-18)

将式(2-18)重新表达为：

$$V_{m,tot}^{dom} = Y_m^{dom} + H_m \cdot A \cdot [Y_m^{dom} + (I - H_m) \cdot A \cdot Y_{nm}^{dom} +$$
$$(I - H_m) \cdot A \cdot (I - H_m) \cdot A \cdot Y_{nm}^{dom} + \cdots]$$

$$= Y_m^{dom} + H_m \cdot A \cdot \{\sum_{n=1}^{\infty} [(I - H_m) \cdot A]^n\} \cdot Y_{nm}^{dom}$$ (2-19)

与列昂惕夫矩阵的可逆性原因相似，如果 $[I - (I - H_m) \cdot A]$ 可逆，则上述幂成系列可以表达为可逆矩阵的形式，即：

$$V_{m,tot}^{dom} = Y_m^{dom} + H_m \cdot A \cdot [I - (I - H_m) \cdot A]^{-1} Y_{nm}^{dom}$$ (2-20)

通过左乘列昂惕夫可逆矩阵，可以计算各个水平上物质产品利用导致的国内总产出：

$$X_{m,tot}^{dom} = (I - A)^{-1} V_{m,tot}^{dom}$$ (2-21)

最后，国内能源需求为：

$$E_{m,tot}^{dom} = \hat{e} \cdot X_{m,tot}^{dom}$$ (2-22)

$\hat{e}$ 为部门特定能源强度向量的对角化，由部门能源需求除以总产出得到。

二、进口产品利用对能源需求的投入产出模型

进口物质产品的利用也会导致对国外总产出和能源的需求。

对进口产品的需求包括：

1. 为满足最终需求直接进口的物质产品；

2. 多种经济水平上国内非物质产品生产投入的进口物质产品。

为得到国外总产出函数，在国内最终需求的物质产品生产过程中，

需要增加进口投入品的需求。

与方程(2-19)相似，对进口产品的引至需求用公式表示为：

$$V_{m,tot}^{imp} = Y_m^{imp} + A^{imp} \cdot Y_m^{dom} + H \cdot A^{imp} \cdot Y_{nn}^{dom} + H_m \cdot A^{imp} \cdot$$
$$[(I-H_m) \cdot A \cdot Y_{nn}^{dom}] + H_m \cdot A^{imp} \cdot \{(I-H_m) \cdot A \cdot [(I-H_m) \cdot$$
$$A \cdot Y_{nn}^{dom}]\} + \cdots \tag{2-23}$$

假设矩阵 $[I-(I-H_m) \cdot A]$ 的可逆矩阵存在，式(2-23)可以表示为：

$$V_m^{imp} = Y_m^{imp} + A^{imp} \cdot Y_m^{dom} + \{H_m \cdot A^{imp} \cdot [\sum_{n=1}^{\infty}((I-H_m) \cdot A)n] \cdot Y_{nn}^{dom}\}$$
$$= Y_m^{imp} + A^{imp} \cdot Y_m^{dom} + \{H_m \cdot A^{imp} \cdot [I-(I-H_m) \cdot A] - 1 \cdot Y_{nn}^{dom}\}$$
$$\tag{2-24}$$

式(2-24)中，A^{imp} 为进口商品的投入系数矩阵，由进口投入品除以总产出得到。

假设国内生产模式同样适用于国外生产，则由进口产品引至的国外产出为：

$$X_{m,tot}^{imp} = (I-A^{tot})^{-1} V_{m,tot}^{imp} \tag{2-25}$$

其中，$A^{tot} = A + A^{imp}$

假设国内能源强度适用于国外生产，则所有水平上进口物质产品的利用引至的对国外能源需求的计算结果为：

$$E_{m,tot}^{imp} = \hat{e} \cdot X_{m,tot}^{imp} \tag{2-26}$$

将上述方法用于德国 2000 年 68 个部门的投入产出表，分析计算与原材料利用相关的能源需求。结果表明几乎 50% 或 7000PJ 的能源消耗用于生产和物质产品供给，其中，相对能源紧张的出口产品消耗了总能源的 25%，居民消耗占总能耗的 29%，政府消耗占总能耗的 4%，资本投资消耗了总能源的 17%。适宜于不同物质效率提高策略的各个部门的物质产品分析表明，大约一半的与物质产品利用相关的能源消耗用于耐久产品。所以以再生产、再利用或延长产品寿命或利用强度为目的的原材料效率策略也许有较大的能源节约潜能。同时，也证明了物质产品的贸易和运输所导致的能源消耗超过 1200PJ。关于物质的再循环性，结果表明，与再循环物质相关的能源需求比不能再循环物质的能源需求要显著的高。然而，非再循环的物质几乎解释了 2000PJ 的能源消耗。

从方法论的观点上，上述计算从投入产出分析方面揭示了物质利用和能源需求之间的关系，这种方法被证明是有用的。这种方法很容易用于分析其他产品群对经济指标或能源指标的适用性。而且，如果在这个投入产出模型中增加数据，分析的范围可以扩展到其他指标，如环境和社会指标。

2.2.2 新拓展模型Ⅱ：能源投入产出结构分解分析(SDA)模型

一个国家经济的发展与能源消耗紧密相关，尽管印度总的商业能源消耗居世界第五位，但还需要更多的能源来与它的发展目标同步。印度计划 1996－2012 年期间经济增长率保持 7.4％，这就需要对称的商业能源需求增长。印度已经探明了煤炭的储藏量大约可以维持 200 年，但是有限的石油和天然气仅能维持几十年，商业能源消耗中对石油燃料的递增需求将更多地依赖于进口和不安全能源。

印度单位 GDP 消耗比日本、美国和亚洲都高，分别是日本的 3.7 倍、美国的 1.6 倍、亚洲的 1.5 倍。这主要是由于印度正处于从农业经济向工业社会、城市化和商业化过渡的阶段。此外，印度大规模工业化导致的能源消耗的特殊性降低了印度平均能源效率，促进了较高的能源强度，越来越多的全球贸易自由化和全球竞争的上升提高了包括能源成本降低的生产力。

我们知道，以化石燃料为基础的能源消耗是环境污染的主要原因。当前印度是世界上第五大炭污染排放国(在美国、中国、俄罗斯和日本之后)，导致了世界上 4.2％的与化石燃料相关的炭污染物释放。由化石燃料燃烧引起的日益上升的环境问题需要我们了解能源生产和消耗的类型。下面，用投入产出结构分解分析识别印度能源消耗变化的原因，以便为改革时期印度环境政策的制订和改变提供服务。

一、能源投入产出 SDA 模型的构建

列昂惕夫静态的货币化投入产出模型为：

$$X = AX + Y \tag{2-27}$$

方程(2-27)中，X 是混合的单位总产出向量($n \times 1$)，在这个模型中，能源部门产出以百万吨石油作为计量单位，其他部门的产出用百万卢比作为计量单位；Y 是混合单位最终需求向量($n \times 1$)，其中不同类型能源的最终需求以百万吨油当量作为计量单位，其他部门的最终需求以百万卢比作为计量单位；A 是混合单位技术系数矩阵($n \times n$)，其中，从能源部门投入到能源部门的投入系数的单位是百万吨油当量/百万吨油当量，从非能源部门投入到能源部门的投入系数单位是百万卢比/百万吨油当量，从能源部门投入到非能源部门的投入系数单位是百万卢比/百万吨油当量，从非能源部门投入到非能源部门的投入系数单位是百万卢比/百万卢比。

能源投入产出的基本平衡方程为：

$$F_k = \sum_j F_{kj} + F_{kd} = \sum_j e_{kj} X_j + F_{kd} \tag{2-28}$$

式(2-28)中，F_k 是第 k 种能源的总消耗，F_{kj} 是部门 j 对第 k 种能源的总消耗，F_{kd} 是最终需求部门 d 对第 k 种能源的总消耗，e_{kj} 是部门 j 对第 k 种能源的直接能源投入系数，X_j 是部门 j 的总产出。将上式重新表达为：

$$F = EX + F_d = E(I-A)^{-1}Y + F_d \tag{2-29}$$

不考虑式(2-29)中的 F_d，则有 $EX = ETY$，E 代表能源消耗强度，Y 为最终需求，$(I-A)^{-1} = T$ 是总投入需求矩阵，即为列昂惕夫技术矩阵。

一个国家或地区，其基年 0 与 t 年之间能源消耗变动可以通过 SDA 方法表达。SDA 方法是研究经济结构各种变化的一种独特技巧。利用 SDA 方法可以把两个时期能耗的变动分解为：

$$\Delta EX = \Delta E T_t Y_t + E_0 \Delta T Y_t + E_0 T_0 \Delta Y \tag{2-30}$$

根据分解式(2-30)，可以测算能源消耗变动的强度效应、技术效应以及总量效应的大小。根据各种效应中能源强度、技术矩阵和最终需求变动的不同，方程(2-30)有多种定义方式，针对具体年度，我们可以得到不同的经验结果。Dietzenbacher 和 Los(1998)已经考虑了这个问题，并且证明了利用双极分解形式的平均有助于来解决这个问题。Haan(2001)也证明了任何一对分解形式的平均都会大量减少分解结果的偏差。为减少分解结果的偏差，本书将用双极分解形式做实证分析。需要注意的是，下面的双极分解形式只是所有可能双极分解形式中的一种分解形式，本书之所以采用这一形式是由于其简单易解。

当初年是一个起点，我们得到下面最终方程的极形式

$$\Delta EX = \Delta E T_0 Y_0 + E_t \Delta T Y_0 + E_t T_t \Delta Y \tag{2-30*}$$

通过计算式(2-30)和式(2-30*)的平均值得到最终的分解形式为：

$$\Delta EX = \frac{1}{2}[\Delta E T_t Y_t + \Delta E T_0 Y_0] + \frac{1}{2}[E_0 \Delta T Y_t + E_t \Delta T Y_0] + \frac{1}{2}[E_0 T_0 \Delta Y + E_t T_t \Delta Y] \tag{2-31}$$

方程(2-31)中的第一部分包括 ΔE，反映了当研究阶段的其他变量为常数时，由于各个行业能源强度的变换导致的能源消耗变化；第二部分包括 ΔT，反映了当研究阶段的其他变量为常数时，由于生产技术的直接或间接变化导致的能源消耗变化；方程的第三部分包括 ΔY，反映

了当研究阶段的其他变量为常数时，由于最终需求的变化导致的能源消耗变化。方程不仅反映了结构变化，还反映了数量变化。

通过改变方程(2-31)的结构，可以得到这种能源消耗变化的部门贡献，即将方程(2-31)变为：

$$\Delta EX = \frac{1}{2}[\Delta ET_t \hat{Y}_t + \Delta ET_0 \hat{Y}_0] + \frac{1}{2}[E_0 \Delta T \hat{Y}_t + E_t \Delta T \hat{Y}_0] +$$

$$\frac{1}{2}[E_0 T_0 \Delta \hat{Y} + E_t T_t \Delta \hat{Y}] \tag{2-32}$$

方程(2-32)中的三部分与方程(2-31)有相似的解释，唯一的差别是两个方程中的最终需求项，并且方程(2-32)定义了各个部门每种能源的消耗能力。在此，$\hat{Y}$ 是向量的 $n \times n$ 阶对角化矩阵，将能源强度进一步分解为：

$$\Delta E = E_t - E_0 = [E_t - E_{(E_t, no)} + E_{(E_t, no)} - E_{(E_0, nt)} + E_{(E_0, nt)} - E_0 - E_0 + E_0]$$

$$= [(E_{(E_t, no)} - E_0) + (E_{(E_0, nt)} - E_0) + (E_t - E_{(E_0, nt)}) - (E_{(E_t, no)} - E_0)]$$

$$= (E_{(E_t, no)} - E_0) + (E_{(E_0, nt)} - E_0) + (E_t - E_{(E_0, nt)} - E_{(E_t, no)} + E_0)] \tag{2-33}$$

$E_{(E_t, no)}$ 是非能源部门强度为基期、能源部门强度为当期的混合强度，类似的，$E_{(E_0, nt)}$ 是把能源部门强度视为基期、而非能源部门强度视为当期的混合强度。

二、能源投入产出 SDA 模型在印度的实践

印度学者 Debesh Chakraborty 利用印度 1992－1994 年和 1997－1999 年两个投入产出表研究两个时段能源消耗的总变化，将 1992－1994 年作为基期，即 0 期，1997－1999 年作为当前期，即 t 期。能源部门分为三个：煤炭、石油和天然气、电。1992－1994 年和 1997－1999 年两段时期的能源总消耗上涨 17%，炭和石油上涨 16%，电上涨接近 35%。

用 SDA 方法将能源消耗的总变化分解为能源强度、技术系数和最终需求变化三部分。分别就方程(2-31)、方程(2-32)讨论能源消耗总变化的各种影响因素以及每种因素的部门贡献，就方程(2-32)分析了能源技术变化最大的前 10 个非能源部门、能源强度变化最大的前 10 个非能源部门、最终需求变化最大的前 10 个非能源部门；就方程(2-33)将能源强度的变化分解为能源系数的变化、非能源系数的变化和两项的交叉效应。研究结果发现：

1. 对三种影响因素的评价依赖于三种主要燃料的贡献。印度工业部门比其他部门更多的依赖于炭。但炭的消耗比例在下降，而电的消耗比例在平稳上升，电消耗的迅速增长是由于工业的现代化。铁路运输部门从炭消耗到柴油消耗的转移以及铁路运输量的迅速增长增加了油产品的消耗，解释了能源部门 90% 以上的能源消耗。家庭对能源的利用也从炭转向了石油和电。大量的以其他能源消耗为主的部门也转向以电的消耗为主，所以各部门的电消耗强度变高了。

2. 印度总的商业能源主要由工业部门消耗，占 49.6%，运输部门占 23.5%，家庭占 9.7%。分析表明工业部门的间接能源消耗是非常重要的。

3. 在改革时期，有些部门的能源强度变得更大了，一些重要部门对三种影响因素贡献的分析是相同的，如肥料、石油、运输、纸、纸产品、建筑、钢铁和水泥。

4. 通过经验数据的实证分析，非能源部门的表现并不令人满意。能源强度和技术因素是能源消耗变化的主要影响因素。通过对能源强度的深入分析得出，非能源部门投入系数的贡献是能源强度高的主要影响因素，尽管能源部门的直接影响减少了，但非直接影响过度补偿了能源部门直接影响的减少。

三、模型评价

方程(2-31)及方程(2-32)的分解形式提供了一种测算能源消耗总量影响因素的分析方法和研究思路。方程(2-31)及方程(2-32)的分解形式是所有可能双极分解形式中的一种分解形式，各种分解形式对应的实证分析结果差距较大，这就需要一个反复尝试的过程，计算结果的偏差大小是选择分解形式的依据，但这种依据需要大量的计算。

2.2.3　新拓展模型Ⅲ：能源投入产出一般均衡模型

一、投入产出模型与线性规划方法相结合的两种形式

1. 形式之一：可计算一般均衡模型(CGE)

投入产出分析与线性规划方法相结合的一种形式是可计算一般均衡模型(Computable General Equilibrium，简称 CGE 模型)。作为政策分析的有力工具，可计算的一般均衡模型经过 30 多年的发展，已在世界上得到了广泛的应用，并逐渐发展成为应用经济学的一个分支[①]。世界上第一个 CGE 模型是约翰森(Johansen)在 1960 年提出的。在此之后，

---

①　郑玉歆、樊明太：《中国 CGE 模型及政策分析》，北京：社会科学文献出版社，1999。

CGE 模型的发展似乎出现了一段时间的中断，直到 70 年代都没有显著的进展。在 70 年代，有两个因素引起了人们对 CGE 模型的兴趣。首先，世界经济面对着诸如能源价格或国际货币系统的突变、实际工资率的迅速提高等较大的冲击。其次，近 20 年来 CGE 模型细化处理能力的日益提高。

CGE 模型是在传统的投入产出模型基础上发展来的。以全部均衡模型为基础，分别对生产和消耗做进一步的数量化描述，使全部均衡模型变成了具有计算、模拟和控制功能的可计算模型，为完整、系统地刻画经济系统描绘出一个基本框架。为了更详尽地表现经济运行的实际状况，还可以在这一模型的基础上，嵌入其他函数关系，考虑更多的经济联系和因素，使模型内容更丰富，更符合实际，模型体系更完善。为此，对简单的 CGE 模型做一些改进和补充的最重要的成功在于它在经济的各个组成部分之间建立起了数量联系，使我们能够考察来自经济某一部分的扰动对经济另一部分的影响。

CGE 模型与投入产出模型的区别在于：(1)CGE 模型通过引入经济主体的优化行为，刻画了生产之间的替代关系和需求之间的转换关系，用非线性函数取代了传统投入产出模型中的许多线性函数；(2)CGE 模型在传统投入产出一般均衡基础上，引入了通过价格激励发挥作用的市场机制和政策工具，从而将生产、需求、国际贸易和价格有机地结合在一起，以刻画在混合经济的条件下，不同产业、不同消耗者对由一定政策冲击所引至的相对价格变动的反应；(3)对于投入产出模型来讲，它所强调的是产业的投入产出联系或关联效应，而 CGE 模型则在整个经济约束范围内把各经济部门和产业联系起来，从而超越了投入产出模型。这些约束包括：对于政府预算赤字规模的约束，对于贸易逆差的约束，对于劳动、资本和土地的约束，以及处于环境考虑(如空气和水的质量)的约束等。

总之，CGE 模型从供需两个方面讨论经济主体的行为关系，增加了行为方程，把价格纳入模型之中，增加了政策变量，可以对行为主体作优化分析。近些年来 CGE 模型的开发与应用在世界范围内得到了迅速的发展，但它并不能取代投入产出模型。可计算一般均衡模型也存在若干局限性：

(1)在分析政策变动对福利影响方面，CGE 模型仅获得了部分成功，因为它假定了政策变化不影响劳动力的非隐性失业和资本的水平、企业间竞争的形式和技术进步率；

(2)CGE 模型本身并不能提供有价值的预测工具；

(3)CGE 模型需要的数据甚至比投入产出分析要远为复杂而难以找

到，因为它不仅分析产业或工业，也分析个人，政府决策，这些都是投入产出分析所不能及的。

2. 形式之二：投入产出模型的最优化

传统的列昂惕夫模型中，未知数与方程的个数是相同的，如果有解，解是唯一的，给定最终需求，可以求出唯一解，这一模型不适合经济控制的需要。投入产出近来的一个发展是与线性规划方法相结合，以适应经济控制的需要。线性规划与投入产出相结合是建立在冯·诺依曼模型基础之上的。在诺依曼模型中，取消了在投入产出分析中纯部门的假定，将投入产出分析扩展成为更一般的形式，即一种生产过程可能生产若干种商品，一种商品又可能是多种生产过程的产出，生产方程的个数与商品的种类数不一定相等。线性规划模型可视为列昂惕夫投入产出模型的推广。投入产出模型与线性规划模型相结合要做如下处理：增加投入产出模型变量的个数；改不等式为等式；增加不等式方程。1958年，在多尔夫曼（Dorfman）、萨缪尔森（Samuelson）、索洛（Solow）出版的《线性规划与经济分析》一书中，把线性规划与投入产出分析结合起来，试图解决投入产出模型不能择优的问题，并提出了大道定理与经济有效增长的问题。他们在研究有效资本积累计划时，以计划期期末资本存量的最大化为目标函数，利用线性规划方法建立资本积累数学模型，发现经济发展的最优途径总是趋于冯·诺依曼射线。据此理论可以建立高速增长模型，确立一条最优增长路线。三人提出的这一动态线性规划模型，大大推动了投入产出优化模型的发展。而将投入产出分析与高速增长模型相结合的基本形式是以"投入产出的动态模型（差分形式）作为约束条件，以计划期经济发展的最终目标为目标函数，所组成的线性规划模型被称为投入产出大道模型"。

至今，已有许多学者将动态投入产出模型与动态线性规划模型相结合来解决最优化问题。现在，投入产出优化模型正在向多级化综合模型发展，向目标规划模型发展，向动态优化模型发展，向包含不确定性因素的优化模型发展。

3. 能源投入产出 CGE 模型构建与优化的背景

近些年来，尽管人类对减少废弃物排放、资源再利用、再循环的意识不断增强，但关于我们将这些目标达到什么程度、谁应当实施计划、怎样去实现这些目标的问题仍然没有达成一致协议。所以，为达到正确物质循环社会的目标而设计的废物处理政策仍处于一种尝试或错误的状态。

为从工业活动和我们的消耗方式中减少环境的外部效应，以最小化释放和闭路物质循环为目的最有效政策工具是必要的。在此，Pongsun Bunditsakulchai，Hajime Inamura，Shigemi Kagawa and Masato Yamada(2006)从理论上建立的 CGE 模型，一方面可以阐明以能源等为基本投入要素的整个生产活动和废物处理之间的交易；另一方面可以阐明相应的家庭消耗行为。为实现物质循环可持续性社会，在此开发的数学模型可以检验提出的环境问题。

为评价产品循环社会系统的价值，弄清楚供需平衡结构是必要的，这种结构可以估计由企业和家庭排放的废物数量。以上四人描述的大型的能源投入产出 CGE 模型中，假设有 m 种货物和服务生产技术，n 种与能源相关的生产技术，p 种 废物处理技术，所有企业被分为 $m+n$ 类货物和服务企业（后面称为 G－企业），p 种 废物处理服务企业（后面称为 W－企业），这里的 CGE 模型强调部门和消耗者之间的关联。

二、生产部门能源投入产出一般均衡模型的构建与优化

1. 生产函数的 NCES(Nested Constant Elasticity of Substitution)系统

企业技术生产函数由多个水平的生产过程来体现。高水平的过程由列昂惕夫生产函数构成，在函数中间投入按照固定比例与其他中间投入和扩展的增加值结合在一起；在中间水平上，企业增加值的基本投入要素——劳动和资本、总能源需求投入和总的废物处理服务投入之间可以相互替代；在低水平上，允许作为中间投入成分的初始原材料与再循环物质或副产品之间、初始能源和再循环能源之间相互替代。

在高水平上，G－企业和 W－企业的 第 j 种 活动水平表达为货币价值形式 g_j，即 g_j 用下面固定系数的列昂惕夫生产函数来表达：

$$g_j = \min\left(\frac{V_j^{ex}}{b_{ex,j}}, \frac{U_{1j}}{b_{1j}}, \cdots, \frac{U_{ij}}{b_{ij}}, \cdots, \frac{U_{mj}}{b_{mj}}\right) \tag{2-34}$$

式(2-34)中，U_{ij} 是 j 行业产品 i 的中间投入需求，V_j^{ex} 是扩展的增加值，$b_{ex,j}$ 是扩展的增加值固定系数，b_{ij} 是相应的标准化使用矩阵的中间投入固定系数元素，B 为：

$$B = \begin{bmatrix} b_{1,1} & \cdots & b_{1,m+n+p} \\ \vdots & \vdots & \vdots \\ b_{m+n+p,1} & \cdots & b_{m+n+p,m+n+p} \end{bmatrix}$$

下面函数中，假设中间投入和扩展的增加值是弱分离的，这种可分性假定允许增加值中的最优组合成分与中间投入决策无关。

在中间投入水平上，扩展的增加值函数表达为如下的技术关系：

$$V_j^{ex} = \Theta_j^{ex} \{ \alpha_j^f (V_j^f)^{\frac{\sigma_j-1}{\sigma_j}} + \alpha_j^e (V_j^e)^{\frac{\sigma_j-1}{\sigma_j}} + \alpha_j^w (V_j^w)^{\frac{\sigma_j-1}{\sigma_j}} \} \tag{2-35}$$

式 (2-35) 中，V_j^f 是基本要素增加值投入，V_j^e 是总能源需求投入，V_j^w 是总的废物处理服务投入，Θ_j^{ex} 是尺度参数，σ_j 是基本要素增加值投入、能源总投入和废物处理服务总投入之间的替代弹性，α_j^f、α_j^e、α_j^w 分别是扩展的增加值 CES 函数中的基本要素增加值投入、总能源投入和废物处理服务总投入的比例参数。基于这个函数，生产系数由最小化成本函数来决定，即：

$$\min_{(V_j^f, V_j^e, V_j^w)} P_j^{ex} V_j^{ex} = P_j^f V_j^f + P_j^e V_j^e + P_j^w V_j^w \tag{2-36}$$

式 (2-36) 中，P_j^{ex}、P_j^f、P_j^e、P_j^w 分别是扩展的增加值投入、基本要素增加值投入、总能源需求投入、废物处理服务总投入的价格（指数），对每个企业 j，$j = 1, \cdots, m+n+p$，每单位扩展的增加值的投入系数由下式决定：

$$V_{ej}^s = \frac{V_j^s}{V_j^{ex}} = \frac{1}{\Theta_j^{ex}} \{ \alpha_j^f \left(\frac{\alpha_j^s P_j^f}{\alpha_j^f P_j^s} \right)^{1-\sigma_j} + \alpha_j^e \left(\frac{\alpha_j^s P_j^e}{\alpha_j^e P_j^s} \right)^{1-\sigma_j} + \alpha_j^w \left(\frac{\alpha_j^s P_j^w}{\alpha_j^w P_j^s} \right)^{1-\sigma_j} \}^{\frac{\sigma_j}{1-\sigma_j}}$$

$$\tag{2-37}$$

当 $s = f, e, w$ 时上式也成立。

在低水平上，资本和劳动一起形成基本要素增加值函数，即：

$$V_j^f = \Theta_j^f \{ \beta_j K_j^{\frac{\rho_j-1}{\rho_j}} + (1-\beta_j) L_j^{\frac{\rho_j-1}{\rho_j}} \}^{\frac{\rho_j}{\rho_j-1}} \tag{2-38}$$

式 (2-38) 中，K_j 是投入的资本，L_j 是投入的劳动，Θ_j^f 是尺度参数，ρ_j 是劳动和资本的替代弹性，β_j 是资本投入的比例参数。

考虑到模型中缺乏一个行业的生产税和产品真实成本的涨幅，将生产成本的最小化表示为：

$$\min_{(K,L)} P_j^f V_j^f = (1+\tau_j^g)(1+m_j)[(1+\tau_j^k)rK_j + (1+\tau_j^l)wL_j] \tag{2-39}$$

式 (2-39) 中，τ_j^g 是施加在货币价值上的企业生产税，τ_j^k 是资本税率，τ_j^l 是劳动税率，r 是名义租金率，w 是名义工资率，m_j 表示涨幅比率，表达为单位基本要素成本的百分比。受假定水平的基本要素增加值的约束，对资本和劳动的需求（资本系数和劳动系数）由下式决定：

$$k_j = \frac{K_j}{V_j^f} = \frac{1}{\Theta_j^f} \left\{ \beta_j + (1-\beta_j) \left[\frac{\beta_j(1+\tau_j^l)w}{(1-\beta_j)((1+\tau_j^k)r} \right]^{1-\rho_j} \right\}^{\frac{\rho_j}{1-\rho_j}} \tag{2-40}$$

$$l_j = \frac{L_j}{V_j^f} = \frac{1}{\Theta_j^f} \left\{ \beta_j \left[\frac{(1-\beta_j)(1+\tau_j^k)r}{\beta_j(1+\tau_j^l)w} \right]^{1-\rho_j} + (1-\beta_j) \right\}^{\frac{\rho_j}{1-\rho_j}} \tag{2-41}$$

式 (2-40)，(2-41) 中，k_j 和 l_j 分别是每单位基本要素增加值资本和劳动的雇佣。

下面，总能源需要投入的生产技术可以表达为：

$$V_j^e = \Theta_j^e \left\{ \sum_{i=1}^n \gamma_{ij} E_{ij}^{\frac{\mu_j-1}{\mu_j}} \right\}^{\frac{\mu_j}{\mu_j-1}}; \sum_i \gamma_{ij} = 1 \tag{2-42}$$

式(2-42)中，E_{ij} 是 j 企业的能源投入，$i = 1, 2, \cdots, n$（例如，石油、煤炭、电、煤气等），Θ_j^e 是尺度参数，μ_j 是能源投入之间的替代弹性，γ_{ij} 是每种能源投入的比例参数。

在这种约束下，能源投入的成本最小化行为所产生的每单位总能源需求的能源投入系数 e_{ij} 为：

$$e_{ij} = \frac{E_{ij}}{V_j^e} = \frac{1}{\Theta_j^e} \left\{ \sum_{k=1}^n \gamma_{kj} \left[\frac{\gamma_{ij} P_{kj}^e}{\gamma_{kj} P_{ij}^e} \right]^{1-\mu_j} \right\}^{\frac{\mu_j}{1-\mu_j}}, i = 1,2,\cdots,n; j = 1,2,\cdots,$$
$$m+n+p \tag{2-43}$$

式(2-43)中，P_{ij}^e 是每个企业能源投入价格，说明了二氧化碳释放水平和烟尘排放税。通常的投入产出模型认为这些能源投入系数是固定的，然而，这个模型中的能源投入系数可以随着相对价格和施加税率的变动而改变，这将在后面作详细解释。

扩展的增加值模型的最后部分解释了总废物处理服务投入，就像总能源需求，它的生产函数可以表示如下：

$$V_j^w = \Theta_j^w \left\{ \sum_{i=1}^p \eta_{ij} (W_{ij}^s)^{\frac{V_j-1}{V_j}} \right\}^{\frac{V_j}{V_j-1}}; \sum_i \eta_{ij} = 1 \tag{2-44}$$

式(2-44)中，W_{ij}^s 是 j 企业的废物处理服务投入，$i = 1, 2, \cdots, p$（例如，焚化，废物切碎，废物堆肥、脱水、回收等），Θ_j^w 是尺度参数，V_j 是废物处理服务投入之间的替代弹性，η_{ij} 是每种废物处理服务投入的比例参数。

最小化废物处理服务投入的成本函数产生的废物处理服务投入系数 ω_{ij}^s 为：

$$\omega_{ij}^s = \frac{W_{ij}^s}{V_j^w} = \frac{1}{\Theta_j^w} \left\{ \sum_{k=1}^p \eta_{kj} \left[\frac{\eta_{ij} (P_k^{us} + \tau_k^{us})}{\eta_{kj} (P_i^{us} + \tau_i^{us})} \right]^{1-V_j} \right\}^{\frac{V_j}{1-V_j}}, i = 1,2,\cdots,p; j = 1,2,\cdots,m+n+p \tag{2-45}$$

式(2-45)中，τ_i^{us} 代表加在每一种废物处理服务投入（物质单位）上的废物处理税（或补贴），$i = 1,2,\cdots,p$，P_i^{us} 是废物处理服务投入价格。

2. 替代效应

下面进行分析的主要目的之一是说明原材料投入和再循环物质投入之间的替代效应这种行为，例如，任何工业中间投入需求的原始铁和再利用的废铁硝之间的替代效应，在这种情况下，令 b_{ij} 是固定的，规定原材料和废物再循环投入系数之间的相互关联性。首先，工业 j 的任何

产品 i 的中间投入需求 U_{ij} 表达为原材料中间投入 $U_{ij}{}'$ 和副产品或再循环物质中间投入 $U_{ij}{}''$ 的函数，即：

$$U_{ij} = \Theta_{ij} \left\{ \delta_{ij} (U_{ij}{}')^{\frac{\pi_{ij}-1}{\pi_{ij}}} + (1-\delta_{ij})(U_{ij}{}'')^{\frac{\pi_{ij}-1}{\pi_{ij}}} \right\}^{\frac{\pi_{ij}}{\pi_{ij}-1}} ; \qquad (2-46)$$
$$i = 1,2,\cdots,m; j = 1,2,\cdots,m+n+p$$

式（2-46）中，Θ_{ij} 为尺度参数，π_{ij} 是原材料和再循环物质投入之间的替代弹性，δ_{ij} 是原材料中间投入的比例参数，那么通过最小化生产给定水平的中间投入成本所决定的可替代的中间投入成本为：

$$b_{ij}{}' = \frac{U_{ij}{}'}{U_{ij}} = \frac{1}{\Theta_{ij}} \left\{ \delta_{ij} + (1-\delta_{ij}) \left[\frac{\delta_{ij}(1+\tau_i{}'')P_i{}''}{(1-\delta_{ij})(1+\tau_i{}')P_i{}'} \right]^{1-\pi_{ij}} \right\}^{\frac{\pi_{ij}}{1-\pi_{ij}}}$$
$$\qquad (2-47)$$

$$b_{ij}{}'' = \frac{U_{ij}{}''}{U_{ij}} = \frac{1}{\Theta_{ij}} \left\{ \delta_{ij} \left[\frac{(1-\delta_{ij})(1+\tau_i{}')P_i{}'}{\delta_{ij}(1+\tau_i{}'')P_i{}''} \right]^{1-\pi_{ij}} + (1-\delta_{ij}) \right\}^{\frac{\pi_{ij}}{1-\pi_{ij}}}$$
$$\qquad (2-48)$$

式（2-47）、式（2-48）中，$b_{ij}{}'$ 是原材料的中间投入系数，$b_{ij}{}''$ 是再循环物质的中间投入系数，$\tau_i{}'$ 和 $\tau_i{}''$ 分别是原材料投入税率和再循环物质（或津贴）的投入税率，$P_i{}'$ 和 $P_i{}''$ 分别是原材料（正常商品）和再循环物质的价格。

在扩展的增加值方面，如上所解释的中间投入需求的替代效应，能源投入也具有替代效应。因此，根据相同的理论，每种能源投入 E_{ij}、基本能源投入 $E_{ij}{}'$ 和热能再循环能源投入 $E_{ij}{}''$ 之间的关系可以解释为：

$$E_{ij} = \widetilde{\Theta}_{ij} \left\{ \widetilde{\delta}_{ij} (E_{ij}{}')^{\frac{\widetilde{\pi}_{ij}-1}{\widetilde{\pi}_{ij}}} + (1-\widetilde{\delta}_{ij})(E_{ij}{}'')^{\frac{\widetilde{\pi}_{ij}-1}{\widetilde{\pi}_{ij}}} \right\}^{\frac{\widetilde{\pi}_{ij}}{\widetilde{\pi}_{ij}-1}} \qquad (2-49)$$
$$i = 1,2,\cdots,n; j = 1,2,\cdots,m+n+p$$

式（2-49）中，$\widetilde{\Theta}_{ij}$ 是尺度参数，$\widetilde{\pi}_{ij}$ 是基本能源和热能再循环能源投入之间的替代弹性，$\widetilde{\delta}_{ij}$ 是混合能源投入的 CES 函数中的比例参数。

令 $P_{ij}{}'^e$ 和 $P_{ij}{}''^e$ 分别是基本能源和热能再循环能源投入的价格，那么每个工业能源投入价格说明了二氧化碳释放水平和税金，$P_{ij}{}'^e$ 和 $P_{ij}{}''^e$ 可被表达为：

$$P_{ij}{}'^e = P_i{}'^e + \tau^e \psi_{ij}{}', i = 1,2,\cdots,n; j = 1,2,\cdots,m+n+p \quad (2-50)$$
$$P_{ij}{}''^e = P_i{}''^e + \tau^e \psi_{ij}{}'', i = 1,2,\cdots,n; j = 1,2,\cdots,m+n+p$$
$$\qquad (2-51)$$

式（2-50）和式（2-51）中，$\psi_{ij}{}'$ 和 $\psi_{ij}{}''$ 分别为工业 j 的每单位基本能源投入 i 和每单位热能再循环能源投入 i 的二氧化碳释放水平（吨碳），τ^e 是每吨碳征收的二氧化碳释放税。

采用最小化行为，基本能源和热能再循环能源投入系数 $e_{ij}{}'$ 和 $e_{ij}{}''$ 分别由下式决定：

$$e_{ij}{}' = \frac{E_{ij}{}'}{E_{ij}} = \frac{1}{\widetilde{\Theta}_{ij}} \left\{ \widetilde{\delta}_{ij} + (1 - \widetilde{\delta}_{ij}) \left[\frac{\widetilde{\delta}_{ij} P_{ij}{}''^e}{(1 - \widetilde{\delta}_{ij}) P_{ij}{}'^e} \right]^{1 - \widetilde{\pi}_{ij}} \right\}^{\frac{\widetilde{\pi}_{ij}}{1 - \widetilde{\pi}_{ij}}}$$

$$(2\text{-}52)$$

$$e_{ij}{}'' = \frac{E_{ij}{}''}{E_{ij}} = \frac{1}{\widetilde{\Theta}_{ij}} \left\{ \widetilde{\delta}_{ij} \left[\frac{(1 - \widetilde{\delta}_{ij}) P_{ij}{}'^e}{\widetilde{\delta}_{ij} P_{ij}{}''^e} \right]^{1 - \widetilde{\pi}_{ij}} + (1 - \widetilde{\delta}_{ij}) \right\}^{\frac{\widetilde{\pi}_{ij}}{1 - \widetilde{\pi}_{ij}}}$$

$$(2\text{-}53)$$

3. 价格体系

由于 CES 函数具有同等程度的相似性，假设在竞争的市场环境下，每个企业利润为 0，为得到市场出清条件，获取生产者价格体系是有益的。

在高水平上，利用基本要素增加值投入价格、总能源需求投入价格和总废物处理服务投入价格，扩展的增加值价格建立以下平衡：

$$P_j^{ex} = P_j^f v_{ej}^f + P_j^e v_{ej}^e + P_j^w v_{ej}^w \tag{2-54}$$

在中间水平上，方程 (2-54) 中的每个价格组成部分可进一步用公式表达为下面的平衡条件：

$$P_j^f = (1 + \tau_j^g)(1 + m_j) \left[(1 + \tau_j^k) r k_j + (1 + \tau_j^l) w l_j \right] \tag{2-55}$$

$$P_j^e = \sum_{i=1}^{n} P_{ij}^e e_{ij} \tag{2-56}$$

$$P_j^w = \sum_{i=1}^{p} (P_i^{us} + \tau_i^{us}) \omega_{ij}^s \tag{2-57}$$

为解释替代效应，每种能源投入价格必须与可替代的基本能源和热能再循环能源投入价格建立如下关系：

$$P_{ij}^e = _{ij}{}^e e_{ij}{}' + P_{ij}{}''^e e_{ij}{}'' \tag{2-58}$$

反映原材料（正常商品）与再循环物质之间价格关系的混合中间投入价格 P_{ij}^m 以及反映企业 j 总的中间投入价格 P_j^m 的方程可用式 (2-59) 表达为：

$$\begin{cases} P_{ij}^m = (1 + \tau_i{}') p_i{}' b_{ij}{}' + (1 + \tau_i{}'') P_i{}'' b_{ij}{}'' \\ P_j^m = \sum_{i=1}^{m} P_{ij}^m b_{ij} = \sum_{i=1}^{m} \left[(1 + \tau_i{}') P_i{}' b_{ij}{}' + (1 + \tau_i{}'') P_i{}'' b_{ij}{}'' \right] b_{ij} \end{cases}$$

$$(2\text{-}59)$$

最后，将总中间投入价格的所有组成成分和扩展的增加值价格结合在一起产生的企业 j 产出价格 P_j 为：

$$P_j = P_j^{ex} b_{0j} + \sum_{i=1}^{m} P_{ij}^m b_{ij} = P_j^{ex} b_{0j} + P_j^m \tag{2-60}$$

4. 货物与服务产出

为解释经济的供给方，我们需要利用工具将每个企业 g_j 的活动转化成货物和服务的产出水平，即制造矩阵。我们假设企业内部的初级产品和二级产品受技术条件的约束，并且企业副产品的市场份额是暂时稳定的。重要的一点是，如果没有初级产品和次要产品的联合生产就不存在废物，这被称为混合技术假定。利用这一概念，我们提出下面两个矩阵。第一个矩阵被称为初级产品和二级产品混合制造矩阵：

$$C^{ps} = \begin{bmatrix} c_{1,1}^{ps} & \cdots & c_{1,m+n}^{ps} & \\ \vdots & \ddots & \vdots & 0_{(m+n) \times p} \\ c_{m+n,1}^{ps} & \cdots & c_{m+n,m+n}^{ps} & \\ & 0_{p \times (m+n)} & & I_{p \times p} \end{bmatrix}$$

元素 $(c_{ij}^{ps})_{i,j=1,2,\cdots,m+n}$ 代表 G－企业 j 每单位产出中一般商品（主要初级产品和二级产品）i 的产量。第二个矩阵称为可销售的副产品市场份额矩阵：

$$C^{mb} = \begin{bmatrix} c_{1,1}^{mb} & \cdots & c_{1,m+n}^{mb} & c_{1,m+n+1}^{mb} & \cdots & c_{1,m+n+p}^{mb} \\ \vdots & & \vdots & \vdots & \ddots & \vdots \\ c_{m+n,1}^{mb} & \cdots & c_{m+n,m+n}^{mb} & c_{m+n,m+n+1}^{mb} & \cdots & c_{m+n,m+n+p}^{mb} \\ & 0_{p \times (m+n)} & & & 0_{p \times p} & \end{bmatrix}$$

矩阵中元素 $(c_{i,j}^{mb})_{i,j=1,2,\cdots,m+n}$ 代表 G－企业 j 的副产品 i 的市场份额，$(c_{i,m+n+j}^{mb})_{i=1,2,\cdots,m+n;j=1,2,\cdots,p}$ 代表 W－企业 j 的副产品或再循环产品 i 的市场份额。这个制造结构意味着副产品和再循环产品的产出不仅依赖于 G－企业的活动水平，而且依赖于 W－企业的活动水平，而废物治理服务活动产出仅依赖于 W－企业的活动水平，所以，每种产品的国内供给水平决定如下：

一般的初级产品和二级产品，$q_i' = \sum_{j=1}^{m+n} c_{ij}^{ps} g_j, i = 1, 2, \cdots, m$

副产品和再循环产品，$q_i'' = \sum_{j=1}^{m+n+p} c_{ij}^{mb} g_j, i = 1, 2, \cdots, m$

初级能源产出，$q_{m+i}' = \sum_{j=1}^{m+n} c_{m+i,j}^{ps} g_j, i = 1, 2, \cdots, n$

热能再循环能源产出，$q_{m+i}'' = \sum_{j=1}^{m+n+p} c_{m+i,j}^{mb} g_j$，$i = 1,2,\cdots,n$

废物处理服务产出，$q_{m+n+i} = g_{m+n+j(at,j=i)}$，$i = 1,2,\cdots,p$

以上函数关系式完成了生产者行为的主要结构。

三、家庭需求部门能源投入产出一般均衡模型的构建

现在再来探索需求方模型。这一部分从要素支付到商品需求来探索收入流量。生产过程创造包含资本和劳动的基本要素收入流量，反过来，要素收入作为收据进入家庭预算和作为税收收入要素进入政府预算。在收入之外，家庭购买消费者商品、能源和地方性固体废物治理服务（MSW）。

从数学上，家庭的净可支配收入 Y 可被表示为：

$$Y = \left\{ \left[w\bar{L} + r\bar{K} + \sum_{j=1}^{m+n+p} m_j(wL_j + rK_j) \right] (1 - \tau^y - \tau^s) \right\} (1 - s) + bR_g \tag{2-61}$$

式（2-61）中，$\bar{L}$ 和 $\bar{K}$ 是消耗者的劳动和资本禀赋，这些在数据列中显示为总工资和扣除资本税后总盈余，包括代表生产者收入的其他缺失产品涨幅，τ^y 和 τ^s 分别表示消费者的收入税率和社会有价证券税率，s 是家庭储蓄税率，b 是政府转移补贴率，它不依赖于消耗选择，是总税收的一个固定比率，并且家庭储蓄收益归于政府 R_g。

根据消费包络，混合正常商品、能源和废物治理服务之间的弱分离性假设被引入到下面的 CES 效用函数。

$$\max_{\{C_g,C_e,C_w\}} U = \{ \phi_g C_g^{\frac{\phi-1}{\phi}} + \phi_e C_e^{\frac{\phi-1}{\phi}} + \phi_w C_w^{\frac{\phi-1}{\phi}} \}^{\frac{\phi}{\phi-1}} ; \phi_g + \phi_e + \phi_w = 1 \tag{2-62}$$

式（2-62）中，U 是消费者消费效用水平，C_g，C_e，C_w 分别是家庭总正常商品消费、总能源消费和总废物治理服务消费，ϕ_g，ϕ_e，ϕ_w 分别是它们的比例参数，ϕ 是替代弹性。

在消费者正常商品合成价格 P_g、总能源消费合成价格 P_e 和废物处理服务消费合成价格 P_w 的家庭预算约束下，即 $Y = P_g C_g + P_e C_e + P_w C_w$，效用最大化程序开始执行，混合需求量也可由下式得到：

$$C_s = \frac{\phi_s^{\phi} P_s^{1-\phi} Y}{\phi_g^{\phi} P_g^{1-\phi} + \phi_e^{\phi} P_e^{1-\phi} + \phi_w^{\phi} P_w^{1-\phi}} \tag{2-63}$$

上式应用于 s＝g, e, w 成立时。

接下来，混合正常商品效用函数的最大化行为可由下式表示：

$$\max_{\{C_{gi}\}} C_g = \left(\sum_{i=1}^{m} \phi_{gi} C_{gi}^{\frac{\phi_g-1}{\phi_g}} \right)^{\frac{\phi_g}{\phi_g-1}} ; \sum_i \phi_{gi} = 1 \tag{2-64}$$

式(2-64)中，C_{gi} 是每一种正常商品的家庭消费，ϕ_{gi} 是每一种正常商品的比例参数，ϕ_g 是家庭正常商品之间的替代弹性。式(2-64)受正常商品价格 $P_i^{'}$ 和消费税率 τ_i^c 的预算约束，即 $P_g C_g = \sum_{i=1}^{m} P_i^{'}(1+\tau_i^c)C_{gi}$ 。每种商品需求得以解决，表示为：

$$C_{gi} = \frac{\phi_{gi}^{\phi_g} P_g C_g}{[P_i^{'}(1+\tau_i^c)]^{\phi_g} \left\{ \sum_{k=1}^{m} \phi_{gk}^{\phi_g} [P_k^{'}(1+\tau_k^c)]^{1-\phi_g} \right\}}, i = 1,2,\cdots,m$$

$$(2-65)$$

将这些需求替换成效用函数，正常商品混合价格由下面方程决定：

$$P_g = \left\{ \sum_{i=1}^{m} \phi_{gi}^{\phi_g} [P_i^{'}(1+\tau_i^c)]^{1-\phi_g} \right\}^{\frac{1}{1-\phi_g}}$$

$$(2-66)$$

关于混合能源消费函数，其效用最大化行为可表示为：

$$\max_{\langle C_{ei} \rangle} C_e = \left(\sum_{i=1}^{n} \phi_{ei} C_{ei}^{\frac{\phi_e-1}{\phi_e}} \right)^{\frac{\phi_e}{\phi_e-1}}; \sum_i \phi_{ei} = 1$$

$$(2-67)$$

这一最大化行为受 $P_e C_e = \sum_{i=1}^{n} (P_i^{'e} + \tau^e \psi_i) C_{ei}$ 的预算约束。

式中，ϕ_{ei} 是每种能源消费的比例参数，ϕ_e 是家庭能源消费之间的替代弹性，ψ_i 是家庭每单位能源消费 C_{ei} 的二氧化碳释放水平。

最大化混合能源效用函数的能源消费需求可由以下方程决定：

$$C_{ei} = \frac{\phi_{ei}^{\phi_e} P_e C_e}{(P_i^{'e} + \tau^e \psi_i)^{\phi_e} \left[\sum_{k=1}^{n} \phi_{ek}^{\phi_e} (P_k^{'e} + \tau^e \psi_k)^{1-\phi_e} \right]}, i = 1,2,\cdots,n$$

$$(2-68)$$

将能源需求替代为效用函数 C_e，则能源消费混合价格 P_e 为：

$$P_e = \left[\sum_{i=1}^{n} \phi_{ei}^{\phi_e} (P_i^{'e} + \tau^e \psi_i)^{1-\phi_e} \right]^{\frac{1}{1-\phi_e}}$$

$$(2-69)$$

对于家庭效用函数的最后部分——总废物处理服务消费，正如正常商品和能源的消费一样，消费者也具有同样的消费行为。最优废物处理服务消费需求 C_{ui} 由下式决定：

$$C_{ui} = \frac{\phi_{ui}^{\phi_w} P_w C_w}{(P_i^{us} + \tau_i^{us})^{\phi_w} \left[\sum_{k=1}^{p} \phi_{uk}^{\phi_w} (P_k^{us} + \tau_k^{us})^{1-\phi_w} \right]}, i = 1,2,\cdots,p$$

$$(2-70)$$

式(2-70)中，ϕ_{ui} 是每种废物处理服务消费的比例参数，ϕ_w 是家庭废物处理服务消费之间的替代弹性，并且废物处理服务混合价格 P_w 由下式决定：

$$P_w = \left[\sum_{i=1}^{p} \phi_{ui}^{\phi_w} (P_i^{us} + \tau_i^{us})^{1-\phi_w} \right]^{\frac{1}{1-\phi_w}} \tag{2-71}$$

因为混合价格包含在每一个需求函数中，所以难以理解每一个需求决定机制。由于这个原因，我们更进一步详细解释消费者用来做出选择的过程。

首先，假定消费者将正常商品、能源和废物处理服务的价格看作是给定的。根据方程(2-66)、方程(2-69)和方程(2-71)，可以计算综合价格。其次，根据消费者的收入，利用方程(2-63)，每一种混合商品的需求可被决定。最后，对正常商品、能源和废物处理服务的需求可分别从方程(2-65)、方程(2-68)和方程(2-70)中获得。

上述由 Pongsun Bunditsakulchai 等四位日本学者在封闭经济下所开发的模型有助于发展建立以 CGE 模型为基础的、为环境政策评估方案设计的模型，结构框架集中于每种产品和实际产生于经济中任何途径的废物的整个生命周期。这些模型都是有关产品生产、能源消耗、废物产生、废物处理与再循环之间的实物量和价值量投入产出模型，证明了企业、家庭和废物处理服务(或再循环)部门是如何相互联系的。除此之外，模型还表明了废物是如何从这些部门中产生的。这些模型有这样几个创新：第一，模型考虑到了实际从经济中任何废物资源产生的废物，包括从最终需求部门产生的地方性的固体废物(MSN)，从货物和服务部门产生的工业性和商业性废物以及从废物处理部门产生的治理残余。模型包括了从生产到消耗、处理、以及恢复和获得整个过程所支付的每一种价格，所以在一个阶段所实施的税收和其他的政策工具就会在另一个阶段有等价的负面效应。第二，产业部门利用可利用的生产技术联合产生废物的情况下，需要引入一个活动框架内的产品组合结构。基于制造－利用结构，模型得出的事实为：货物和服务产业不仅生产一般产品和服务，而且还生产废物处理服务，而废物处理服务部门处理废物并将它们再循环为产品。第三，通过在分配矩阵中加入废物处理工程，模型表达了废物处理技术和考虑废物处理动态性的中间投入之间的相应关系。

2.3 小结

本章是全文研究的理论基础，侧重于能源投入产出基础理论及其前沿性模型的构建。主要有能源投入产出表的构造理论与解析、能源投入产出相关系数的定义、能源投入产出基本模型体系的构建，以此体现能源部门与国民经济其他部门之间的投入产出关系；述评能源投入产出前沿性模型，为后面实证研究奠定方法基础。

1. 投入产出基础理论。通过对投入产出方法的定义、投入产出方法的思想、投入产出方法的发展及其在国民经济发展中的应用等问题的描述，阐明了投入产出核算的基本问题；将国民经济全部产业划分为 5 个能源部门和 23 个非能源部门编制了能源投入产出表，解释了能源投入产出表每一部分的含义，从行向与列向两个角度解读了能源投入产出表的三类数据，重点解读了能源投入产出表第 I 象限的双重含义，体现了能源部门之间，能源部门与非能源部门之间的投入产出关联；利用能源投入产出表定义了能源投入产出基本关联系数，表现了各部门之间相互耗用产品的数量关系，从行方向上建立了多组平衡关系，反映了能源部门与非能源部门产品生产和使用的行平衡关系。

2. 能源投入产出模型体系的前沿性拓展。本章后半部分侧重于能源投入产出基本模型体系的前沿性拓展。在投入产出基础理论上引入了国际上前沿性的三个能源投入产出模型：第一个模型提出了一个演算过程来综合评估由于物质产品的供给所引发的能源需求，从投入产出分析方面揭示了物质利用和能源需求之间的关系，这种方法被证明是有用的；第二个模型用 SDA 方法将能源消耗变化分解为能源强度变化、技术进步变化和最终需求变化三部分因素，分析印度能源技术变化最大的前 10 个非能源部门、能源强度变化最大的前 10 个非能源部门、最终需求变化最大的前 10 个非能源部门；第三个模型建立了产品生产、能源消耗、废物产生、废物处理与再循环之间的实物量和价值量投入产出模型，证明了企业、家庭和废物处理服务（或再循环）部门是如何相互联系的。与此同时，本章还对每个前沿性模型的使用价值，应用上的局限性一一做了评价。前沿性模型的构建与应用将为解决中国能源消耗问题提供一种前沿性数量经济方法。

第 3 章
中国能源消耗现状及其存在的问题

我国是一个多煤少油的国家，已探明的煤炭储量占世界煤炭储量的33.8%，1000 米以内的煤炭浅层保有储量约 1 万亿吨，其中探明可采储量 1145 亿吨。按目前的生产和消费水平，可以开采使用 100 年以上，可采储量位居世界第二位，产量位居世界第一位（国际能源网，2008），出口量仅次于澳大利亚而居于第二位。煤炭在我国一次性能源结构中处于绝对主要位置，20 世纪 50 年代曾高达 90%。随着大庆油田、渤海油田的发现和开发，一次性能源结构才有了一定程度的改变，但煤炭的生产量仍然占到 70% 以上。石油可开采储量只有 38 亿吨，可采年限仅 20年；天然气总资源量为 38 万亿立方米，探明剩余可采储量可开采 37年。尽管我国能源生产总量居世界第一位，但经济社会的发展还需要更多的能源来与它的发展目标同步。下面先来分析近些年我国能源供给与需求现状，展望能源行业未来发展状况，体现能源供给危机；分析能源消耗强度，体现能源利用效率的变动；探讨现在与未来我国能源供给与需求方面存在的问题，找到我国现行能源与经济可持续发展存在的问题，能源消耗带来的环境问题，并与国际能源结构相比较，体现中国能源结构的不合理，与国际能源储量相比较，探索中国能源供给的潜力。

3.1 中国能源消耗现状分析

3.1.1 能源消耗结构分析

中国的能源结构问题历来受到政府的重视。原因在于：第一，煤炭在终端能源消耗中所占比例过大是中国能源效率低下的一个重要原因，故优化能源结构有利于提高中国的能源利用效率。第二，中国能源结构不合理也带来了相关问题，如环境恶化与能源供给的安全性问题。前者主要由 CO_2、SO_2 过度排放所引起，后者主要由油气对外依存度不断提高所致。第三，能源结构与能源消耗总量是密切相关的，过去二十多年里中国能源结构的改善是在能源消耗总量持续增长的前提下进行的，而且未来数十年里中国能源消耗总量仍将有较大幅度的增长，这无疑为中国能源结构的进一步改善增加了难度。总的来说，控制能源消耗总量、保护环境、提高能源利用效率、保证能源供给安全等构成了中国能源结构改善的种种制约因素。

科学技术的重大发明和革新，开拓出新的生产领域，不断改变社会产品结构，不断产生新产品，新工艺和新材料。由于科学技术的进步，人类社会对资源，特别是对能源的需求发生了重大的变化：(1)劳动生产率大幅度的提高，产品产量剧增，能源消耗量也急剧增加；(2)高技术、高性能的新产品不断取代传统的老产品，低能耗的产品不断取代高能耗产品；(3)产品质量不断提高，单位产品耗能数量减少，废品率降低，原材料和能源利用率提高。

尽管我国对能源产品的需求一直在发生着重大变化，但在能源消耗结构中，依然呈现出明显的"富煤贫油少气"的特征。(1)在能源生产和消耗结构中，煤炭都占有绝对的比重。1977－2005 年期间，中国能源消耗总量从 57144 万吨标准煤上升到 223319 万吨标准煤，煤炭消耗量占能源消耗总量的比重在 66%－77% 之间，是支撑中国经济增长的主要能源。(2)石油是中国经济发展所依赖的次要能源。1977－2005 年期间，石油消耗量占能源消耗总量的比重在 16%－24% 之间，1997 年之前石油消耗量占能源消耗总量的比重波动较大，1996－2006 年期间石油消耗比重整体呈上升趋势，占能源消耗总量的比重都在 20% 以上，但近几年又开始回落。(3)与煤炭和石油相比，天然气的消耗量及在能源构成中的比重都要少得多，且在能源消耗构成中所占比重最低。1977－2005年期间，天然气的消耗构成比重在 1.7%－3% 之间，其中，1977－1997 年期间天然气的消耗比重一直处于平缓下降状态，1997－2005年期间这一比重开始逐年缓慢上升。(4)我国电的消耗主要包括水电、核电和风电，1977－2005 年期间，电的消耗构成比重在 3%－8% 之间，在波动中整体呈现上升趋势。能源消耗总量及各种能源消耗构成比如表 3-1 所示。

表 3-1 中国常规能源消耗总量及构成

年份	能源消耗总量（万吨标准煤）	占能源消耗总量的比重（%）			
		煤炭	石油	天然气	电力
1978	57144	70.7	22.7	3.2	3.4
1980	60275	72.2	20.7	3.1	4
1985	76682	75.8	17.1	2.2	4.9
1989	96934	76.1	17.1	2.1	4.7
1990	98703	76.2	16.6	2.1	5.1
1991	103783	76.1	17.1	2	4.8
1992	109170	75.7	17.5	1.9	4.9
1993	115993	74.7	18.2	1.9	5.2
1994	122737	75	17.4	1.9	5.7
1995	131176	74.6	17.5	1.8	6.1
1996	138948	74.7	18	1.8	5.5
1997	137798	71.7	20.4	1.7	6.2
1998	132214	69.6	21.5	2.2	6.7
1999	133831	69.1	22.6	2.1	6.2
2000	138552.6	67.8	23.2	2.4	6.7
2001	143199.2	66.7	22.9	2.6	7.9
2002	151797.3	66.3	23.4	2.6	7.7
2003	174990.3	68.4	22.2	2.6	6.8
2004	203226.7	68	22.3	2.6	7.1
2005	223319	68.9	21	2.9	7.2

数据来源：《中国统计年鉴 2006》。

注：电力折算标准煤的系数根据当年平均发电煤耗计算。下表同。

由表 3-1 中数据可见，一直以来，中国能源供需品种结构突出，能源供应和消耗都以煤为主，洁净能源供应不足，且"肮脏"能源与洁净能源的结构性差距很大，这种结构性差距可以通过 2006 年四种能源的消耗结构图 3-1 更加清晰地体现出来。

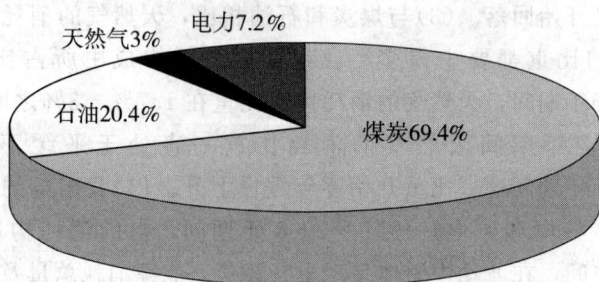

天然气3%　电力7.2%
石油20.4%
煤炭69.4%

图 3-1 2006 年四种能源消耗构成图

3.1.2　各种能源生产和需求的阶段性变化与特点

下面分析在有限的能源生产能力下，近些年来中国各种能源的生产和需求所发生的阶段性变化与特点。

一、一直以来，煤炭是中国生产和消耗的主要能源，其供求大小关系的阶段性特征显著

从相对量上看，1977－2005 年期间，在能源生产构成比重中，煤炭比重的变化趋势并不明显，但在能源消耗构成比重中，煤炭比重的变化呈现明显的阶段性特征：1990 年之前煤炭的消耗比重是上升的，1990－2002 年期间煤炭消耗比重整体表现为下降趋势，之后，又有所上升（见表 3-1）。从绝对量上看，煤炭的生产与消耗总量完全是同步变化的，1996 年之前都是上升的，之后的两年出现下降趋势，1999 年之后从平缓上升变为加速上升。从供求关系上看，煤炭供需缺口呈明显的阶段性变化：1990 年之前，煤炭的生产量大于消耗量；1991 年之后的连续十年内煤炭始终是供不应求；2001－2005 年期间，煤炭的生产量一直大于消耗量，可见，"十五"期间煤炭的自给足以应付需求；2006年煤炭又出现供不应求现象。煤炭的供给和需求缺口变化如图 3-2 所示。

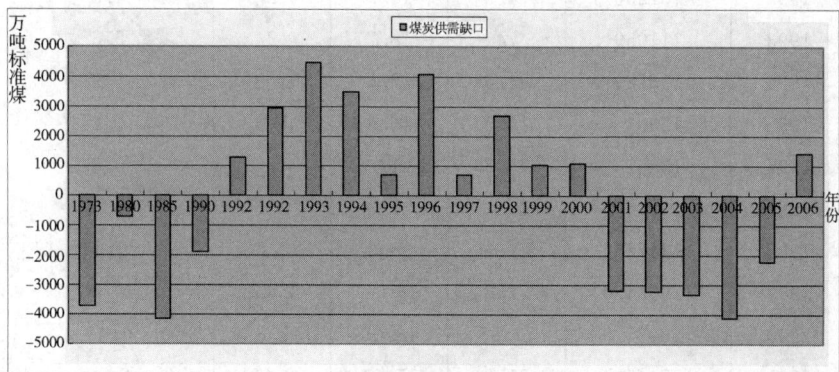

图 3-2　煤炭供需缺口变化趋势图

二、石油是中国经济社会发展所依赖的次要能源，自 1993 年以来，石油的供需缺口大幅上升

从生产构成上看，1978－2006 年期间石油生产量占能源生产总量的比重在 10％－25％之间，波动较大。自 1989 年以来，石油的生产构成不足 20％，其中，1998－2006 年期间石油生产的构成呈现明显的下降趋势，尤其是 2003－2006 年这四年的石油生产比重下降幅度较大，

分别占能源生产构成的 14.79%、13.41%、12.62% 和 11.94%（如表3-2所示）。从消耗构成上看，1990－1996 年之前石油消耗量占能源消耗总量的比重波动较大，1997－2005 年期间石油消耗比重都超过了 20%，且较为稳定（如表 3-1 所示）。就绝对量上来看，1984－2006 年期间的石油消耗量一直呈现明显的上升趋势，而在此期间的石油生产量却增长缓慢。就供求关系上看，1984－1992 年期间石油的自给足以满足消耗需求，而自 1993 年以后，石油的需求量大幅上升，远远大于生产量，出现了严重的供不应求现象（见图 3-3）。

表 3-2　中国常规能源生产总量及构成

年　份	能源生产总量（万吨标准煤）	占能源生产总量的比重（%）			
		原　煤	原　油	天然气	水电、核电、风电
1978	62770	70.3	23.7	2.9	3.1
1980	63735	69.4	23.8	3	3.8
1985	85546	72.8	20.9	2	4.3
1989	101639	74.1	19.3	2	4.6
1990	103922	74.2	19	2	4.8
1991	104844	74.1	19.2	2	4.7
1992	107256	74.3	18.9	2	4.8
1993	111059	74	18.7	2	5.3
1994	118729	74.6	17.6	1.9	5.9
1995	129034	75.3	16.6	1.9	6.2
1996	132616	75.2	17	2	5.8
1997	132410	74.1	17.3	2.1	6.5
1998	124250	71.9	18.5	2.5	7.1
1999	125934.8	72.6	18.15	2.66	6.59
2000	128977.9	71.95	18.05	2.8	7.19
2001	137445.4	71.8	17.04	2.93	8.23
2002	143809.8	72.25	16.59	3.02	8.14
2003	163841.5	75.07	14.79	2.84	7.3
2004	187341.2	75.96	13.41	2.94	7.68
2005	206068	76.4	12.62	3.3	7.7

数据来源：《中国统计年鉴 2006》。

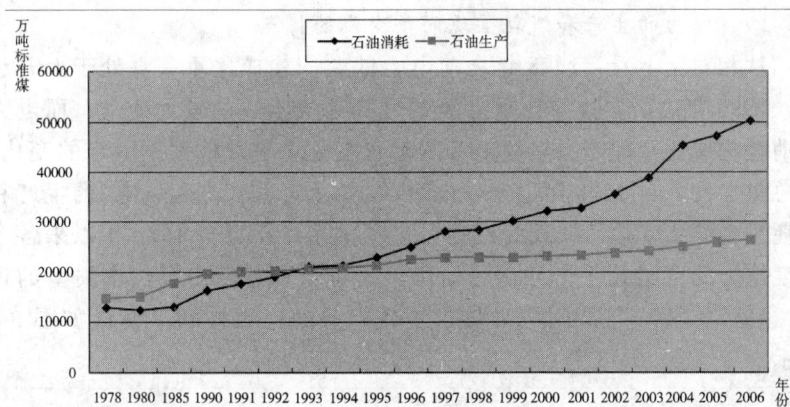

图 3-3　石油生产量和消耗量变动趋势图

三、天然气的生产和消耗构成比重是最小的，自 1995 年以来，
中国天然气的供给足以满足需求

从相对量上看，1977－2006 年期间，不论是天然气的生产构成比
重还是消耗构成比重都在 1.5％－3.5％之间，其中，1995－2002 年期
间的天然气生产构成比重呈明显的上升趋势，2005 年达到最高比重
3.3％；1977－1997 年期间天然气的消耗构成比重一直处于平缓的下降
状态，1997－2005 年期间这一比重又出现缓急不一的上升趋势（如表3-1
所示）。从绝对量上看，自 1989 年以来，天然气的生产量一直上升，除
1997 年以外，在这期间的天然气消耗量也是上升的。从供求关系上看，
1994 年之前天然气的供求基本处于平衡状态，1995 年之后天然气的消
耗量明显低于生产量，可以说，至今为止，中国天然气的自给还可以满
足需求。1977－2006 年期间天然气的供求趋势变化如图 3-4 所示。

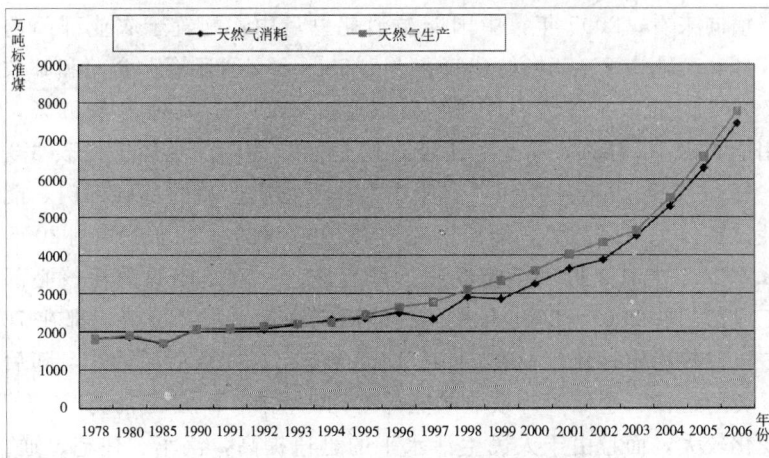

图 3-4　天然气生产量和消耗量变化趋势图

四、电力的生产和消耗呈现同步变化的特点

从相对量上看，1998 年之前电力的生产构成比重一直处于上升趋势，1999 年之后，这一比重却呈现升降趋势不一的较大变动；而电力的消耗构成比重却是在整体上升的趋势变化中呈现极其不稳定的变化。从总量上看，自 1978 年以来，电力（包括水电、核电和风电）的生产和消耗呈现同步变化，体现为一种"协整"关系，而且自 1978 年以来各个年度电力的自给几乎恰好满足需求，只有个别年度出现供求失衡的现象。1977－2006 年期间电力供求变化趋势的一致性和平衡性如图 3-5 所示。

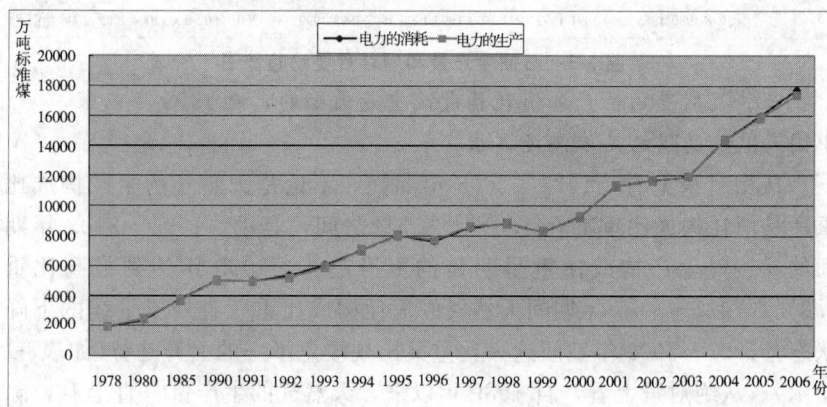

图 3-5　电力生产量和消耗量变化趋势图

3.1.3　中国能源消耗的行业特点

一、工业部门是能源消耗的主体，其能源消耗比重在 70％左右

横向来看，2005 年，中国能源消耗总量中，配置于农业部门的占 3.57％，工业占 70.78％，建筑业占 1.53％，交通运输、仓储和邮政业占 7.47％，批发、零售、住宿和餐饮业占 2.25％，其他占 3.94％，生活用能源占 10.48％，可见，工业部门是能源消耗的主体。由表 3-3 可见，1990 年至 2005 年期间，农业作为提供物质产品的基础部门，能源消耗比整体呈下降趋势，能源消耗比由 1990 年的 4.92％下降到 2005 年的 3.57％，尤其是近三年能耗比下降迅速；一直是能源消耗核心部门的工业部门在 2001－2005 年期间的能源消耗比呈上升趋势，都在 70％左右，比较稳定；建筑业在"十五"期间先是出现能源消耗过热，随后降温；交通运输、仓储和邮政业的能源消耗比重在"十五"之前与"十五"之后变化较大，而且由于人民生活水平的迅速提高，汽车、住宅、通信、旅游等正在成为新的能源消耗热点，近几年，交通运输、仓储和邮政业

能源消耗比重在平稳中开始上升；批发、零售、住宿和餐饮业能源消耗比重在"十五"之后一直较为平稳；其他部门能源消耗所占比重表现出不规律性；作为生活消耗的必备品，日常生活对能源消耗总量有增无减，但在总能源消耗中的比重却是下降的。

表 3-3　各行业能源消耗比重表　　　　　　　单位:%

行业 ＼ 年度	1990	1995	2000	2001	2002	2003	2004	2005
农业	4.92	4.197	4.36	4.62	4.39	3.84	3.78	3.57
工业	68.47	73.33	68.89	68.45	68.94	69.59	70.48	70.78
建筑业	1.23	1.02	1.55	1.08	1.089	1.63	1.60	1.53
交通运输、仓储和邮政业	4.6	4.47	7.27	7.6	7.48	7.33	7.43	7.47
批发、零售、住宿和餐饮业	1.26	1.54	2.19	2.35	2.34	2.39	2.37	2.25
其他	3.52	3.44	4.22	4.47	4.27	3.897	3.86	3.94
生活	16.01	12.00	11.52	11.43	11.49	11.33	10.47	10.48

数据来源：《中国统计年鉴 2006》。

二、2003 年和 2004 年各个行业能源消耗出现明显的高增长率

由表 3-4 可见，整体上，1996－2005 年期间，中国的农业，工业，建筑业，交通运输、仓储和邮政业，批发、零售业和住宿、餐饮业以及其他服务业的能源消耗增长率并无明显的变化趋势。1995－2005 年期间，农业部门的各年度增长率比较平稳，都在 3％左右，只有 2004 年出现 14.3526％的高能耗增长率，导致"十五"期间能源消耗平均增长率是"九五"期间能源消耗平均增长率的 2 倍。对于占能源消耗总量 70％的工业部门，"十五"期间的能源消耗平均增长率比"九五"期间要明显的高，1997－1999 年能源消耗出现负增长率，而 2002－2005 年工业部门又呈现出高于 10％的较大能源消耗增长率，导致"十五"期间能源消耗增长率是九五期间的 10 倍多。所有行业中，建筑部门能源消耗总量是最少的，但其增长率的波动是最大的。1997 年建筑业部门能源消耗增长率最小，为－18.634％，是节能效果最显著的一年，而 1998 年、2000 年及 2003 年的建筑业能源消耗都表现出非常大的增长率，2003 年建筑业是高耗能的一年，其能源消耗增长率最高，达 77.613％。可见，1995－2005 年期间建筑业能源消耗增长率的跳跃性较大。"十五"期间的交通运输、仓储和邮政业也表现出不均匀的能源消耗增长率，但能源消耗都是每年递增的，而且"十五"期间能源消耗平均增长率与"九五"期间几乎相同，都为 10％左右。"十五"期间的批发、零售业和住宿、餐饮业能源消耗也都是每年递增的，2003 年以前各个年度能源消耗增长

率相对平稳，2003年和2004年这两个年度能源消耗增长较多。其他服务业在"九五"期间能源消耗增长率波动较大，"十五"期间的前四年则一直是逐年递增的，2005年又下降。"九五"与"十五"期间六个行业能源消耗增长率波动比较如图3-6所示。

总结"九五"与"十五"期间六个行业能源消耗特点发现：六个行业能源消耗增长率并无明显的变化趋势，但2003年和2004年各个行业能源消耗出现明显的高增长率，且建筑业能源消耗增长率波动较大。各个行业能源消耗的高增长率必然导致总能源消耗的高增长率，2003年能源消耗总量为174990万吨标准煤，同比上年增长18.06%，2004年能源消耗总量为203227万吨标准煤，同比上年增长16.14%，而且工业，建筑业，批发、零售业和住宿、餐饮业的明显共性是：2003年的能源消耗增长率是十年中最高的一年。这两个年度能源消耗的高增长率既有当前全球性产业结构调整、中国工业化进程阶段中重化工业化致使高能耗产业增加的原因，也有工业生产带动能源正常消耗增加的原因；既有工业化带来的城市化进程加快，人民生活水平提高，居民家庭能源消耗增加的原因，也有当前中国市场机制不健全、市场导向作用不强所导致的能源耗费过多的原因。因此，工业化、城市化、市场化都是导致中国这两个年度能源消耗速度加快的重要因素。

表3-4　中国各行业能源消耗增长率表　　　单位:%

年份	农业	工业	建筑业	交通运输、仓储和邮政业	批发、零售业和住宿、餐饮业	其他服务业
1996	3.851	4.2946	8.5393	2.2344	12.389	21.354
1997	3.2884	-0.2412	-18.634	25.843	5.5556	-14.241
1998	-1.942	-5.6667	36.7337	9.3069	6.6032	10.835
1999	0.7198	-3.8267	-14.335	12.104	10.185	5.5527
2000	3.6567	5.1167	55.1433	8.9157	8.0645	6.3529
2001	3.1028	-3.2440	-32.192	1.8874	4.1377	3.1225
2002	4.5111	10.6492	10.8205	8.0912	9.464	4.9509
2003	3.1006	19.1712	77.613	15.620	20.657	7.6692
2004	14.3526	17.6342	13.9543	17.829	15.331	14.961
2005	3.8036	10.342	4.6153	10.379	4.267	12.121

注：各个年度能源消耗增长率是环比增长率。

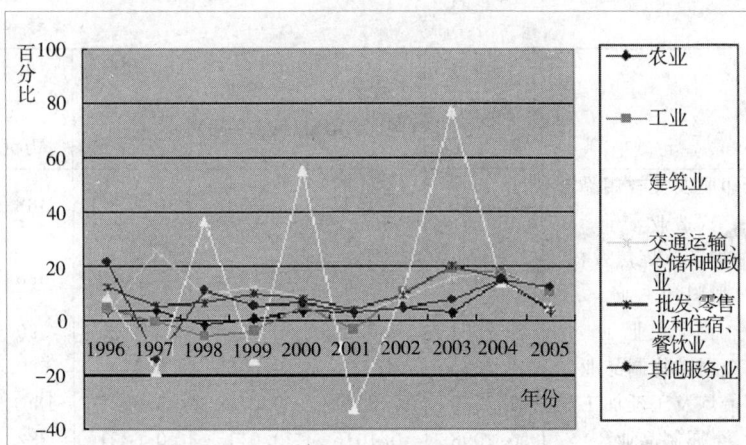

图 3-6 六个行业能源消耗增长率变动趋势图

3.1.4 中国 28 个行业能源强度差异的动态分析

能源资源利用水平是一个国家经济结构、增长方式、科技水平、管理能力、消耗模式以及国民素质的综合反映。衡量或评价一个国家（或地区）能源效率和节能潜力的方法和指标很多，能源利用效率的研究是能源经济学研究的重要领域，度量能源利用效率的常用指标是能源强度。能源强度（energy intensity）是衡量能源消费刚性变化和能源经济效率的重要判别指标，是指产出单位经济量（或实物量、服务量）所消耗的能源量，体现了经济增长对能源的消耗程度，是反映能源消费所创造的经济成果的重要指标，表 3-5 和表 3-6 中能源强度的计算采用的公式为：

能源强度＝能源消费总量/总产出（不变价）

表 3-5 1997 年中国 28 个行业能源强度矩阵

	总强度 （吨标准 煤/万元）	煤炭 （吨/万元）	石油 （吨/万元）	天然气 （立方米/ 万元）	电力 （千瓦时/ 万元）
农、林、牧、渔业	0.2393	0.0839	0.0509	0	259.254
煤炭开采和洗选业	2.5999	4.3256	0.0349	0.4489	1710.3
石油和天然气开采业	2.1852	0.5146	1.7858	365.33	1928.9
金属矿采选业	0.6842	0.2542	0.0393	0.837	1081.3
非金属矿采选业	0.3021	0.2718	0.0172	0.4508	315.54
食品制造及烟草加工业	0.2786	0.267	0.0121	0.4278	216.67
纺织业	0.3319	0.2177	0.0112	0.9593	370.84
服装皮革羽绒及其制品业	0.0718	0.0367	0.0059	0	88.719
木材加工及家具制造业	0.2235	0.1572	0.0076	0	248.17

	总强度（吨标准煤/万元）	煤炭（吨/万元）	石油（吨/万元）	天然气（立方米/万元）	电力（千瓦时/万元）
造纸印刷及文教用品制造业	0.4976	0.4664	0.0148	0.2037	468.06
石油加工、炼焦及核燃料加工业	2.3848	2.7573	3.8427	32.019	588.76
化学工业	1.2674	0.8508	0.1854	53.22	990.54
非金属矿物制品业	1.3985	1.483	0.0665	3.4744	690.42
金属冶炼及压延加工业	2.7585	2.8441	0.0798	3.9228	1861.96
金属制品业	0.2098	0.1015	0.0115	0.6221	282.91
通用、专用设备制造业	0.4912	0.3273	0.0202	1.325	271.88
交通运输设备制造业	0.2859	0.1611	0.0167	1.3173	378.69
电气、机械及器材制造业	0.1163	0.0543	0.0112	1.9245	134.08
电子及通信设备制造业	0.1006	0.0238	0.0073	2.7571	142.39
仪器仪表文化办公用机械制造业	0.1002	0.0659	1.6558	0	201.629
其他制造业	0.5742	0.2747	0.0202	5.8067	691.09
电力蒸汽热水生产供应业	2.5779	12.975	0.4105	11.564	4503.3
燃气生产和供应业	3.0617	6.8679	0.3981	7.1686	947.69
自来水的生产和供应业	1.4564	0.0541	0.0174	0.2612	3413.7
建筑业	0.0678	0.0227	0.0161	0.0058	67.533
交通运输、仓储及邮政业	1.3304	0.2536	0.6578	6.5258	451.30
批发和零售贸易餐饮业	0.18	0.0676	0.0281	0.7444	199.36
其他服务业	0.2004	0.0321	0.0743	0.2514	152.28

注：①数据来源：《中国统计年鉴1999》。

②表中的炭是煤炭和焦炭的合计，石油是石油、汽油、煤油、柴油以及燃料油的合计，下表同。

表 3-6　2002 年中国 28 个行业能源强度矩阵①

	总能源强度（吨标准煤/万元）	煤炭（吨/万元）	石油（吨/万元）	天然气（立方米/万元）	电力（千瓦小时/万元）
农、林、牧、渔业	0.2236	0.0605	0.0575	0	266.45
煤炭开采和洗选业	1.0376	1.7907	0.0225	0	1220.0

---

① 2002 年各行业总产出已经调整为 1997 年可比价格。

续表

	总能源强度（吨标准煤/万元）	煤炭（吨/万元）	石油（吨/万元）	天然气（立方米/万元）	电力（千瓦小时/万元）
石油和天然气开采业	1.3581	0.2716	1.1426	240.4	1050.7
金属矿采选业	0.5587	0.151	0.0282	0	1104.6
非金属矿采选业	0.4037	0.3317	0.0272	0.0617	589.34
食品制造及烟草加工业	0.2353	0.1787	0.0123	0.2642	276.34
纺织业	0.3251	0.1385	0.0162	0.8823	494.67
服装皮革羽绒及其制品业	0.0836	0.0258	0.009	0	140.08
木材加工及家具制造业	0.1024	0.0611	0.005	0	121.23
造纸印刷及文教用品制造业	0.3524	0.2516	0.0158	0.5148	488.15
石油加工、炼焦及核燃料加工业	1.367	1.5979	2.7258	24.667	533.04
化学工业	0.8477	0.4681	0.15	46.884	869.62
非金属矿物制品业	1.7956	1.5617	0.1264	5.9152	1486.63
金属冶炼及压延加工业	1.5129	1.4494	0.0332	1.8895	1370.47
金属制品业	0.2424	0.0605	0.0087	1.3412	461.41
通用、专用设备制造业	0.1591	0.0675	0.0087	1.8416	229.74
交通运输设备制造业	0.1582	0.0735	0.0082	1.8203	262.95
电气、机械及器材制造业	0.0999	0.0234	0.0081	1.405	179.04
电子及通信设备制造业	0.0604	0.0044	0.0065	3.6511	113.50
仪器仪表文化办公用机械制造业	0.0984	0.0177	0.0087	0.1742	186.06
其他制造业	0.6123	0.1163	0.0266	6.2665	1093.1
电力蒸汽热水生产供应业	1.3826	8.081	0.1524	8.5927	3071.2
燃气生产和供应业	1.477	2.9684	0.0837	52.046	996.43
自来水的生产和供应业	0.9418	0.0616	0.0084	0.3464	2422.4
建筑业	0.0561	0.0201	0.0139	0.2371	57.236
交通运输、仓储及邮政业	0.5405	0.052	0.2991	3.1058	164.80
批发和零售贸易餐饮业	0.1399	0.0344	0.0214	0	201.92
其他服务业	0.1246	0.0153	0.0383	2.4635	149.17

数据来源：《中国统计年鉴 2004》。

　　一般而言，能源强度越低，能源经济效率越高。对中国总体能源强度的计算显示，从 1980 年到 2005 年，中国的能源强度体现出下降的趋势，年平均下降 3.67%[①]，可见，中国能源经济效率正在逐步提高。

　　为与后面实证研究相结合，本部分分析 1996－2002 年期间总能源强度和各种能源强度的行业变化，比较中国 1997 年与 2002 年总能源和

────────

① 王振宇、王益：《我国生产用能源消耗变动的分解分析》，统计研究，2007 年 3 月。

各主要能源消耗强度的行业差异，以便为深入分析经济结构、能源结构、政策导向等因素对行业能效的制约，合理配置能源，引导产业结构向低耗能方向发展，理性探寻各行业发展中提高能源经济效率的潜力和可行路径，走出高能耗与低能效相叠加的困境提供技术分析路线，从而最终为提高总能源效率提供理论依据。在此，为研究问题的需要，将能源消耗的行业分类与投入产出表中的 42 个行业分类相统一，最终合为 28 个行业，行业分类如表 3-5、表 3-6 所示。

一、总能源强度行业差异分析

1. 1997 年 28 个行业能源强度对比分析

1997 年能源行业是高能耗行业。对比表 3-5 中 1997 年的 28 个行业总能源强度可见，燃气生产和供应业，金属冶炼及压延加工业，煤炭开采和洗选业，电力蒸汽热水生产供应业，石油加工、炼焦及核燃料加工业，石油和天然气开采业都属于单位产出高能耗行业，其中，燃气生产和供应业的能源强度最大，为 3.0617 吨标准煤/万元，下面依次是金属冶炼及压延加工业 2.7585 吨标准煤/万元，煤炭开采和洗选业 2.5999 吨标准煤/万元，电力、热水的生产供应业 2.5779 吨标准煤/万元，石油加工、炼焦及核燃料加工业 2.3848 吨标准煤/万元，石油和天然气开采业 2.1852 吨标准煤/万元。这六个行业中，除金属冶炼及压延加工业外，其他都是能源行业。另外，自来水的生产和供应业，非金属矿物制品业，交通运输、仓储及邮政业，化学工业的能源强度也较大，都大于 1，剩余其他行业都比前六个高能耗行业的能源强度要小的多，其中，建筑业，服装皮革羽绒及其制品业，仪器仪表及文化办公用机械制造业属于非能源行业中典型的低能耗行业。

2. 2002 年 28 个行业能源强度比较分析

2002 年能源行业依旧是高能耗行业，非能源行业中有些行业能源强度很小。由表 3-6 中数据可见，非金属矿物制造业，金属冶炼及压延加工业，燃气生产和供应业，电力蒸汽热水生产供应业，石油加工、炼焦及核燃料加工业，石油和天然气开采业，煤炭开采和洗选业都是能源强度大于 1 的行业，这 7 个行业的能源强度分别为 1.7956 吨标准煤/万元，1.5129 吨标准煤/万元，1.477 吨标准煤/万元，1.3826 吨标准煤/万元，1.367 吨标准煤/万元，1.3581 吨标准煤/万元，1.0376 吨标准煤/万元，这些行业包含了所有的能源行业。而建筑业，通信设备、计算机及其他电子设备制造业，服装皮革羽绒及其制品业，仪器仪表文化办公用机械制造业，电气、机械及器材制造业的能源强度都小于 0.1 吨标准煤/万元，都属于非能源行业中能源强度很小的行业。

3．两个年度行业能源强度对比分析

与 1997 年相比，2002 年有 23 个行业能源强度得以降低，高能耗行业的能源强度有着明显的下降，但也有 5 个行业出现单位产出能耗上升的现象。与 1997 年相比，2002 年有 23 个行业的单位产出能耗出现不同程度的下降，其中，燃气生产和供应业的每万元产出能源消耗下降 1.5847 吨标准煤，煤炭开采和洗选业下降 1.5623 吨标准煤，金属冶炼及压延加工业下降 1.2456 吨标准煤，电力蒸汽热水生产供应业下降 1.1954 吨标准煤，石油加工、炼焦及核燃料加工业下降 1.0178 吨标准煤，石油和天然气开采业下降 0.8271 吨标准煤，这六个行业属于单位产出能耗下降较为明显的行业。这表明中国经济发展带来高能耗的同时，有些行业也在加大节能降耗的力度，尤其是能源行业的能源利用效率有了长足的进步。非金属矿采选业、服装皮革羽绒及其制品业、非金属矿物制品业、金属制品业、其他制造业这 5 个非能源行业的能源强度都加大了，且非金属矿采选业的能耗强度提高最多，每万元产出增加了 0.3971 吨，说明这些行业能源利用效率较差，还需要进一步加大节能降耗的效率。

二、四种能源消耗强度行业分析

1．煤炭消耗强度分析

(1)1997 年能源行业对煤炭消耗表现出较高的依赖度。对于在能源消耗中占绝对比重的煤炭来说，电力、热力的生产和供应业，燃气生产和供应业，煤炭开采和洗选业，金属冶炼及压延加工业，石油加工、炼焦及核燃料加工业的万元产出煤炭的消耗比其他行业要明显的高，尤其是电力、热力的生产和供应业，燃气生产和供应业，它们的煤炭消耗强度分别为 12.975 吨/万元，6.8679 吨/万元，可见这些行业对煤炭的消耗表现出强依赖性，是煤炭能源消耗的主要行业。而其他非能源行业的单位产出煤炭的消耗明显要低的多。

(2)2002 年能源行业依然是煤炭高消耗行业。2002 年煤炭消耗强度较大的行业仍主要体现在能源行业，按煤炭消耗强度的高低依次为电力、热力的生产和供应业 8.081 吨/万元，燃气生产和供应业 2.9684 吨/万元，煤炭开采和洗选业 1.7907 吨/万元，石油加工、炼焦及核燃料加工业 1.5979 吨/万元，非金属矿物制品业 1.5617 吨/万元，金属冶炼及压延加工业 1.4494 吨/万元。其他非能源行业对炭消耗的依赖度要弱的多。

(3)与 1997 年相比，2002 年绝大多数行业煤炭利用效率得以显著提高。除非金属矿采选业，非金属矿物制品业，自来水的生产和供应业外，其他行业的煤炭消耗强度都得以下降，所以，这三个行业应提高煤炭的使用效率，加大节约的力度。

2. 石油消耗强度分析

(1)1997 年只有少数几个行业对石油消耗的依赖度较高。占能源消耗总量 17.3％的石油是中国经济发展所依赖的第二大能源，各行业对石油消耗的依赖度差距很大。石油消耗强度大于 1 的行业有石油加工、炼焦及核燃料加工业，石油和天然气开采业，仪器仪表及文化办公用机械制造业，这几个行业单位产出石油消耗量分别为 3.8427 吨，1.7858 吨，1.6558 吨，属于石油高消耗行业，与这三个行业相比，其他行业的单位产出石油消耗则要少的多。

(2)2002 年石油消耗强度较高的行业减少。2002 年单位产出石油消耗较多的行业只有石油加工、炼焦及核燃料加工业，石油和天然气开采业，这两个行业的石油消耗强度分别为 2.7258 吨/万元，1.1426 吨/万元，其他行业的石油消耗强度都小于 1。

(3)与 1997 年相比，2002 年石油高消耗行业的消耗强度发生较大变化。与 1997 年相比，2002 年大多数行业的石油消耗强度得到不同程度的下降，其中，仪器仪表及文化办公用机械制造业，石油加工、炼焦及核燃料加工业，石油和天然气开采业，交通运输、仓储及邮电通信业的单位产出石油消耗分别下降 1.6471 吨，1.1169 吨，0.6432 吨，0.3587 吨，0.3144 吨和 0.2581 吨，这些行业是石油利用效率提高较为显著的行业，另外，还有 13 个行业石油利用效率得到不同程度的提高。

3. 天然气消耗强度分析

(1)1997 年各行业天然气消耗强度差距很大，个别行业表现出对天然气消耗的强依赖性。石油和天然气开采业，化学工业，石油加工、炼焦及核燃料加工业的单位产出天然气消耗分别为 365.33 立方米，53.22立方米，32.019 立方米，是天然气消耗强度最大的几个行业；电力生产供应业，燃气生产和供应业，交通运输、仓储及邮政业，其他制造业，金属冶炼及压延加工业，非金属矿物制品业的天然气消耗强度也较大；而农、林、牧、渔业，服装皮革羽绒及其制品业，木材加工及家具制造业，仪器仪表及文化办公用机械制造业则几乎是天然气"零消耗"行业。可见，各行业对天然气的消耗强度差异很大。

(2)2002 年各行业天然气消耗强度依然表现出较大差距，零消耗行业增多。石油和天然气开采业，燃气生产和供应业，化学工业，石油加工、炼焦及核燃料加工业的单位产出天然气消耗分别为 240.4 吨，52.046 吨，46.884 吨，24.667 吨，这 4 个行业属于天然气强消耗行业；电力、热力的生产供应业，其他制造业，非金属矿物制品业，通信设备、计算机及其他电子设备制造业，交通运输、仓储及邮政业属于天然气消耗强度较大的行业；而农、林、牧、渔业，煤炭开采和洗选业，金属矿采选业，服装皮革羽绒及其制品业，木材加工及家具制造业，批发零售和住宿餐饮业几乎都是天然气"零消耗"行业。

(3)与 1997 年相比，2002 年的能源消耗逐步向天然气转移。与 1997 年相比，2002 年有 12 个行业的单位产出天然气消耗量增加，其中，燃气生产和供应业主要由炭的消耗转向了天然气，非金属矿物制品业和其他服务业也开始增加对天然气的消耗强度。而石油和天然气开采业，石油加工、炼焦及核燃料加工业，化学工业的单位产出天然气消耗降低显著，尤其是石油和天然气开采业的天然气消耗强度降低 124.93 立方米，天然气利用效率大幅提高，剩余其他行业单位产出天然气消耗也具有不同程度的减少。

4．电力消耗强度分析

(1)1997 年电力消耗强度较大的行业以能源行业为主。按单位产出的能源消耗量来说，电力、热力的生产和供应业，自来水的生产和供应业，石油和天然气开采业，金属冶炼及压延加工业，煤炭开采和洗选业是电力消耗强度较大的前几个行业，而且这些行业主要是能源行业。相比之下，建筑业，服装皮革羽绒及其制品业的单位产出电力消耗就少的多。

(2)2002 年电力消耗强度较大的行业中，能源行业与非能源行业并重。2002 年电力、热力的生产和供应业，自来水的生产和供应业，非金属矿物制品业，金属冶炼及压延加工业，煤炭开采和洗选业都属于高电力消耗行业，建筑业属于电力消耗强度最小的行业。

(3)与 1997 年相比，2002 年电力消耗强度较大的行业略有变化，电力消耗强度变动呈现两级分化。与 1997 年相比，在 2002 年，高电力消耗行业的能源强度降低幅度显著，明显提高了电能利用的效率。与此同时，还有 13 个行业的电力消耗强度上升，尤其是非金属矿物制品业，其他制造业，金属制品业的单位产出耗电量上升幅度明显，而这几个行业也正是总能源强度上升显著的行业。可见，截至 2002 年，许多行业已经把能源消耗逐步转向了电能。

5．小结

总结中国 28 个行业各种能源强度的特点如下：(1)中国能源行业是明显的高能耗行业，它们的能源强度比其他行业的能源强度要大的多，在各行业的单位产出能源投入中，能源行业投入到本行业的能源是最多的；(2)包括能源行业在内的多数行业的能源利用总体效率正在逐步改善和提高，但各个行业节能降耗的效率还有较大差距；(3)煤炭依然是中国能源消耗的主要对象，但大多行业已经提高了煤炭能源利用的效率；（4）从各行业每种能源强度的变化来看，中国能源消耗已由煤炭、石油这样的重污染能源逐步开始转向天然气和电力之类的清洁能源，并且各行业电力消耗强度上升与下降的幅度对比鲜明。

三、影响行业能效的主要制约因素分析

由上述分析可见，各个行业能源效率差距较大。制约中国行业能源效率的因素很多，诸如经济结构、能源结构、技术结构、政策导向等。下面本文侧重于从结构差异、技术和管理差异、节能管理行政效率的角度来阐释行业能源效率差距的成因。

1. 工业结构的变动导向是决定单位工业增加值能耗差异的主要原因

能耗水平与工业结构有很大的关联，由于经济生产过程的性质及产品特点等原因，不同工业行业生产同等产值所需的能源消耗不同，甚至差距极大。因此，工业结构差异将导致能源消耗量的不同，进而影响能源强度。一般来讲，能源产业和原材料加工业的能源强度要比半成品或成品加工行业的能源强度高。"十五"期间，我国总能源强度呈上升趋势，主要是根源于高耗能工业外延式高速扩张发展而导致的部门结构重型化。冶金、建材、有色金属等能耗密集型的重化工业行业增加值的增长速度明显高于机械电子、通信设备等高附加值行业，工业能耗 5 年增加了 6.3 亿吨标准煤。高能耗工业行业超常发展引发的结构性能耗量的绝对增长，是整个经济能耗强度一直处于高位的深层次原因，是降低工业能源强度的首要制约因素，也是单靠技术节能难以解决的问题，而且在一定程度上抵消了技术进步使单位工业增加值能耗强度下降的效果。同时，多数工业企业或装备没有形成合理的经济规模，进而影响到高效先进的工艺和技术使用，产品单耗较高，这也是造成我国高耗能工业综合能耗显著高于工业发达国家的主要原因。例如，大型钢铁联合企业吨钢综合能耗与小型企业相差 200 千克标准煤左右。

2. 市场主体自觉节能的意识和约束激励机制还没有形成

企业降低能源强度的自觉意识尚未普遍形成，一些地方和企业片面追求增长速度和规模扩张的惯性行为难以短期扭转。多数企业在企业管理中还没有将能源环境因素纳入成本核算范围，为追求增长只考虑产出，而不考虑能源资源和环境的投入代价。同时，节能必然会涉及新技术和新材料的应用，需要投资和装备的更新换代，企业会在资本价格和能源价格之间进行权衡，不少企业常常只短视地衡量节能即期投入和收益的不对称，很少考虑长期的投资回报率，缺乏筹措和运作节能投资的积极性。

3. 国内通用设备的平均总体水平和效率偏低

企业的能源消耗主要由设备产生，而在我国的工业生产领域，设备的节能与管理仍属于薄弱环节，大部分工业用能设备（产品）没有能效标准，主要通用设备如工业锅炉、风机、水泵、电机的能源利用效率普遍与国际先进水平存在较大差距。如我国工业锅炉平均单机容量小，经常处于低负荷运行，平均运行效率约为 65%，比国际先进水平低约 15%。中小电动机平均效率 87%，风机、水泵平均设计效率 75%，均比国际先进水平低 5 个百分点，系统运行效率低近 20 个百分点，在很大程度上降低了能源利用的经济效果。

4. 国家和省区对提升产业能效的宏观调控引导和有效管理机制长期缺失或不完善

产业节能目标具有外部性和公益性特点，需要强化政府的社会性管制，即其宏观调控职能。但各级政府对产业能耗的社会性管制长期缺失或管制力度不足，惩治机制长期执法不严或处置力度不足，重点用能企业和地区能源消耗的监控网络长期缺乏，重点耗能行业的能效准入制度长期缺乏，使高能耗产品和产业在我国的直接成本过低。国家和省区与节能密切相关的统计、计量、考核制度缺乏或不完善，能源统计分析、节能信息、能耗标准制修订等行业能源基础工作均有待建设和完善。缺乏有效的节能激励政策和机制，在财税政策上对节能改造、节能设备研制和应用以及节能奖励等方面支持力度不足，不利于形成支持节能降耗的稳定投入机制，也在一定程度上影响了节能技术开发和推广应用。

3.2 中国能源消耗存在的问题

中国的能源发展战略正面临着三个方面的挑战：一是中国的能源消耗结构过度依赖化石燃料，对资源的可持续供应造成压力；二是可持续发展与环境保护面临压力；三是能源安全尤其是石油安全问题越来越重要。而我国以煤炭为主的一次能源结构所带来的环境压力日益增大，几近极限。世界十大污染城市中，中国占了 6 个；2005 年初，瑞士达沃斯世界经济论坛公布了最新的"环境可持续指数"评价，在全球 144 个国家和地区的排名中，中国位居第 133 位（张卓元，2005）；中国 13 亿人口中有 79% 的人经常饮用被污染的水；土地退化、森林过度砍伐，沙漠化问题日益严重。按保守估计，由环境恶化引起的损失相当于我国 GNP 的 8%。可见，中国正面临着比世界其他任何国家更具有挑战性的环境问题，而以化石燃料为主的能源结构是我国环境压力加大的主要原因。下面从能源供需、能源结构、能源强度、生态环境等方面一一分析中国能源消耗存在的问题。

3.2.1 单位 GDP 能耗降低目标实现难度较大

一、中国能源利用效率低下，节能降耗目标很难实现

单位 GDP 能耗或能源强度（energy intensity）是衡量能源消耗刚性变化和能源经济效率的重要判别指标，在此，计算能源经济效率采用的公式为：

单位 GDP 能耗＝能源消耗总量/万元 GDP（不变价）

中国通过的第十一个五年规划，提出了转变增长方式，建设资源节约型、环境友好型社会的要求，提出"十一五"时期单位 GDP 的能源消耗要降低 20％，年均降低约 4.4％。若实现这一要求，则 2020 年能源消耗总量可降至 31 亿吨标准煤。如果 2010 年到 2020 年继续采取有效的节能措施，使单位 GDP 的能源消耗继续下降，则 2020 年能源消耗总量还可能减少。可见，中国正面临着满足能源需求和在提高能源利用效率下持续提供给使用者充足能源的巨大挑战。

但从目前能源消耗强度的变化趋势来看，"十一五"期间的节能降耗目标难以实现。若按 2000 年可比价来计算，1996－2000 年的单位 GDP 能耗从 1.93 吨标准煤下降到 1.4 吨标准煤，能源利用效率提高 27.5％，较好地实现了节能降耗；但在"十五"期间，单位 GDP 能耗较为稳定，都在 1.3 吨标准煤左右，五年能源消耗强度年平均下降 1.25％，按照这样的能源消耗速度，"十一五"的节能降耗目标很难实现。

表 3-7　按 2000 年可比价计算的单位 GDP 能耗　　单位：吨标准煤/万元 GDP

年份	单位 GDP 能耗	年份	单位 GDP 能耗
1996	1.93	2001	1.31
1997	1.78	2002	1.26
1998	1.58	2003	1.3
1999	1.49	2004	1.33
2000	1.4	2005	1.31

数据来源：据《中国统计年鉴 2007》计算得出。

若按 2005 年可比价来计算，2001－2005 年的单位 GDP 能耗从 1.13 吨标准煤上升到 1.22 吨标准煤，能源利用效率平均每年下降 0.57％，按照这样的能源消耗速度，"十一五"的节能降耗目标更难实现。

表 3-8　按 2005 年可比价计算的单位 GDP 能耗　　单位：吨标准煤/万元 GDP

年份	单位 GDP 能耗	年份	单位 GDP 能耗
1996	1.67	2001	1.13
1997	1.52	2002	1.11
1998	1.36	2003	1.16
1999	1.25	2004	1.22
2000	1.19	2005	1.22

数据来源：据《中国统计年鉴 2007》计算得出。

二、国际形式也表明单位 GDP 能耗降低难度大

以发达国家日本和美国为例。1993—2003 年期间，日本各个年度单位 GDP 能耗（吨标准煤/万美元）从 1.36 吨标准煤上升到 1.55 吨标准煤，并无明显的规律性；同期，美国单位 GDP 能耗从 4.2 吨标准煤下降到 2.86 吨标准煤，能源利用效率整体呈下降趋势，如表 3-9 所示。从发达国家经济发展的轨迹来看，能源消耗的增长幅度低于经济的增长幅度，但单位 GDP 能耗并非都呈下降趋势。

再看巴西、韩国、印度等中等发达国家和发展中国家。1993—2003 年 11 年期间巴西的单位 GDP 能耗从 2.97 吨标准煤上升到 3.56 吨标准煤，在此期间，单位 GDP 能耗连续五年接近或大于 3 吨标准煤，与 1993—1997 年间持续小幅下降的趋势相背离；同期，韩国的单位 GDP 能耗变化较为复杂，但 1992—2003 年期间，单位 GDP 能耗还是在频繁的波动中得以下降；印度的单位 GDP 能耗虽然一直处于相对高位，但下降的趋势却比较明显。国外单位 GDP 能耗变化的轨迹表明，当单位 GDP 能耗处于高位时，随着经济的发展，下降速度较快，当其降到一定程度后，下降的速度明显变缓，甚至还会出现上升趋势。这也进一步说明了当经济发展到一定阶段后，节能降耗的难度加大了。

表 3-9　国际单位 GDP 能耗　　　　　单位：吨标准煤/万美元

年份	巴西	印度	韩国	日本	美国
1993	2.97	11.61	4.24	1.36	4.20
1994	2.52	10.70	3.97	1.30	4.23
1995	2.07	10.14	3.58	1.21	3.98
1996	2.01	10.40	3.61	1.40	3.84
1997	1.98	9.86	4.08	1.53	3.60
1998	2.10	10.13	5.43	1.68	3.46
1999	3.07	9.43	4.65	1.49	3.35
2000	2.95	9.88	4.33	1.43	3.24
2001	3.55	9.57	4.72	1.63	3.08
2002	3.97	9.39	4.36	1.71	3.04
2003	3.56	8.24	4.01	1.55	2.86

数据来源：彭志龙：《能源消耗与 GDP 增长关系研究》，统计研究，2007 年 7 月。

总之，由于技术方面的原因，虽然我国的单位 GDP 能耗在过去 20 年中下降了 60%，能源利用效率有了长足的进步，但如果按百万美元的能耗标准来比较的话，我国比日本还要高 9 倍，尤其是高耗能产品的

单位产品能耗仍然比国际水平高出 25％到 60％。可以说，中国的能源利用效率与很多国家相比仍然存在一定的差距，还应进一步扩大节能降耗的潜力和空间。

3.2.2 能源供需缺口越来越大，尤其是石油资源短缺严重

由上述能耗现状可知，中国能源主要来自化石燃料和水力电气，由于石油资源短缺，中国能源结构的基本特点是无论生产结构还是消耗结构，一直以来均以煤炭为主。但煤炭资源也将面临供给短缺。据分析（胡跃龙：《走出能源"困局"的路径创新》，光明网，2004.9.28），2010年全国煤炭总生产能力约为 12 亿吨，与 12.5 亿吨的需求预测相比，供需基本平衡；到 2020 年，现有生产矿井因可采储量衰减，生产能力将下降至 11.21 亿吨，与 14.5 亿吨的需求预测相比有 3.3 亿吨的需求缺口。在煤炭面临大量缺口的严峻形势下，石油、天然气等优质能源比例偏低，且其生产增长低于消耗增长，石油供给短缺更是日趋严重。研究表明中国通过"汽代油"等努力，2010 年石油缺口 0.9 亿吨，2015 年缺口 1.2 亿吨，形势不容乐观。而其他太阳能、生物质能、地热、潮汐发电则属于起步阶段，核聚变、可燃冰、煤层气等可再生能源属于探索阶段，尚未大量开发。下面详细分析能源需求缺口的严重程度，体现现有能源供给的有限性和未来能源需求的无限性，体现能源对经济社会的可持续发展的制约性，体现能源创新的必要性和紧迫性。

一、能源供需总量缺口逐年变大

基于节能措施的推广和应用，能源需求的增长远远落后于经济发展，2004 年能源消耗为 1980 年的 3.7 倍，年增长率为 5.7％。但是与世界平均水平相比，中国的能源消耗量仍然较高。1980－2001 年，世界平均能源需求仅增长 1.4 倍，年增长率仅为 1.6％。

1977－2006 年期间我国能源生产和消耗总量都是上升的，且两者几乎是同步上升的，但能源生产总量与消耗总量的大小关系出现了明显的两阶段性变化。1992 年之前，我国能源生产总量一直大于消耗总量，也就是说 1977－1992 年期间我国能源供给的能力一直大于能源需求；但 1992－2006 年期间我国能源开始供不应求，消耗总量一直大于生产总量，能源供需缺口越来越大，能源进口总量由 1992 年的 1914 万吨标准煤上升到 2006 年的 25214 万吨标准煤，能源消耗总量的对外依存度（通常是指一国年能源进口量与年能源消耗量的比值）由 1978 年的－5.74％上升为 2006 年的 10.24％，这一阶段，我国能源的自给已经不能满足经济

社会发展的需要。1977－2006 年期间我国能源供需缺口变化趋势如图 3-7 所示。

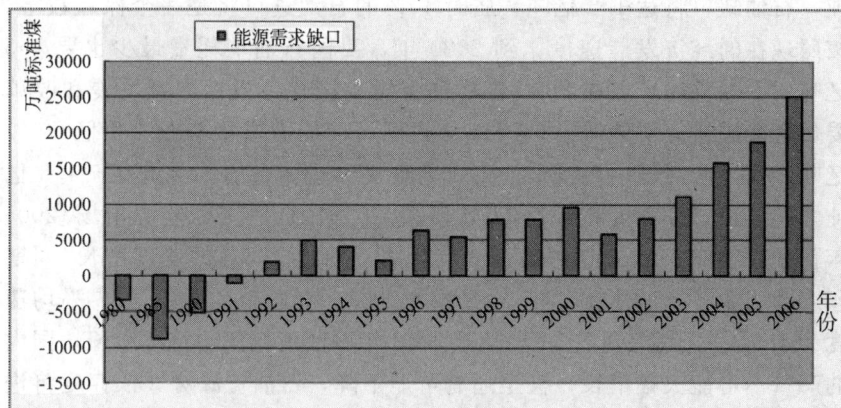

图 3-7　能源总量供需缺口趋势图

二、石油供需短缺严重，对外依存度有增无减，世界石油资源的争夺将愈演愈烈

中国的石油储量虽然并不丰富，但中国的石油生产量和消耗量却呈现明显的上升势头，石油正成为中国重要的战略资源。中国石油的生产量从 1978 年的 14876.5 万吨标准煤上升到 2006 年的 26394.1 万吨标准煤，上升了 77％；而石油的消耗量从 1978 年的 12971.7 万吨标准煤上升到 2006 年的 50239.1 万吨标准煤，上升了 287％。由此可见，尽管石油生产量已经大幅度的上升，但远不能满足消耗的需求。目前，中国石油产量占世界第 5 位，按目前的开采速度，中国将在 14 年后面临石油枯竭的局面。中国未来 15 年的经济增长将维持在 7％以上，石油需求将至少以 4％左右的速度增加，但同期国内石油产量增长速度难以超过 9％，国内石油供需缺口逐年加大，中国石油的生命线将越来越脆弱。如何确保石油供应成为重要的安全议题。

1. 从消耗上看，中国石油对外依存度加大

1977－2006 年期间，中国石油消耗量一直呈现明显的上升趋势，而在此期间的石油生产量却增长缓慢。就供求关系上看，1977－1992 年期间石油的自给足以满足消耗需求，而自 1993 年以来，石油的需求量大幅上升，远远大于生产量，出现了严重的供不应求现象(见图 3-8)。

目前，中国已是世界第二大能源消耗和石油消耗大国。石油生产虽然居世界第 5 位，但人均石油资源只有世界人均石油资源的 7％，增储上升缓慢。2007 年石油消耗约 3.5 亿吨，其中自产 1.9 亿吨，同比年

增 1.6%;进口 1.6 亿吨,同比年增 14.7%,对外依存度已达 46%。据预测,到 2010 年,中国的石油需求量为 3.5 亿吨,而石油产量为 2 亿吨,石油缺口将达 1.5 亿吨,届时 40% 的石油进口将是一个保守数字。按照现在的经济发展速度,到 2020 年,我国石油消耗量最少也要 4.5 亿吨,石油供需矛盾在 2020 年后还将更加激化。根据国家发展和改革委员会能源研究所的研究,2020 年我国石油的需求量将在 4.4 亿—6.1 亿吨之间,届时国内产量估计为 1.8 亿吨,进口量将为 2.6 亿—4.3 亿吨之间,进口依存度将处于 60%—70%。据 IEA(国际能源市场)2005 年预计,2002—2025 年中国石油消耗将以每年 4.5% 的速度增长(同期印度为 3.5%,美国为 1.4%,日本为 0%,韩国为 1.3%,世界平均速度为 1.9%)。考虑到 2030 年乃至 2040 年石油消耗还要持续增长,国内的产量不可能大幅增长,甚至还有可能下降,石油资源对外依存度将进一步提高,中国石油消耗越来越依赖于国际市场。

2. 从石油储量上看,中国属于贫油国

从石油储量上看,中国石油储量并不丰富,属于贫油的国家之一。据世界银行统计,中国石油储量占世界总储量的 2.43%,而我国东部大庆等主力油田已经进入中后开采期,中国目前尚未发现第二个像大庆这样的大型油田,这表明相对于人口规模和 GDP 总量规模,中国仍然是个贫油大国,今后这一资源禀赋局面很难改变。

3. 从国际形式上看,各国围绕石油资源的争夺将愈演愈烈

目前全世界石油年产量 38 亿吨,除了本国使用外,真正进入国际石油贸易的只有 22 亿多吨。其中美国年进口石油 7 亿多吨,占世界石油贸易总量的 1/3,日本年进口石油 2.6 亿吨,韩国、德国、法国等国家年进口石油都在 1 亿吨以上。在这种情况下,各个石油消耗国围绕石油资源的争夺将愈演愈烈,我们有钱能不能买到这么多的石油,的确是一个大问题。

最近几年,尽管我国通过外交、政治努力,在争取从国际市场多元化进口以及石油资源的投资开采等方面取得了显著的进展,然而在当前的国际地缘政治格局下,进口和走出去开发境外石油资源的难度越来越大。可以说,今后很难再持续保持 2007 年石油自产和进口的增速。石油供应已经成为今后长时期影响我国经济社会发展的一大问题,这主要涉及交通燃料和有机化工业的原料来源。

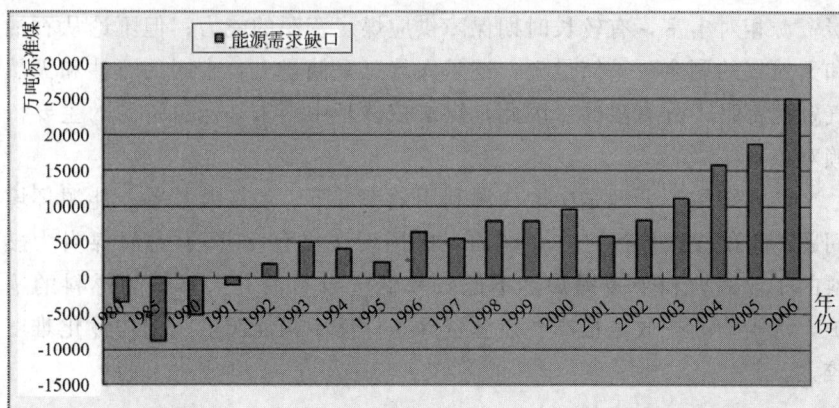

图 3-8 石油供需缺口变化趋势图

3.2.3 能源供应结构优化难度较大，能源消耗结构过度依赖煤炭

中国能源供需品种结构突出，能源供应仍以煤炭为主，洁净能源供应不足，以一次性能源为主的能源生产结构将不能满足经济快速发展的需要。国民经济的持续增长，市场经济的初步建立，煤炭资源发挥了绝对性的支撑作用。煤炭在中国能源消耗结构中仍占 70% 左右，其他能源的供应不足已经凸显。以煤炭为主的能源结构不仅影响整个生产和技术的选择与效率，而且会引起严重的环境污染。

从当前来看，中国的能源供应结构决定了中国国内能源需求结构以煤为主。1998 年之前，煤炭在中国一次能源中的消耗比均保持在 70% 以上，尽管近些年来煤炭消耗比有所下降，但也接近 70%。近几年，中国的经济增长速度超出预期，而过去 15 年中我国一直强调大力发展的能耗比较低的第三产业基本上原地踏步不动，能耗明显的第二产业大幅增长。在 2003 年和 2004 年，不少高耗能产品的产量增长速度都在 20% 以上。高耗能产业的快速增长，导致国内能源需求量急剧上升。因此，在短期内，能源消耗的快速增长，难以以国内资源不足、增产困难的石油，基础设施薄弱、尚处在发展初期的天然气，建设周期较长的水电和核电来满足。国内煤炭生产基础条件相对较好，特别是在过去形成了大量的乡镇煤矿，增产迅速，快于能源总量的增长，能源供应对煤炭的依赖程度提高，煤炭的比重又进一步加大。2006 年，中国能源供应结构中煤炭比例接近 77%。

展望能源供给结构前景发现，中国能源资源探明储量中，96% 是煤炭，石油和天然气资源仅占总量的 4% 左右。由前面数据分析可知，煤炭资源相对丰富，有较长时期保障供应煤炭资源的能力；但不论从石油和天然气的剩余可采储量上，还是人均可采储量上，中国的石油和天然气资源都是十分有限的。因此，煤炭依然是中国未来能源资源的主要依赖对象。

能源结构不合理是中国能源利用效率低下、经济效益差、能源环境问题严重的主要原因之一。然而，中国现在仍有 50 多万台以煤炭为燃料的工业锅炉和采暖锅炉，不但效率低于以石油和天然气为燃料的锅炉，污染物的排放也很高。能源资源条件使中国能源供应结构优化难度较大。

3.2.4　煤炭开发过程中引起生态环境破坏严重

以煤炭为主的能源结构不利于环境保护。煤炭是我国的基础能源，"富煤、少气、贫油"的能源结构难以改变。以煤炭为主的能源消耗结构和粗放的能源生产和消耗方式使能源发展和环境保护之间的矛盾越来越突出。煤炭产生过程中造成的环境污染和生态环境破坏已成为中国煤炭工业可持续发展的重要制约因素。

中国煤炭资源高强度的开采已经带来了严重的生态环境问题，严重破坏中国已十分紧缺的土地资源。中国煤炭开采主要以井工为主，95%以上的煤炭产量来自于井工开采。井工开采直接引起矿区地表塌陷。据统计，中国历年来煤炭开采造成的地表塌陷区累计已超过 40 万公顷，每年形成的塌陷土地面积在 1.5 万－2 万公顷，其中耕地占 30%。

煤炭开采严重破坏地下水资源。一方面，中国富煤地区往往是贫水地区，全国重点矿区缺水的占 71%，严重缺水的占 40%。为保证煤矿生产安全，需要对煤层上下含水层进行人为疏干，煤层顶部由于采掘造成的裂隙对含水层自然疏干，导致矿区地下水位大面积下降，使得矿区及周边居民生活用水变得更加困难。另一方面，大量的地下水资源因煤系地层的破坏而渗透到矿井，这些矿井水含有大量的煤粉、岩粉和其他污染物，大部分未被净化排出，污染周边环境。还有部分渗透到地下含水层中，污染地下水资源。

煤炭开采过程中的废气排放，严重污染大气环境。煤炭开采过程中形成的废气主要指矿井瓦斯和地面矸石山自燃释放的气体。据估计，中国每年从矿井开采中排放的甲烷气体有百亿立方米以上，此外，半干旱地区煤矿矸石山自燃率高达 40%以上，矸石山自燃的排放严重污染大气环境。

3.2.5　中国能源消耗结构与世界很多国家存在较大差距

中国、美国、印度、巴西是世界能源消耗大国，其一次性能源消耗已占世界能源消耗总量的 40% 左右。2002 年，中国、美国、印度、巴西能源消耗结构如表 3-10 所示。由表 3-10 中数据可见，2002 年中国煤炭消耗占世界煤炭消耗的 26.2%，占本国能源消耗总量的 66% 以上，而石油、天然气的消耗比例都很小；美国、日本等发达国家的煤炭消耗占本国能源的消耗量不到 25%；即使煤炭消耗占本国能源消耗比重较高的印度，其能源消耗也不到 56%。可见，中国的能源消耗结构与世界很多国家（不论是发达国家，还是发展中国家）相比都有很大差距，说明中国能源消耗结构不合理。

表 3-10　2002 年世界能源消耗比较　　　单位：百万吨石油当量

国家	煤炭	石油	天然气	核能	水电	合计
美国	553.8	894.3	600.7	553.8	58.2	2293.0
巴西	12	85.4	12.3	3.4	64.4	177.5
法国	12.7	92.8	12.7	98.9	15.0	258.0
德国	84.6	127.2	84.6	37.3	5.9	329.4
中国	663.4	245.7	27	5.9	55.8	997.8
印度	180.8	97.7	25.4	4.4	16.9	325.1
日本	105.3	242.6	69.7	71.3	20.5	509.4
韩国	49.1	105.0	23.6	27.0	1.2	205.8
全世界	2397.9	3522.5	2282	610.6	592.1	9405.0

数据来源：BP Statistical Review of World Energy，June 2003.

展望未来，随着能源消耗的进一步增长和人们对环境质量要求的日益提高，中国能源发展与环境保护之间的矛盾将进一步加剧。小康环境是制定国家能源战略的内部变量和环境容量，小康社会对环境的需求是能源政策的重要决策变量之一，如何满足小康社会对环境的要求是我们今后面临的巨大挑战，因此必须研究能源政策以便保护环境。

3.3　小结

本章先后分析了近些年我国能源总量和各种能源的供给与需求现状，展望能源行业未来发展状况，体现能源供给危机。通过对能源消耗现状的分析探讨了现在与未来我国能源供给与需求方面存在的问题，找到我国现行能源与经济可持续发展存在的问题，能源消耗带来的环境问题，并与国际能源结构相比较，体现中国能源结构的不合理。

1. 中国能源消耗现状分析

本部分主要通过分析能源消耗结构、各种能源生产和需求的阶段性特点、中国能源消耗的行业特点、中国 28 个行业能源强度差异的动态分析四个方面来体现中国能源消耗现状。对中国能源消耗结构的分析表明：中国能源供需品种结构突出，能源供应和消耗都以煤为主，以天然气、电力为代表的洁净能源供应不足，且"肮脏"能源与洁净能源的结构性差距很大。对各种能源生产和需求的阶段性特点分析表明：一直以来，煤炭是中国生产和消耗的主要能源，其生产量一直大于消耗量；石油是中国经济社会发展所依赖的次要能源，自 1993 年以来，石油的供需缺口大幅上升；天然气的生产和消耗构成比重是最小的，且自 1995 年以来，中国天然气的供给足以满足需求；电的生产和消耗呈现同步变化的特点。中国能源消耗的行业特点表明：工业部门是能源消耗的主体，其能源消耗比重在 70% 左右；2003 年和 2004 年各个行业能源消耗出现明显的高增长率。总结中国 28 个行业各种能源强度的特点如下：(1)中国能源行业是明显的高能耗行业，它们的能源强度比其他行业的能源强度要大的多，在各行业的单位产出能源投入中，能源行业投入到本行业的能源是最多的；(2)包括能源行业在内的多数行业的能源利用总体效率正在逐步改善和提高，但各个行业节能降耗的效率还有较大差距；(3)煤炭依然是中国能源消耗的主要对象，但大多行业已经提高了炭能源利用的效率；(4)从各行业每种能源强度的变化来看，中国能源消耗已由煤炭、石油这样的重污染能源逐步开始转向天然气和电力之类的清洁能源，并且各行业电力消耗强度上升与下降的幅度对比鲜明。

2. 中国能源消耗存在的问题

通过上述中国能源消耗现状的分析发现，中国能源消耗还存在还多问题，主要体现在：(1)中国能源利用效率低下，节能降耗目标很难实现，单位 GDP 能耗的国际比较也表明了中国的能源利用效率与很多国家相比仍然存在一定的差距，还应进一步扩大节能降耗的潜力和空间；(2)能源供需总量缺口逐年扩大，石油供需短缺严重，对外依存度有增无减，世界石油资源的争夺将愈演愈烈；(3)能源供应结构优化难度较大，能源消耗结构过度依赖煤炭；(4)中国煤炭资源高强度的开采已经带来了严重的生态环境问题，严重破坏中国已十分紧缺的土地资源、水资源，煤炭开采过程中的废气排放也严重污染了大气环境；(5)不论与发达国家还是与发展中国家相比，中国的能源消耗结构与世界很多国家都有很大差距，这说明中国能源消耗结构不合理。

第 4 章
中国能源投入产出结构分解分析

　　以上关于中国能源问题的研究表明：中国的能源消耗出现了很多问题，如果不解决这些问题，经济社会的可持续发展就要受到制约。为确保中国第十一个五年规划提出的"十一五"时期单位 GDP 能耗要降低 20％、年均降低约 4.4％目标的顺利实现，保障能源与经济的可持续发展，能源消耗变动的影响机理是值得研究并需要引起足够重视的问题。

　　一般而言，能源强度越低，能源经济效率越高，能源强度的变动直接影响着能源消耗总量的变动。能源消耗的变动除受能源强度的影响之外，还受到经济增长、产业结构变动、价格调整以及技术进步等多方面因素的影响。一般情况下，经济增长将导致能耗的增加，技术进步会带来能源强度的下降，导致能耗减少，但技术进步同时也会促进经济增长，又会导致能源消耗的上升。所以说，导致能耗变动的因素是多方面的，也是较为复杂的。本书将我国能源行业分为四个：煤炭、石油、天然气和电力，借助于印度学者 Debesh Chakraborty(2006)投入产出结构分解分析(SDA)的基本思想和方法——能源消耗的双极分解模型，将1997 年作为基期，即 0 期，2002 年作为当前期，即 t 期，利用我国1997 年和 2002 年两个年度的投入产出表及年鉴数据，把中国 1996－2002 年期间能源消耗的变动效应分解为能源强度变动效应、技术进步效应和最终需求变动效应，分析和测算这些效应对总能耗及各种能源消耗变动的影响方向和大小，体现经济技术因素对能源消耗变动的影响；并同时测算各种效应的行业贡献，识别我国能源消耗变动的行业因素，体现产业结构变动对能源消耗的影响。与此同时，进一步利用能源消耗变动综合因素分解分析方法体现技术和产业结构因素对能耗变动的影响；通过产业关联系数的测算，体现利用产业结构调整来降低单位GDP能耗的重要性。这些研究将为揭示中国能耗变动的影响机理提供理论依据，以便为改革时期我国能源政策的制订和改变提供服务。

4.1 能源消耗变动的影响因素分解

4.1.1 各种能源消耗变动影响因素的分解

由方程(2-30)可知，能源消耗变动可以分解为能源强度变动、技术进步变动和最终需求变动三部分，利用方程(2-31)可以分别测算我国1996－2002年期间能源强度变动、技术进步变动和最终需求变动对能源消耗变动的影响大小和影响方向，计算结果如表4-1所示。对于四种能源来说，能源强度的变动都导致能耗负向变动，这表明：能源利用效率的提高使直接或间接投入的能源产品比以前减少了；而技术进步变动、最终需求变动都导致能源消耗正向变动，这表明：1996－2002年期间，技术进步变动、最终需求变动导致被直接或间接投入的能源产品比以前更多了；对于每一种能源，技术进步变动与最终需求变动的正向影响之和都超过了能源强度变动的负向影响，导致2002年各种能源的消耗总量比1997都增加了；同一影响因素对四种能源消耗的影响方向都是一致的，但影响程度各有不同。

(1)就三种因素对煤炭消耗变动的影响来说，能源强度变动对煤炭消耗变动的影响最大。1996－2002年期间能源强度变动导致煤炭消耗总量下降104029.42万吨，对煤炭消耗总量变动的影响最大；技术进步变动使煤炭的消耗增加37383.65万吨，对煤炭消耗总量变动的影响相对较小；最终需求变动使煤炭消耗增加90726.63万吨；技术进步变动与最终需求总量变动对煤炭消耗需求的增加超过了能源效率提高对煤炭的节约，最终导致煤炭消耗增加24080.86万吨。

(2)就三种因素对石油消耗变动的影响来说，能源强度变动使石油消耗减少25011.46万吨，技术进步变动使天然气消耗增加6485.75万吨，最终需求变动使天然气消耗增加26364.14万吨。相比之下，技术进步对石油需求变动的影响最小，最终需求对石油需求变动的影响最大，而且技术进步变动与最终需求总量对石油需求的增加超过了能源强度变动对石油需求的减少，最终导致石油消耗增加7838.43万吨。

（3）就三种因素对天然气消耗变动的影响来说，能源强度变动使天然气消耗减少 78.96 亿立方米，技术进步变动使天然气消耗增加 26.53 亿立方米，最终需求变动使天然气消耗增加 150.09 亿立方米，三种因素的共同作用导致 2002 年比 1997 年天然气消耗增加 97.66 亿立方米。相比之下，技术进步变动对天然气变动的影响最小，最终需求变动对天然气变动的影响最大。

（4）就三种因素对电力消耗变动的影响来说，能源强度变动使电力消耗减少 2540.9 亿千瓦小时，技术进步变动使电力消耗增加 2106.05 亿千瓦小时，最终需求变动使电力消耗增加 7299.02 亿千瓦小时，三种因素的共同作用导致 2002 年比 1997 年电力的消耗增加 6864.17 亿千瓦小时。相比之下，最终需求变动对电力消耗变动的影响最大，技术进步变动对电力消耗变动的影响最小。

表 4-1　三种因素对四种能源消耗变动影响程度的测算结果

	能源强度变动	技术进步变动	最终需求变动	总变动
煤炭（万吨）	−104029.42	37383.65	90726.63	24080.86
石油（万吨）	−25011.46	6485.75	26364.14	7838.43
天然气（亿立方米）	−78.96	26.53	150.09	97.66
电力（亿千瓦小时）	−2540.90	2106.05	7299.02	6864.17

注：以 1997 年为基年，2002 年的各行业最终需求及总产出数据都已调整为可比价。

4.1.2　影响能源消耗总量变动的因素贡献测算

将四种能源统一为一种度量单位：万吨标准煤，利用方程（2-31）还可以测算每种影响因素对所有能源消耗总量变动的贡献。由表 4-2 中数据可见，1996−2002 年的能源消耗总变动为 28133.3 万吨标准煤，其中，能源强度变动使能源消耗总量下降 80017.4 万吨标准煤，技术进步使能源消耗增加 28014.7 万吨标准煤，最终需求变动使能耗增加 80136 万吨标准煤。就三种影响因素对总能耗增加的贡献率来看，最终需求变动与能源强度变动对总能耗变动的贡献大小差异不大，但方向相反，分别为 65.93% 和 −65.83%，技术进步变动对总能耗增加的贡献相对较小，为 23.05%，最终，技术进步变动与最终需求变动对总能耗变动的贡献之和超过了能源强度的贡献，导致 2002 年比 1997 年的总能耗增加 23.15%。

表 4-2　三种影响因素对总能源消耗变动的贡献

	总能源消耗变动	能源强度变动	技术进步变动	最终需求变动
绝对量(万吨标准煤)	28133.3	−80017.4	28014.7	80136
贡献 $\frac{\Delta E}{E}$ (%)	23.15	−65.83	23.05	65.93

4.2　能源消耗变动影响因素的行业贡献分解

　　一般情况下，行业能源效率的提高会促进能源消耗的降低，各个行业最终需求对能耗影响的规律是最终需求增加的行业，其每种能耗是增加的，最终需求下降的行业，其能耗也是减少的。而技术进步对行业能耗的影响是复杂的。周勇、林源源(2007，经济学家)曾对能源经济学上的"回报效应"做了解释，其基本含义是指技术进步虽然能够提高能源使用的效率而节约能源，但技术进步同时也促进了经济的快速增长，从而又增加了对能源的需求，最终导致因效率提高所节约的能源被经济快速增长带来的额外能源消耗部分地抵消。这一解释与表 4-1 中技术进步所带来的能源消耗变动方向基本一致，但技术进步并未使所有行业能耗增加，有些行业能耗减少了。

　　利用方程(2-31)可以测算总能源消耗变动中三种影响因素所占的份额，也可以分别测算各种能源消耗变动中三种影响因素的大小，但方程(2-31)的测算结果不能分解出能耗变动的行业贡献。而能源强度变动、技术进步变动、最终需求变动对总能耗及各种能耗变动的影响都是由各行业能源强度变动、技术进步变动、最终需求总量变动加总而成的。因此，有必要进一步利用方程(2-32)测算能源强度变动、技术进步变动、最终需求变动导致能耗变动的行业贡献。这将为深入分析经济结构、能源结构、技术因素、政策导向等因素对行业能效的制约，合理配置能源，引导产业结构向低能耗方向发展，理性探寻各行业发展中提高能源经济效率的潜力和可行路径，走出高能耗与低能效相叠加的困境，最终为提高各行业能源效率提供一种技术分析路线。这也将为经济正处于工业化加速时期的我国制定行之有效的行业节能对策提供理论依据。下面就各种能源消耗变动的行业分布特点——进行分析。

　　为研究问题的方便，需要将能源消耗的行业分类与投入产出表中的行业分类相统一，最终合为 28 个行业，行业分类如表 4-3、表 4-4、表 4-5、表 4-6 所示，与表 3-5 和表 3-6 中的行业分类完全一致。

4.2.1　煤炭消耗变动影响因素的行业贡献分解

从能源强度因素看，所有行业煤炭消耗强度变动都导致煤炭消耗减少。其中，煤炭消耗减少最大的前 10 个非能源行业分别是建筑业，其他服务业，通用、专用设备制造业，电子及通信设备制造业，化学工业，批发和零售贸易餐饮业，农、林、牧、渔业，食品制造及烟草加工业，交通运输设备制造业，电气、机械及器材制造业。所有非能源行业中，因能源效率的提高导致这 10 个行业对煤炭消耗总量减少部分的贡献较大。

从技术进步因素看，技术进步降低了金属冶炼及压延加工业，电气、机械及器材制造业，电力蒸汽热水生产供应业，自来水的生产和供应业和其他服务业的煤炭消耗量，但却增加了其他 23 个行业的煤炭消耗量。技术进步带来能源消耗变动幅度最大的前 10 个非能源行业有建筑业，通用、专用设备制造业，服装皮革羽绒及其制品业，其他服务业，农、林、牧、渔业，纺织业，食品制造及烟草加工业，化学工业，批发和零售贸易餐饮业，电子及通信设备制造业，交通运输、仓储及邮政业。这 10 个行业中，除其他服务业外，其他 9 个行业的能源消耗都是正向变动的，其技术进步都导致能源消耗的增加；而技术进步使其他服务业的能源消耗减少。其他服务业中的部门均是服务部门，可以推断，服务业因技术进步使效率提高所节约的能源超过了经济快速增长所增加的额外能源消耗，最终达到了节能降耗的效果。

从最终需求因素看，因最终需求的增加导致煤炭消耗变动幅度最大的前 10 个非能源行业依次是其他服务业，建筑业，电子及通信设备制造业，电力蒸汽热水生产供应业，通用、专用设备制造业，交通运输、仓储及邮政业，交通运输设备制造业，电气、机械及器材制造业，化学工业，仪器仪表文化办公用机械制造业。

28 个行业能源强度变动、技术进步变动、最终需求变动对煤炭消耗变动的影响程度比较见图 4-1。

表 4-3　煤炭消耗变动的行业贡献分解结果表　　单位：万吨

行业	能源强度变动	技术进步变动	最终需求变动
农、林、牧、渔业	−4724.48	1536.38	453.296
煤炭开采和洗选业	−1236.22	14.6706	1826.57
石油和天然气开采业	−153.06	41.4057	−41.068
金属矿采选业	−42.43	6.76824	39.8031

行业	能源强度变动	技术进步变动	最终需求变动
非金属矿采选业	−114.20	15.8423	135.222
食品制造及烟草加工业	−4706.8	1015.88	−400.02
纺织业	−2496.37	1500.66	1206.9
服装皮革羽绒及其制品业	−3050.53	1717.65	326.647
木材加工及家具制造业	−934.14	204.556	542.167
造纸印刷及文教用品制造业	−1330.32	31.6485	856.458
石油加工、炼焦及核燃料加工业	−695.41	59.2309	236.452
化学工业	−5351.14	948.132	2708.68
非金属矿物制品业	−1040.85	61.8865	−1131.1
金属冶炼及压延加工业	−1046.19	−16.529	1648.02
金属制品业	−2787.57	201.83	1591.35
通用、专用设备制造业	−9808.05	1956.16	8127.4
交通运输设备制造业	−4578.7	341.953	3429.26
电气、机械及器材制造业	−4335.51	−52.693	3137.52
电子及通信设备制造业	−5479.95	834.714	9864.73
仪器仪表文化办公用机械制造业	−1257.28	259.329	2431.92
其他制造业	−1107.85	276.116	287.094
电力蒸汽热水生产供应业	−5019.45	−170.53	9266.25
燃气生产和供应业	−718.41	9.27819	717.724
自来水的生产和供应业	−179.68	−33.206	198.539
建筑业	−20746.2	26779.8	16776.9
交通运输、仓储及邮政业	−2689.42	614.197	5277.7
批发和零售贸易餐饮业	−5053.45	918.334	711.744
其他服务业	−13345.8	−1689.8	20500.4

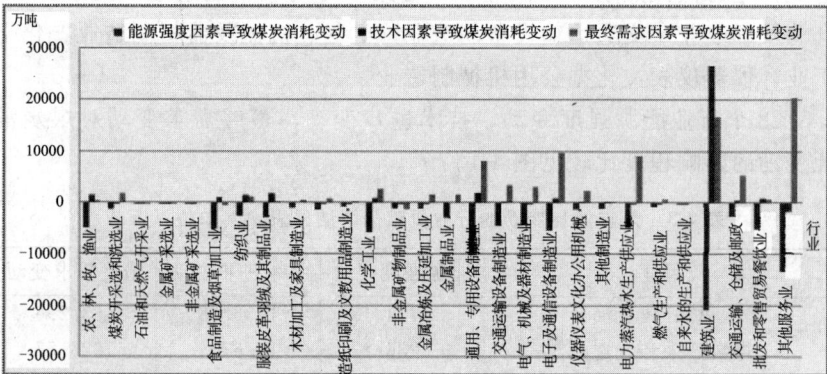

图 4-1　三种因素变动对煤炭消耗变动影响的行业贡献

4.2.2　石油消耗变动影响因素的行业贡献分解

从能源强度因素看，所有行业石油消耗强度变动所导致的石油消耗变动也都是负的，其中，石油消耗变动最大的前 10 个非能源行业有建筑业，其他服务业，仪器仪表文化办公用机械制造业，交通运输、仓储及邮政业，通用、专用设备制造业，批发和零售贸易餐饮业，电子及通信设备制造业，化学工业，农、林、牧、渔业，食品制造及烟草加工业。所有非能源行业中，因能源效率的提高导致这 10 个行业对石油消耗总量减少部分的贡献较大。

从技术进步因素看，技术进步减少了电力蒸汽热水生产供应业，自来水的生产和供应业和其他服务业的石油消耗，增加了其他 25 个行业对石油的消耗。技术进步带来石油消耗变动幅度最大的前 10 个非能源行业依次是建筑业，其他服务业，交通运输、仓储及邮政业，化学工业，农、林、牧、渔业，服装皮革羽绒及其制品业，通用、专用设备制造业，电子及通信设备制造业，食品制造及烟草加工业，纺织业。

从最终需求因素看，因最终需求的增加导致石油消耗变动幅度最大的前 10 个行业依次是其他服务业，建筑业，交通运输、仓储及邮政业，电子及通信设备制造业，仪器仪表文化办公用机械制造业，通用、专用设备制造业，化学工业，交通运输设备制造业，电气、机械及器材制造业，电力蒸汽热水生产供应业。

28 个行业能源强度变动、技术进步变动、最终需求变动对石油消耗变动的影响程度比较见图 4-2。

表 4-4　石油消耗变动的行业贡献分解结果　　　　　单位：万吨

行业	能源强度变动	技术进步变动	最终需求变动
农、林、牧、渔业	−897.44	591.87	152.84
煤炭开采和洗选业	−59.435	4.1523	122.94
石油和天然气开采业	−147.97	8.2928	−49.9
金属矿采选业	−8.2511	6.5721	8.2972
非金属矿采选业	−29.727	5.201	34.361
食品制造及烟草加工业	−772.38	432.32	−88.69
纺织业	−374.32	373.25	251.48
服装皮革羽绒及其制品业	−561.26	584.38	79.974
木材加工及家具制造业	−164.94	125.19	115.99
造纸印刷及文教用品制造业	−183.67	91.745	148.57
石油加工、炼焦及核燃料加工业	−551.99	50.047	278.48

行业	能源强度变动	技术进步变动	最终需求变动
化学工业	−956.46	594.5	695.08
非金属矿物制品业	−146.09	54.062	−169.9
金属冶炼及压延加工业	−107.66	11.229	196.48
金属制品业	−371.39	105.13	244.15
通用、专用设备制造业	−1333.8	542.07	1364.2
交通运输设备制造业	−726.47	173.69	623.18
电气、机械及器材制造业	−677.81	164.78	573.85
电子及通信设备制造业	−1028.8	466.82	2107.6
仪器仪表文化办公用机械制造业	−2310.2	107.57	1697.1
其他制造业	−159.27	95.938	59.893
电力蒸汽热水生产供应业	−400.16	−63.57	560.58
燃气生产和供应业	−86.631	18.918	95.387
自来水的生产和供应业	−22.494	−1.015	20.644
建筑业	−5435.9	1731.7	5775
交通运输、仓储及邮政业	−1985.4	665.42	4281.5
批发和零售贸易餐饮业	−1202	320	208.49
其他服务业	−4309.6	−774.5	6976.5

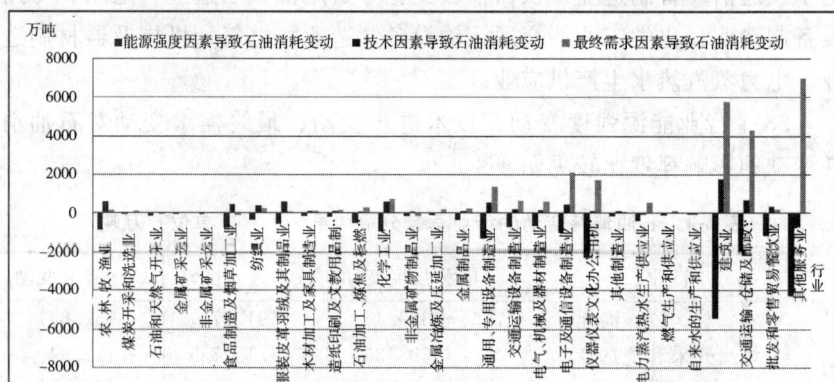

图 4-2　三种因素变动对石油消耗变动影响的行业贡献

4.2.3　天然气消耗变动影响因素的行业贡献分解

从能源强度因素看，除天然气的生产和供应业外，其他所有行业天然气消耗强度变动所导致的天然气消耗变动都是负的。28 个行业中，天然气消耗变动最大的前 10 个非能源行业有建筑业，其他服务业，化学工业，农、林、牧、渔业，交通运输、仓储及邮政业，通用、专用设备制造业，食品制造及烟草加工业，电子及通信设备制造业，电气、机械及器材制造业，服装皮革羽绒及其制品业。所有非能源行业中，因能源效率的提高导致这 10 个行业对天然气消耗总量减少部分的贡献较大。

从技术进步因素看，技术进步减少了其他服务业，电力蒸汽热水生产供应业，煤炭开采和洗选业，自来水的生产和供应业，电气、机械及器材制造业，金属冶炼及压延加工业的天然气消耗减少，增加了其他 22 个行业对天然气的消耗量。可见，技术进步使天然气消耗减少的行业较多。技术进步带来石油消耗变动幅度最大的前 10 个行业有建筑业，其他服务业，化学工业，交通运输、仓储及邮政业，通用、专用设备制造业，服装皮革羽绒及其制品业，纺织业，农、林、牧、渔业，食品制造及烟草加工业，木材加工及家具制造业。

从最终需求因素看，因最终需求的增加导致天然气消耗变动幅度最大的前 10 个非能源行业依次是其他服务业，建筑业，电子及通信设备制造业，交通运输、仓储及邮政业，化学工业，通用、专用设备制造业，交通运输设备制造业，电气、机械及器材制造业，仪器仪表文化办公用机械制造业，电力蒸汽热水生产供应业。

28 个行业能源强度变动、技术进步变动、最终需求变动对天然气消耗变动的影响程度比较见图 4-3。

表 4-5　天然气消耗变动的行业贡献分解结果

单位：亿立方米

行业	能源强度变动	技术进步变动	最终需求变动
农、林、牧、渔业	−4.534	1.717	0.9616
煤炭开采和洗选业	−0.19	−0.07	0.6813
石油和天然气开采业	−2.517	0.029	−0.935
金属矿采选业	−0.033	0.029	0.0465
非金属矿采选业	−0.127	0.035	0.2123
食品制造及烟草加工业	−3.29	1.665	−0.589
纺织业	−1.838	2.307	2.2931
服装皮革羽绒及其制品业	−2.521	2.474	0.6923
木材加工及家具制造业	−0.619	0.734	0.8414
造纸印刷及文教用品制造业	−0.707	0.455	1.2257
石油加工、炼焦及核燃料加工业	−2.734	0.717	1.3206
化学工业	−6.968	2.965	10.532
非金属矿物制品业	−0.537	0.237	−1.032
金属冶炼及压延加工业	−0.421	−0.01	1.0824
金属制品业	−1.227	0.355	1.4442

续表

行业	能源强度变动	技术进步变动	最终需求变动
通用、专用设备制造业	−4.131	2.665	9.2171
交通运输设备制造业	−2.234	0.455	4.6274
电气、机械及器材制造业	−2.798	−0.01	4.5908
电子及通信设备制造业	−2.916	0.25	20.668
仪器仪表文化办公用机械制造业	−0.805	0.681	4.1368
其他制造业	−0.626	0.21	0.5369
电力蒸汽热水生产供应业	−0.949	−0.6	2.7823
燃气生产和供应业	0.3511	0.13	0.7202
自来水的生产和供应业	−0.058	−0.02	0.1246
建筑业	−18.55	13.46	31.032
交通运输、仓储及邮政业	−4.41	2.95	13.811
批发和零售贸易餐饮业	−2.089	0.195	1.2905
其他服务业	−11.48	−7.47	37.771

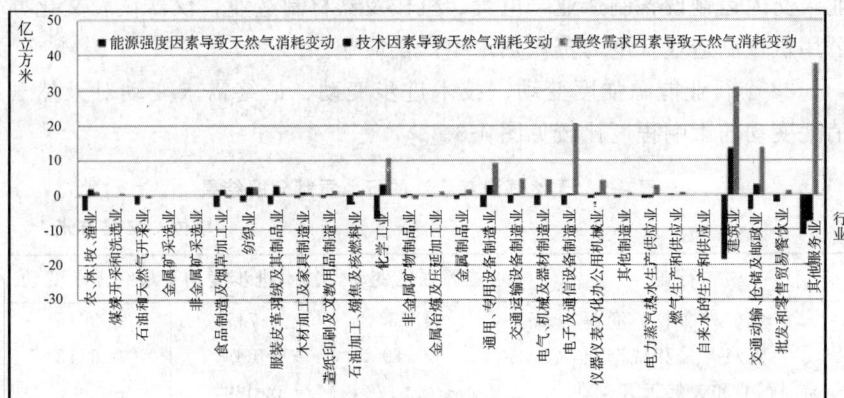

图 4-3 三种因素变动对天然气消耗变动影响的行业贡献

4.2.4 电力消耗变动影响因素的行业贡献分解

从能源强度因素看，非金属矿采选业，纺织业，非金属矿物制品业和其他制造业电耗强度变动导致电力消耗都是增加的，其他所有行业电耗强度变动都导致电力消耗减少，其中，电耗变动最大的前 10 个非能源行业有建筑业，其他服务业，通用、专用设备制造业，交通运输设备制造业，交通运输、仓储及邮政业，化学工业，电子及通信设备制造业，批发和零售贸易餐饮业，农、林、牧、渔业，电气、机械及器材制造业。所有非能源行业中，因能源效率的提高导致这 10 个行业对电力消耗总量减少部分的贡献较大。

从技术进步因素看，技术进步使得电耗减少的行业最多，按照电耗减少由大到小的顺序排列依次是其他服务业，电气、机械及器材制造业，电力蒸汽热水生产供应业，批发和零售贸易餐饮业，非金属矿物制品业，金属冶炼及压延加工业，造纸印刷及文教用品制造业，煤炭开采和洗选业，自来水的生产和供应业，金属矿采选业。受技术进步影响最大的前 10 个非能源行业依次是建筑业，其他服务业，通用、专用设备制造业，服装皮革羽绒及其制品业，纺织业，农、林、牧、渔业，交通运输、仓储及邮政业，化学工业，电气、机械及器材制造业，电子及通信设备制造业，食品制造及烟草加工业。

从最终需求因素看，因最终需求的增加导致电力消耗变动幅度最大的前 10 个非能源行业依次是其他服务业，建筑业，电子及通信设备制造业，通用、专用设备制造业，交通运输、仓储及邮政业，电力蒸汽热水生产供应业，交通运输设备制造业，电气、机械及器材制造业，化学工业，仪器仪表文化办公用机械制造业。

28 个行业能源强度变动、技术进步变动、最终需求变动对电力消耗变动的影响程度比较见图 4-4。

表 4-6　电力消耗变动的行业贡献分解结果　　　　单位：亿千瓦小时

行业	能源强度变动	技术进步变动	最终需求变动
农、林、牧、渔业	−107.92	56.69	50.294
煤炭开采和洗选业	−26.894	−2.883	95.844
石油和天然气开采业	−20.065	1.3133	−6.182
金属矿采选业	−1.0593	−0.355	3.9864
非金属矿采选业	0.2864	0.6006	10.799
食品制造及烟草加工业	−34.393	21.857	−37.57
纺织业	2.5801	63.074	136.38
服装皮革羽绒及其制品业	−11.878	76.155	35.196
木材加工及家具制造业	−37.73	4.0175	46.359
造纸印刷及文教用品制造业	−22.752	−3.342	77.073
石油加工、炼焦及核燃料加工业	−25.266	4.6974	13.701
化学工业	−159.87	29.453	248.42
非金属矿物制品业	60.314	−5.862	−75.83
金属冶炼及压延加工业	−33.687	−4.138	115.91
金属制品业	−51.927	0.6888	126.53
通用、专用设备制造业	−264.62	92.932	630.68
交通运输设备制造业	−177.43	1.17	305.72

行业	能源强度变动	技术进步变动	最终需求变动
电气、机械及器材制造业	−104.9	−28.83	253.06
电子及通信设备制造业	−155.57	28.271	890.38
仪器仪表文化办公用机械制造业	−34.412	14.343	217.18
其他制造业	22.936	8.5437	35.685
电力蒸汽热水生产供应业	−144.86	−14.2	366.05
燃气生产和供应业	−5.616	1.029	23.688
自来水的生产和供应业	−17.351	−2.294	28.549
建筑业	−536.97	1909.6	1333.2
交通运输、仓储及邮政业	−161.4	44.565	451.42
批发和零售贸易餐饮业	−119.53	−7.88	68.64
其他服务业	−370.91	−183.1	1853.9

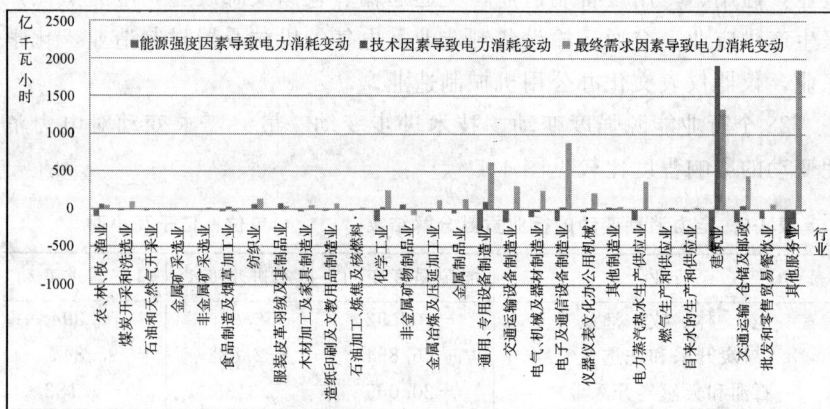

图 4-4 三种因素变动对电力消耗变动影响的行业贡献

4.2.5 相关结论

以上实证研究结果表明：影响中国能源消耗变动的因素可以分解为能源强度、技术进步和最终需求，中国能源强度的提高使直接或间接投入的能源产品比以前减少；而技术进步、最终需求的拉动使直接或间接投入的能源产品比以前增多；技术进步与最终需求的增加对每种能源消耗的正向影响之和均超过能源强度变动对每种能源消耗的负向影响，导致 2002 年各种能源产品的消耗总量比 1997 均有所增加。

总结能源强度对四种能源消耗变动影响的行业贡献发现：建筑业，其他服务业，通用、专用设备制造业，化学工业，电子及通信设备制造业，交通运输、仓储及邮政业，农、林、牧、渔业的所有能源消耗变动都在变动幅度最大的前十大行业之列，都属于非能源行业；与 1997 年相比，在每种能源的消耗变动中，能源强度的变动并没有使 2002 年所有行业能源消耗都减少，但能源消耗减少的行业足以抵消能源消耗增加的行业，使得每种能源的总变动都是减少的；非金属矿采选业，纺织业，非金属矿物制品业和其他制造业电耗强度的变动导致电耗增加，可见，这些行业下一步需要提高电的利用效率；而煤气生产和供应业则需要进一步提高天然气的利用效率。

总结技术进步对四种能源消耗变动影响的行业贡献发现，技术进步同时减少了其他服务业、电力蒸汽热水生产供应业、自来水的生产和供应业的四种能源消耗；因技术进步导致四种能源消耗变动幅度最大的前 10 个行业都包括建筑业，其他服务业，化学工业，交通运输、仓储及邮政业，服装皮革羽绒及其制品业，通用、专用设备制造业，纺织业，农、林、牧、渔业，食品制造及烟草加工业；技术进步促进经济快速增长对各种能源消耗需求的增加最终超过效率提高所节约的各种能源，导致每种能源消耗的所有行业之和都是增加的。

总结最终需求变动所导致四种能源消耗变动的行业分布特点发现：28 个行业中，最终需求变动的方向与四种能源消耗变动的方向完全一致；石油和天然气开采业，非金属矿物制品业，食品制造及烟草加工业的各种能源消耗都是减少的，与其最终需求变动方向一致，其他 25 个行业的最终需求及各种能源消耗都是增加的；每种能源消耗变动最大的前 10 个非能源行业都相同，只是各种能源消耗变动量的大小排序不同。28 个行业最终需求变动如表 4-7 所示。

表 4-7　28 个行业最终需求变动

行业	最终需求的变动(亿元)	行业	最终需求的变动(亿元)
农、林、牧、渔业	611.012	金属制品业	504.734
煤炭开采和洗选业	382.621	通用、专用设备制造业	3418.63
石油和天然气开采业	−29.379	交通运输设备制造业	1611.69
金属矿采选业	15.4683	电气、机械及器材制造业	1260.13
非金属矿采选业	71.4869	电子及通信设备制造业	6254.17
食品制造及烟草加工业	−371.06	仪器仪表文化办公用机械制造业	1363.53
纺织业	860.8	其他制造业	161.772
服装皮革羽绒及其制品业	301.93	电力蒸汽热水生产供应业	743.739

行业	最终需求的变动(亿元)	行业	最终需求的变动(亿元)
木材加工及家具制造业	351.084	燃气生产和供应业	90.1983
造纸印刷及文教用品制造业	469.299	自来水的生产和供应业	62.7736
石油加工、炼焦及核燃料加工业	61.9009	建筑业	11138.7
化学工业	975.535	交通运输、仓储及邮政业	4193.93
非金属矿物制品业	−300.61	批发和零售贸易餐饮业	783.972
金属冶炼及压延加工业	309.897	其他服务业	21431.7

4.3 能源强度变动影响因素的综合指数分解分析

由上述分析可见，能源强度变动是影响能源消耗总量变动的一个重要因素，能源效率的提高可以很好地达到节能降耗的目的。因此，有必要深入剖析影响能源消耗强度变动的经济技术因素，从而将影响能源消耗总量变动的因素进一步细化，以便为制定更加具有针对性的节能降耗政策服务。

4.3.1 能源强度变动的因素分解分析方法应用概述

由于节能降耗在能源战略中的重要作用，国内外诸多专家学者对此进行了多方面的研究。在分析我国能源强度变化的研究中，最常使用的方法包括因素分解法、描述性统计以及回归分析。描述性统计主要是通过对行业产出及能源消耗数据进行分析，总结经济发展与能源消耗的变化趋势，从而得出影响能源强度变化因素的定性结论，该方法虽然直观、易于理解，但分析相对较为简单，而且不能得出定量的结论。一方面，回归分析也是分析能源强度变化的重要工具，该方法通过建立能源强度与其影响因素之间的回归方程，通过数据回归得出相应的结论。回归分析不仅可以得出定量的结论，而且也能将更多的因素纳入到统一的框架中。但另一方面，回归分析往往只能得出各种因素对能源强度量的影响程度，而对能源强度变化影响的说服力较弱，同时还存在数据处理和回归方程选择等方面的问题。相比较而言，因素分解法更为直观和简洁，该方法直接将能源强度变化分解，从而能够对影响能源强度变化的因素进行定量分析，此外该方法数据处理也更为容易。因此，目前无论在国外还是国内，因素分解法成为分析能源强度变化的主要工具。

从国外现有研究看，Kydes，Andy S. (1999)，Han，Xiaoli，Lakshmanan T. R. (1994)研究了单位 GDP 能耗的主要影响因素有技术进步和产业结构调整，其中产业结构和经济发展水平之间有密切的联系，它决定着能源消耗的水平和类型；Jorgenson Dale W，Karen R，Kerr(1999)等从能源消耗系数的变动、经济部门结构的变化等方面分析中国能耗强度下降的原因在于能源使用效率的提高和低能耗经济部门比重的增加；Fisher－Vanden 等(2004)采用我国 2500 多家能源密集型大中型工业 1997－1999 年的面板数据，研究指出技术进步、结构调整和可能的统计误差是中国能源强度下降的主要影响因素；Vicent Alcantara，Rosa Duarte(2004)利用投入产出结构分解分析方法，对引起欧盟各国及各部门能源消耗强度差异的主要因素进行了分析，结果表明：在给定的经济结构下，能源的消耗总量主要受能耗强度影响，其中冶炼和制造业的能耗最高；Andreas，Schafer(2005)利用 1971－1998 年世界上 11 个不同区域的能源数据，分析了产业结构变化对能源强度下降的贡献，说明了经济结构的变化对能源强度的降低有显著的作用。

从国内现有研究看，虞镇国等(1995)指出工业节能可以分解为两个因素：其一是"结构效应"，即工业结构调整对节能的贡献；其二是"单耗效应"，即工业分行业降低单位产出能源消耗对节能的贡献；任锦鸾等(2002)对中国的能源结构进行了预测并计算了技术进步对单位 GDP 能耗的影响；王玉潜(2003)运用投入产出技术与统计因素分析方法，建立能源消耗强度的投入产出模型和因素分析模型，将影响效应分解为结构效应和技术效应，初步解释了 1986－1997 年中国能源消耗强度变动的原因；尹春华(2003)，史旦、张金融(2003)，何建坤(2005)等从宏观产业结构角度分析了产业结构变动对能源消耗和单位 GDP 能耗上升的影响；戴彦德、周伏秋等(2004)将单位 GDP 能耗的影响因素归结为两大类：一是广义的结构因素，包括产业结构、行业结构、产品结构等多层次内容；二是技术因素，是指由于技术进步而导致的单位产品(服务量)综合能耗的下降；何建坤、张希良(2004)认为近几年单位 GDP 能源强度上升的主要原因是由于工业特别是重化工业比重在国民经济产业结构中的迅速增加所致；梁巧梅、Norio Okada(2004)等基于投入产出方法建立了能源需求和能源强度情景分析模型，并运用 1997 年的数据，针对全面实现小康社会目标的各种情景，定量地分析了社会经济发展因素对能源需求和能源强度的影响；齐志新等(2006)应用拉氏因素分解法，分析了 1980 年到 2003 年中国宏观能源强度以及 1993 年到 2003 年工业部门能源强度下降的原因，发现技术进步是我国能源效率提高的决定因素；钟晓青等(2007)建立了 ECM 模型，就广州市能源消耗、经济增长、能源结构的关系进行了实证分析，结果表明广州市能源消耗的短期波动中约有 34% 的原因归于经济增长、能源结构调整以及均衡状态的调整；高振宇、王益(2007)介绍了目前研究中较为合理的一种分解方法——对数平均 D 氏指数法，探讨产业结构变动和产业内效率提高对能源消耗的影响，认为产业内能源效率的提高是中国能源节约的主要原因。

由以上关于能源强度变动影响因素的相关文献可以得知：对能源强度变化的因素分解分析在国内外已经是一个热点领域；技术因素和结构因素是影响我国单位 GDP 能耗变化的主要因素，但同时技术进步、最终需求结构变动及产业结构的变化内部之间也存在着密切关系。

从技术方面来看，不同产业出现的技术进步和技术创新，影响其自身实际的生产过程，使各产业的要素投入配比发生变化，导致各产业产出的变化，进而使整个产业结构发生相应的变化。HaoranPan(2006)利用动态投入产出技术结合情景分析法，以中国电力行业为背景，分析了技术进步对产业结构的影响效应。南雪峰(2005)在分析投入产出表的基础上，分析了 1992 年和 2000 年两个时期技术进步和最终需求因素对总产值和产业部门产值的影响。

从需求方面看，社会需求和需求结构的变动，直接影响到有关产业的要素投入，推动各产业部门出现不同程度的技术进步，促使产业结构发生相应变动。史耀远(1999)利用投入产出技术和结构的分析方法研究了技术进步和最终需求结构变动对中国经济结构变动的影响。张晖明、丁娟(2004)认为在所有的影响因素当中，技术进步和需求结构是推动产业结构调整升级的内生的直接动力，只有通过技术的跨越式发展，不断推动技术进步，才能切实带动产业结构的优化升级。

除技术及结构之外，对我国单位 GDP 能耗变化影响较大的因素还有很多。史丹(2002)认为，改革开放以来，我国能源消耗增长速度减缓甚至于下降的根本原因是能源利用效率的改进。能源利用效率包括能源技术进步效率和能源经济效率。能源技术效率主要是指由生产技术、产品生产工艺和技术设备所决定的能源效率。能源技术效率的改进，往往是与生产工艺和路线的合理化、先进的技术装备和生产技术以及技术创新和技术发明联系在一起的。能源经济效率主要是指经济发展水平、产业结构、价格水平、管理水平、对外开放以及经济体制等经济因素对能源利用效率的影响。

　　总之，近些年来，已有许多学者利用因素分解法对我国能源强度变化进行跟踪研究，分析 GDP 增长、各部门技术进步变动、最终需求总量变动和最终需求结构变动等因素对我国单位 GDP 能耗的影响。同时对技术进步变动、最终需求结构变动对产业结构变动的影响效应作了进一步的分析，解释了技术进步变动、最终需求结构变动在各阶段对降低能耗的直接和间接作用效果。影响我国能源强度变化的各个因素的相关关系图如下：

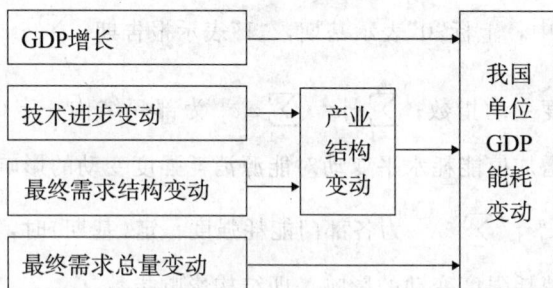

图 4-5　能源强度与各影响因素关系示意图

4.3.2　技术因素和产业结构因素对我国能源强度变动影响的测算

　　为研究各相关因素的变动对单位 GDP 能耗的影响，首先必须考虑单位 GDP 能耗变动的测度方法。由于投入产出表能清楚地反映国民经济系统中各部门之间的生产和使用关系，引起人们考虑基于投入产出表的经济结构变动及技术进步变动的度量方法。而且前人的研究成果也进一步表明，投入产出因素分解方法更具有良好的效果，理论基础较强。国内对能源强度变化因素分解分析方法的应用虽多，但在研究结论上未能达成一致，且在定量分析方面存在产业结构分类不够细和产业间的关联分析不足等问题。因此，下面利用综合指数因素分解分析方法研究技术进步和产业结构变动对中国 1996—2002 年期间能源强度变动的影响。

　　一、能源消耗强度综合指数公式的直接因素分解方法

　　能源消耗强度是国民经济单位 GDP 的能源消耗量，是一个国家或地区能源综合利用效率的相对指标。能源强度可以表达为下列形式：

$$e = \sum_{j=1}^{n} z_j c_j \tag{4-1}$$

　　式 (4-1) 中，e 为能源消耗强度；c_j 为增加值结构系数，表示 j 部门增加值占 GDP 的比重，各部门比重之和等于 1，通常称为产业结构；z_j 为增加值能源消耗系数，表示 j 部门单位增加值的能源消耗量，是能源

消耗强度技术因素对应于产业结构的表现形式。

根据统计学中的因素分析法,能源消耗强度直接因素分解分析的综合指数公式为:

$$\frac{\sum\limits_{j=1}^{n} z_j^1 c_j^1}{\sum\limits_{i=1}^{n} z_j^0 c_j^0} = \frac{\sum\limits_{j=1}^{n} z_j^1 c_j^1}{\sum\limits_{j=1}^{n} z_j^0 c_j^1} \times \frac{\sum\limits_{j=1}^{n} z_j^0 c_j^1}{\sum\limits_{j=1}^{n} z_j^0 c_j^0} \tag{4-2}$$

式(4-2)中,上标"0"表示基期,"1"表示报告期; $\sum\limits_{j=1}^{n} z_j^1 c_j^1 / \sum\limits_{i=1}^{n} z_j^0 c_j^0$ 为能源消耗强度变动指数; $\sum\limits_{j=1}^{n} z_j^1 c_j^1 / \sum\limits_{j=1}^{n} z_j^0 c_j^1$ 为部门结构一定(报告期)时,各部门单位增加值能耗水平变动对能源消耗强度变动的影响,即技术影响指数; $\sum\limits_{j=1}^{n} z_j^0 c_j^1 / \sum\limits_{j=1}^{n} z_j^0 c_j^0$ 为各部门能耗强度一定(基期)时,各部门结构变动对能源消耗强度变动的影响,即结构影响指数。

二、1996—2002 年 28 个部门能源消耗强度变动综合指数因素分解结果

利用式(4-2)的分解方法来研究中国部门能源强度指数的技术影响和结构影响的现有文献并不多见,本文将利用式(4-2)的分解方法研究中国 1996—2002 年部门能源消耗强度总变动及其影响因素的贡献。

采用与前面同样的部门分类方法和分类结果将中国 42 个部门划分为 28 个部门,利用式(4-2),计算得出 1996—2002 年中国 28 个部门能源消耗强度总指数及其影响因素,计算结果如表 4-8 所示。

表 4-8 中, z_j^1 表示 2002 年 j 部门的增加值能源消耗系数, z_j^0 表示 1997 年 j 部门的增加值能源消耗系数, c_j^1 表示 2002 年 j 部门的增加值结构系数, c_j^0 表示 1997 年 j 部门的增加值结构系数。

表 4-8　中国 28 部门能源消耗强度变动综合指数因素分解结果

行业	2002 年增加值结构 c_j^1	1997 年增加值结构 c_j^0	2002 年能源强度系数 z_j^1(吨标准煤/万元)	1997 年能源强度系数 z_j^0(吨标准煤/万元)	$z_j^0 c_j^0$	$z_j^1 c_j^1$	$z_j^0 c_j^1$
农、林、牧、渔业	0.13742	0.1969	0.39171	0.40059	0.07888	0.05383	0.05505
煤炭开采和洗选业	0.01884	0.01528	1.86049	5.06232	0.07735	0.03506	0.09539

续表

行业	2002 年增加值结构 c_j^1	1997 年增加值结构 c_j^0	2002 年能源强度系数 z_j^1（吨标准煤/万元）	1997 年能源强度系数 z_j^0（吨标准煤/万元）	$z_j^0 c_j^0$	$z_j^1 c_j^1$	$z_j^0 c_j^1$
石油和天然气开采业	0.01918	0.01608	1.94648	2.9603	0.04762	0.03733	0.05678
金属矿采选业	0.00517	0.00565	1.32289	1.93097	0.01092	0.00684	0.00998
非金属矿采选业	0.00612	0.01065	0.88444	0.67263	0.00716	0.00541	0.00411
食品制造及烟草加工业	0.03716	0.0511	0.77247	1.00451	0.05133	0.02871	0.03733
纺织业	0.01844	0.03492	1.33755	1.17804	0.04113	0.02466	0.02172
服装皮革羽绒及其制品业	0.01347	0.02537	0.34667	0.23019	0.00584	0.00467	0.0031
木材加工及家具制造业	0.0089	0.00836	0.38258	0.80014	0.00669	0.00341	0.00712
造纸印刷及文教用品制造业	0.01961	0.01857	1.06731	1.58115	0.02937	0.02093	0.031
石油加工、炼焦及核燃料加工业	0.00865	0.00913	8.10304	10.8102	0.09869	0.07006	0.09347
化学工业	0.048	0.05457	3.20907	4.71922	0.25752	0.15405	0.22654
非金属矿物制品业	0.01577	0.03716	5.56635	4.42677	0.16452	0.08779	0.06982
金属冶炼及压延加工业	0.03098	0.02116	6.32128	13.5401	0.28647	0.19584	0.41949
金属制品业	0.01173	0.01553	1.04371	0.89885	0.01396	0.01224	0.01055
通用、专用设备制造业	0.03015	0.03693	0.57752	0.8853	0.0327	0.01742	0.0267
交通运输设备制造业	0.0209	0.0186	0.61507	1.09071	0.02029	0.01285	0.0228
电气、机械及器材制造业	0.0142	0.01659	0.422	0.52059	0.00864	0.00599	0.0074
电子及通信设备制造业	0.0225	0.01658	0.29284	0.39664	0.00658	0.0066	0.00894
仪器仪表文化办公用机械制造业	0.0036	0.00347	0.38984	0.32033	0.00111	0.0014	0.00115
其他制造业	0.005	0.00984	2.22005	1.79875	0.0177	0.01058	0.00857
电力蒸汽热水生产供应业	0.033	0.02255	2.81405	5.96902	0.13459	0.09214	0.19544

续表

行业	2002 年增加值结构 c_j^1	1997 年增加值结构 c_j^0	2002 年能源强度系数 z_j^1（吨标准煤/万元）	1997 年能源强度系数 z_j^0（吨标准煤/万元）	$z_j^0 c_j^0$	$z_j^1 c_j^1$	$z_j^0 c_j^1$
燃气生产和供应业	6E-04	0.00049	7.38654	11.6195	0.00571	0.00453	0.00712
自来水的生产和供应业	0.002	0.00256	1.91822	2.91006	0.00745	0.00449	0.00682
建筑业	0.054	0.06675	0.24417	0.23592	0.01575	0.0133	0.01286
交通运输、仓储及邮政业	0.084	0.04307	1.09571	2.33897	0.10075	0.09161	0.19556
批发和零售贸易餐饮业	0.101	0.08596	0.2845	0.37202	0.03198	0.02862	0.03743
其他服务业	0.23	0.15615	0.22754	0.40225	0.06281	0.05233	0.09252
能源强度合计					1.62348	1.0827	1.76474

由表 4-8 中能源消耗强度变动因素分解结果可以得出：

(1)在 28 个产业部门中，非金属矿采选业，纺织业，服装皮革羽绒及其制品业，非金属矿物制品业，金属制品业，仪器仪表文化办公用机械制造业，其他制造业和建筑业，单位产值能耗呈上升趋势，这些产业全在第二产业中，可见，第二产业今后的降耗任务非常艰巨，应该是我国今后降耗的重点，需要下大力气。其他产业单位产值能耗呈下降趋势。

(2)从 1996－2002 年各部门产值能耗系数的分析结果可以看出，煤炭开采和洗选业，金属冶炼及压延加工业，石油和天然气开采业，石油加工、炼焦及核燃料加工业，电力蒸汽热水生产供应业，燃气生产和供应业都属于高耗能部门。尽管这些支柱产业的产值能耗系数在1996－2002 年的五年中均出现不同程度的下降，但 2002 年石油加工、炼焦及核燃料加工业，煤气的生产和供应业，非金属矿物制品业的产值能耗系数仍居高耗能部门的前列。这些工业部门为国家的发展做出了巨大贡献，但同时也消耗了大量的能源和资源。为实现全国"十一五"降耗目标，必须在这些支柱产业的发展和能耗降低上采取有力的措施。

(3)从 1996－2002 年我国能源消耗强度指数因素分析结果可以看出，单位增加值能源消耗的变动，既取决于生产的技术水平，也取决于产业结构的状况。在 1996－2002 年的五年中，整体上，生产工艺和技术的改进促进单位增加值能源消耗的下降，而产业结构的调整促使单位增加值能源消耗有所上升。

（4）在部门能源强度系数不变的条件下，产业结构变动导致以下部门的能源消耗强度增加：煤炭开采和洗选业，石油和天然气开采业，木材加工及家具制造业，造纸印刷及文教用品制造业，金属冶炼及压延加工业，交通运输设备制造业，电子及通信设备制造业，仪器仪表文化办公用机械制造业，电力蒸汽热水生产供应业，燃气生产和供应业，交通运输、仓储及邮政业，批发和零售贸易餐饮业、其他服务业。这些产业部门既有第二产业部门，也有第三产业部门。而作为低能耗的第三产业，除自来水的生产和供应业外，产业结构变动导致了其他所有服务业能源消耗强度的增加，所以，今后减少第三产业能耗强度的关键是调整产业结构。

（5）在部门结构不变的条件下，非金属矿采选业，纺织业，服装皮革羽绒及其制品业，非金属矿物制品业，金属制品业，仪器仪表文化办公用机械制造业，其他制造业和建筑业的单位增加值能耗出现上升趋势，这些部门全都属于第二产业。以上部门需要加强技术创新与改进生产工艺流程来降低单位产值的能耗，从而进一步降低单位增加值的能耗。

三、技术因素和结构因素对能源消耗强度变动贡献的测算

由表 4-8 中计算结果可进一步计算得出中国 1996－2002 年能源消耗强度总指数及其影响因素指数，计算结果如表 4-9 所示。表 4-9 中数据显示，与 1997 年相比，2002 年中国单位增加值能源消耗强度下降了 33.31％，这种变动可以从部门结构和技术水平两方面进行影响因素分析，因为生产过程中的技术工艺原因，导致单位增加值能源消耗下降了 38.65％；因为产业结构、部门结构的调整，使单位增加值能源消耗增加了 8.7％。

表 4-9　1996－2002 年中国能源消耗强度综合指数及其影响因素

	$\dfrac{\sum\limits_{j=1}^{n} z_j^1 c_j^1}{\sum\limits_{i=1}^{n} z_j^0 c_j^0}$	$\dfrac{\sum\limits_{j=1}^{n} z_j^1 c_j^1}{\sum\limits_{j=1}^{n} z_j^0 c_j^1}$	$\dfrac{\sum\limits_{j=1}^{n} z_j^0 c_j^1}{\sum\limits_{j=1}^{n} z_j^0 c_j^0}$
	总变动指数	技术影响指数	结构影响指数
能源消耗强度指数/%	66.69	61.35	108.70

总之，今后我国节能降耗的工作重点，首先，应该对目前的产业结构进行适当的、科学的调整，建立起一个低能耗的产业结构。其次，放在企业的技术改造上，选用先进的技术和工艺，进一步提高能源利用效率。

4.3.3 产业结构对能耗变动影响的深入分析

1973 年由诺贝尔经济学奖得主列昂惕夫（Wassily W. Leontief）创立的投入产出表，以棋盘式平衡表的形式反映国民经济各部门产品投入与产出间的相互数量联系，具有揭示部门之间完全联系的特点。因为对政府和能源生产部门来说，在制定国民经济发展规划以及能源生产计划时，不能仅考虑经济增长速度和经济总量的变化，更要充分考虑到产业结构变动的影响。一个产业对能源的消耗量不仅表现在直接投入于该产业的能源总量上，还包括其他产业对该产业的产品投入中所包含的能源消耗量，因此需要考虑产业间的完全关联性来分析产业结构调整对单位 GDP 能耗的影响。也就是说，在分析 GDP 增长中，不仅需要分析各个产业创造产出的大小，也要分析该产业对经济增长的带动作用和推动能力，从而在行业发展方面实施不同的能源政策。

1. 影响力系数

影响力系数反映当国民经济某一部门增加一个单位的最终使用时，对国民经济各部门所产生的生产需求波及程度。影响力系数 F_j 的计算公式为：

$$F_j = \frac{\sum_{i=1}^{n} b_{ij}}{1/n \sum_{i=1}^{n} \sum_{j=1}^{n} b_{ij}} (j=1,2,\cdots,n) \tag{4-3}$$

式（4-3）中，$\sum_{i=1}^{n} b_{ij}$ 为完全消耗系数矩阵的第 j 列之和，$1/n \sum_{i=1}^{n} \sum_{j=1}^{n} b_{ij}$ 为完全消耗系数矩阵列和的平均值。

显然，影响力系数是对完全消耗矩阵的列向分析。既然 b_{ij} 表明第 j 部门增加一个单位最终使用对第 i 部门的完全需求量，那么影响力系数分子 $\sum_{i=1}^{n} b_{ij}$ 的经济含义是：第 j 部门生产一单位最终产品对国民经济各部门的完全需求量，即第 j 部门对国民经济整体的拉动力，或影响力，或带动能力。当 $F_j > 1$ 时，表示第 j 部门生产对其他部门所产生的波及影响程度超过社会平均影响力水平（即各部门所产生的波及影响程度的社会平均值）；当 $F_j < 1$ 时，表示第 j 部门生产对其他部门所产生的波及影响程度低于社会平均影响力水平。可见，影响力系数 F_j 越大，第 j 部门对其他部门的拉动作用越大。

2. 感应度系数

感应度系数反映当国民经济各部门均增加一个单位最终使用时，某一部门由此而受到的需求感应程度，也就是需要该部门为其他部门的生产而提供的产出量。感应度系数 E_i 的计算公式为：

$$E_i = \frac{\sum\limits_{j=1}^{n} d_{ij}}{1/n \sum\limits_{i=1}^{n} \sum\limits_{j=1}^{n} d_{ij}} \quad (i = 1, 2, \cdots, n) \tag{4-4}$$

式(4-4)中，$\sum\limits_{j=1}^{n} d_{ij}$ 为完全分配系数矩阵第 i 行之和，$\dfrac{1}{n \sum\limits_{i=1}^{n} \sum\limits_{j=1}^{n} d_{ij}}$ 为完全分配系数矩阵行和的平均值。

当 $E_i > 1$ 时，表示第 i 部门所受到的感应程度高于社会平均感应水平（即各部门感受到的感应程度的平均值）；当 $E_i < 1$ 时，表示第 i 部门所受到的感应程度低于社会平均感应水平。

利用影响力系数和感应度系数可以综合地分析各部门在国民经济中的地位和作用。一般认为，影响力系数较大的若干部门是国民经济发展的"支柱产业"，对整个国民经济发展具有重要的前向牵引作用；而感应度系数较大的若干部门则是国民经济的"基础产业"，对整个国民经济发展具有后向推动作用。

需要说明的是，部门之间的经济联系是多方面的，反映产业部门之间关联度的投入产出系数只是反映部门间产品流量关系的一种"技术经济联系"，而部门之间的财务收支关系、资产负债关系等并不能通过投入产出系数来体现。所以，在我们看来一些重要的部门，可能与其他部门的投入产出系数较小，如在中国 2000 年各产业的影响力系数和感应度系数表中，金融业与其他部门的影响力系数和感应度系数都较小，但这并不是说金融业不重要，事实上，金融业与其他部门的关联性很强，只是这种关联性要通过其他方式来测度。

刘洪涛等人(2007)根据国家统计局 1997 年、2002 年 124 部门价值量I-O表，利用经济普查数据，使用部门拆分合并的方法编制了 1997 年、2002 年、2004 年的 29 个部门能源投入产出表，根据这些表计算出各个部门的影响力系数和感应度系数，如表 4-10 所示。

表 4-10 各部门影响力系数和感应度系数表

编号	1997 年	2002 年	2004 年	1997 年	2002 年	2004 年
	α	α	α	β	β	β
煤炭采选业	0.764	0.799	0.396	1.396	1.206	1.866
石油开采业	0.401	0.647	0.324	1.095	1.231	1.462
天然气开采业	0.746	0.852	0.317	0.046	0.418	0.052
电力	0.833	0.832	1.24	1.152	1.213	1.586
石油加工业	0.893	0.994	0.841	1.005	1.123	1.254
炼焦业	1.078	0.945	1.038	0.093	0.455	0.079
电力、蒸汽热水生产和供应业	0.972	0.957	1.143	0.05	0.415	0.064
煤气生产和供应业	1.063	1.085	0.893	0.046	0.42	0.095
黑色金属冶炼及压延加工业(钢铁)	1.326	1.142	1.1	1.529	1.413	1.367
非金属矿物制品业(建筑材料)	1.09	1.034	0.942	0.941	0.662	0.381
化学原料及化学制品制造业	1.161	1.13	1.095	2.559	1.934	2.440
化学纤维制造业	1.321	1.196	1.254	0.428	0.589	0.285
交通运输、仓储和邮政业	0.7	0.883	0.799	1.386	1.518	1.531
有色金属冶炼及压延加工业	1.409	1.234	1.338	0.811	0.913	0.887
环境资源与公共设施管理业	0.794	0.925	0.961	0.057	0.399	0.418
金属制品业	1.348	1.203	1.37	0.801	0.787	0.440
矿产采选业	0.955	0.916	0.812	0.942	0.815	0.775
水的生产和供应业	0.759	0.845	0.906	0.116	0.445	0.103
建筑业	1.182	1.151	1.242	0.197	0.491	0.087
造纸及纸制品业	1.124	1.092	1.074	0.752	0.838	0.645
机械、设备、仪表、工艺品等制造业	1.226	1.194	1.474	4.568	3.051	4.973
医药、橡胶、塑料制品业	1.174	1.108	1.093	1.073	1.062	0.859
木材加工及家具制造业	1.159	1.103	1.254	0.373	0.652	0.319
农业	0.567	0.752	0.6	1.926	1.326	1.704
食品制造和烟草加工业	0.947	0.968	0.941	0.585	0.688	0.540
纺织业	1.151	1.152	1.277	1.701	0.972	0.698
服装皮革羽绒及其制品制造业	1.139	1.173	1.368	0.301	0.535	0.502
印刷及文教用品业	1.108	1.036	1.156	0.223	0.533	0.527
第三产业(不包括部门有色金属冶炼及压延加工业、金属制品业)	0.78	0.82	0.914	3.607	3.342	4.151

注：α 为影响力系数，β 为感应度系数。

数据来源：刘洪涛等：《能源投入产出分式规划模型的构建与应用》，中国第七届投入产出年会。

从表 4-10 中 1997 年、2002 年、2004 年三年影响力系数和感应度系数的计算结果发现，黑色金属冶炼及压延加工业三年的影响力系数和感应度系数均大于 1，由此可知这个部门在国民经济发展中的重要性较大，对国民经济发展有较大的带动作用和较强的推动能力，对这个部门应采用激励和促进该行业企业加强技术改造、创新来降低单位总产出能耗的政策，在保持国民经济稳定增长的同时实现低能耗增长。而非金属矿物制品业（建筑材料）的影响力系数和感应度系数都小于 1，且呈减小趋势，可知该部门在国民经济中的重要性相对较低，在促进这个行业企业进行技术改造、创新的同时，可以适当压缩对该行业的投资。

有些行业应鼓励发展。第三产业（不包括部门有色金属冶炼及压延加工业、金属制品业）三年的感应度系数都大于 1；金属制品业，纺织业，服装皮革羽绒及其制品制造业三年的影响力系数都大于 1；机械、设备、仪表、工艺品等制造业的感应度系数和影响力都大于 1。数据说明这些部门在国民经济发展中有着较强的带动作用和推动作用，应采用鼓励这些行业发展的宏观政策，以达到较少的能源投入实现更多的 GDP 增长的效果。

通过产业关联效应分析，可以计算出不同部门在国民经济发展中的重要性以及对国民经济协调发展所起作用的大小。这说明在通过产业结构调整实现低能耗增长上，不同的行业应当有不同的调整方式，才能保证经济与能源的协调发展。

4.4　小结

为解决中国能源消耗过程中出现的若干问题，保障能源与经济的可持续发展，能源消耗变动的影响机理是值得研究并需要引起足够重视的问题。因此，本章利用前沿性投入产出结构分解分析方法，深入探讨了中国能源消耗变动的多种影响因素，体现了经济技术因素对中国能源消耗变动的影响程度。

1. 能源消耗变动影响因素分析

利用第 2 章提出的能源消耗变动结构分解分析模型，探讨了中国 1997－2002 年期间中国能源消耗变动的影响因素，实证研究结果表明：影响中国能源消耗变动的因素可以分解为能源强度、技术进步和最终需求，中国能源强度的提高使直接或间接投入的能源产品比以前减少；而技术进步、最终需求的拉动使直接或间接投入的能源产品比以前增多；技术进步与最终需求的增加对每种能源消耗的正向影响之和均超过能源强度变动对每种能源消耗的负向影响，导致 2002 年各种能源产品的消耗总量比 1997 均有所增加。

2. 能源消耗变动影响因素的行业贡献分解

总结能源强度对四种能源消耗变动影响的行业贡献发现：建筑业，其他服务业，通用、专用设备制造业，化学工业，电子及通信设备制造业，交通运输、仓储及邮政业，农、林、牧、渔业的所有能源消耗变动都在变动幅度最大的前十大行业之列，都属于非能源行业；与 1997 年相比，在每种能源的消耗变动中，能源强度的变动并没有使 2002 年所有行业能源消耗都减少，但能源消耗减少的行业足以抵消能源消耗增加的行业，使得每种能源的总变动都是减少的；非金属矿采选业，纺织业，非金属矿物制品业和其他制造业电耗强度的变动导致电耗增加，可见，这些行业下一步需要提高电的利用效率；而燃气生产和供应业则需要进一步提高天然气的利用效率。

总结技术进步对四种能源消耗变动影响的行业贡献发现，技术进步同时减少了其他服务业、电力蒸汽热水生产供应业、自来水的生产和供应业的四种能源消耗；因技术进步导致四种能源消耗变动幅度最大的前十个行业都包括建筑业，其他服务业，化学工业，交通运输、仓储及邮政业，服装皮革羽绒及其制品业，通用、专用设备制造业，纺织业，农、林、牧、渔业，食品制造及烟草加工业；技术进步促进经济快速增长对各种能源消耗需求的增加最终超过效率提高所节约的各种能源，导致每种能源消耗的所有行业之和都是增加的。

总结最终需求变动所导致四种能源消耗变动的行业分布特点发现：28 个行业中，最终需求变动的方向与四种能源消耗变动的方向完全一致；石油和天然气开采业，非金属矿物制品业，食品制造及烟草加工业的各种能源消耗都是减少的，与其最终需求变动方向一致，其他 25 个行业的最终需求及各种能源消耗都是增加的；每种能源消耗变动最大的前十个非能源行业都相同，只是各种能源消耗变动量的大小排序不同。

3. 能源强度变动影响因素的综合指数分解分析。能源强度变动是影响能源消耗总量变动的一个重要因素，因此，本章又利用综合指数因素分解分析方法进一步研究了技术进步和产业结构变动对中国 1997－2002 年期间能源强度变动的影响。结果表明：与 1997 年相比，2002 年中国单位增加值能源消耗强度下降了 33.31%，这种变动可以从部门结构和技术水平两方面进行影响因素分析，因为生产过程中的技术工艺原因，导致单位增加值能源消耗下降了 38.65%；因为产业结构、部门结构的调整，使单位增加值能源消耗增加了 8.7%。

第 5 章
中国能源投入对经济增长的贡献

作为一个拥有 13 亿人口的世界大国，中国在过去 10 年间以每年接近 10％的速度取得了举世瞩目的经济增长，这个巨大的成就极大地改善了广大中国人民的生活质量。今后，中国将持续致力于高经济增长目标。国家信息中心和国家环境规划院联合首次研制了《国家中长期环境经济综合模拟系统》，假定中国的全要素生产率每年增长 3％左右，利用该系统经济发展预测模型计算显示："十一五"期间中国经济增长率为 8.5％左右，"十二五"为 7.9％左右，"十三五"为 7.2％左右。到 2017 年，中国的国内生产总值比 2000 年翻两番，提前 3 年达到国内生产总值翻两番的目标。从 2006 年到 2020 年，中国将实现全面小康的目标。这 15 年也是中国工业化和现代化的重要时期。郑新立在第十二届中法经济研讨会（2006）上也预计，未来 15 年 GDP 的年均增长速度保持在 7.5％，到 2020 年 GDP 总量将由 2005 年的 18 万亿元增加到 54 万亿元，按现行市场汇率计算，折合 6.7 万亿美元；人均 GDP 将由 2005 年的 1700 美元提高到 4800 美元。

中国持续的高经济增长，需要更多的能源支持。然而，能源作为经济增长的动力因素，一方面促进了经济的增长，另一方面随着经济的快速发展，不断增长的能源需求和能源稀缺性又制约着经济的增长。2002 年之前，我国经济增长率大于能源消耗增长率，我国以较少的能源消耗实现了经济的高速增长，但 2003 年之后，能源消耗增长率持续高涨，2003 年和 2004 年连续两年能源消耗增长率与经济增长率的比值——能源消耗弹性系数持续大于 1，2003 年最高达到 1.68，经济增长付出的能源代价越来越大，能源资源的短缺对经济发展的制约作用变得越来越突出。据经常性统计数据可以计算，改革开放 27 年（截至 2005 年）以来能源消耗弹性系数平均为 0.54，今后 15 年能源消耗的弹性系数按 0.5 计算，经济增长按 7.5％计算，则能源消耗年均增长速度为 3.75％，到 2020 年，中国能源消耗总量大约将达到 38 亿吨标准煤①。大量的能源消耗也将导致环境污染与经济发展矛盾的日益突出。要实现未来 15 年的经济发展目标，能源与环境是最大的制约因素。在此，首先研究能源消耗对经济增长的制约。

5.1　能源投入与国民经济发展的关联分析

一、总体上看，能源消耗增长慢于 GDP 增长

1990—2006 年期间，中国经济持续快速发展，GDP 由 18667.8 亿元增加到 210871.0 亿元（按当年价格计算），年平均增长 10.16％，相应地，能源消耗总量也稳步增长，由 98703 万吨标准煤增加到 246270 万吨标准煤，年平均增长达到 5.96％，经济增长与能源消耗增长之比为 1.7∶1，总体上，能源消耗增长慢于 GDP 增长。

从表 5-1 中数据可以看出，1991—2006 年间，中国能源消耗的平均增长速度比 GDP 平均增长速度约低 4.1 个百分点。1992—1996 年期间，GDP 增长迅猛，这四年的 GDP 年均增长率达 13％，高速的经济增长是以年均增长 6.2％的能源消耗为代价的，但 GDP 增长率比能源消耗增长率高出 6.8 个百分点，经济增长与能源消耗增长之比为 2.1∶1，可见，能源的高消耗带来了双倍的经济增长。之后，从 1996—2002 年，经济增长趋于平稳，能源消耗增长速度锐减，2002 年又出现了 6％的较高增长。这一阶段 GDP 的平均增长率为 8.57％，能源消耗的平均增长率为 1.53％，GDP 的增长率比能源消耗的增长率高出 7 个百分点，经济增长与能源消耗增长之比为 5.6∶1，可见，1996—2002 年期间低速增长的能源消耗带来了高速的经济增长，属于典型的低投入高产出阶段。但 2002—2006 年期间，能源消耗与 GDP 增速都明显加快，平均增长速度都达到 10％以上，年均增长 12.73％的能源消耗仅带来 10.2％的经济增长，尤其是 2003 年与 2004 年，能源消耗增长速度还超过了 GDP 的增速。主要原因是这两年投资增长过猛，重工业在工业中的比重明显上升，全社会固定资产投资连续增长 26％以上，钢铁、水泥、

---

① 郑新立：《未来 15 年中国能源供求态势与对策》，第十二届中法经济研讨会。

化工、电力等高耗能产业迅速扩张，高耗能产品产量大幅增长，从而造成能源消耗量增长过快。

表 5-1 1990－2005 年 GDP 和能源消耗环比增长速度、能源消耗弹性系数

单位：%

年份	GDP 增长率	能源消耗增长率	能源消耗弹性系数	年份	GDP 增长率	能源消耗增长率	能源消耗弹性系数
1991	9.1	5.15	0.57	1999	7.8	1.22	0.16
1992	9.2	5.19	0.56	2000	7.6	3.53	0.46
1993	14.2	6.25	0.44	2001	8.4	3.35	0.4
1994	14	5.81	0.42	2002	8.3	6	0.72
1995	13.1	6.88	0.53	2003	9.1	15.28	1.68
1996	10.9	5.92	0.54	2004	10.1	16.14	1.6
1997	10	−0.8	−0.08	2005	10.4	9.89	0.95
1998	9.3	−4.1	—	2006	11.1	9.6	0.86

数据来源：《中国统计年鉴 2007》。

由图 5-1 可以看出，中国能源消耗增长与 GDP 增长的变化趋势基本上是同向的，但并不存在同步增长的关系，也就是说，能源消耗增长率和 GDP 增长率不存在严格的线性"协整"关系。能源消耗是经济持续稳定增长的重要推动力，为经济发展提供了重要的物质保障。但产业结构的变化，尤其是高耗能行业扩张速度的变化导致了能源消耗增长速度的较大变动。今后，随着中国经济总量的不断增长，能源需求总量将在较长时期内保持较高的增长水平。因此，千方百计增加能源供给，提高能源利用效率，是确保中国经济持续稳定发展的一项重要任务。

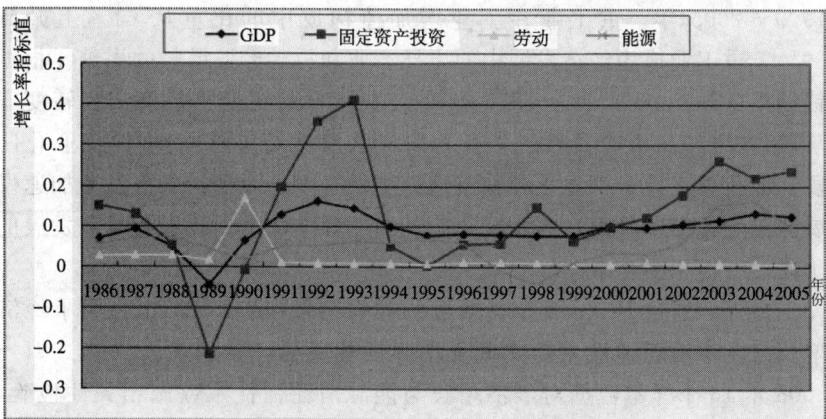

图 5-1 GDP 增长率、能源消耗增长率和能源消耗弹性系数变化趋势图

二、能源消耗弹性系数波动较大，且与经济增长无明显相关性

1. 能源消耗弹性系数总体分析

能源消耗弹性系数是反映能源消耗增长率与 GDP 增长率之间比例关系的重要指标，计算公式为：

能源消耗弹性系数＝能源消耗增长率/GDP 增长率

一般来说，经济活动必然伴随着能源消耗，当经济结构中第一产业占主导时，能源需求的增长速度小于经济增长速度，能源弹性系数小于1，当城市化和工业化进入中期阶段，工业，尤其是高耗能的重工业成为主导产业时，能源弹性系数开始大于1。此后，到城市化和工业化的后期阶段，产业结构由第二产业为主转向以第三产业为主，能源消耗增长速度减缓，弹性系数由大于1转为小于1。因此，经济发展与能源弹性系数之间应该存在比较强的相关性。但是实际计算结果表明，由于受经济技术水平、产业结构、能源消耗结构等多种复杂因素的影响，能源消耗弹性系数波动较大，经济增长与能源消耗弹性系数没有明显的对应关系。

由表 5-1 中数据可以计算得出，1991—2006 年，中国能源消耗弹性系数的平均值为 0.59，时间序列数据没有表现出明显的变化规律（如图5-1 所示）。1991—2002 年，能源消耗弹性系数小于 1，一般在 0.3—0.7 的区间波动，其中，1991—1996 年，中国经济高速增长，但能源消耗增长一直很平稳，能源消耗弹性系数并不高。2003 年以来，中国经济进入新一轮高速增长期，伴随投资的大幅增长，2003 年与 2004 年两个年度能源消耗增长快于 GDP 增长，能源消耗弹性系数大于 1，2005年与 2006 年两个年度能源消耗弹性系数小于 1。

1998 年以来，我国出现重工业加速发展即"重新重工业化"的现象。1999—2005 年，重工业在工业增加值构成中的比重从 61％上升到69％，重工业成为经济发展中的主导产业和拉动经济增长的引擎。根据钱纳里（Chenery H. B.，1975）模型，我国目前正处于经济结构转变三阶段（初级产品生产阶段、工业化阶段和发达经济阶段）中的工业化阶段，即我国正处于工业化和城市化的中期阶段，而且处于重工业加速发展的工业化中期阶段，然而这一阶段的能源弹性系数并未与经济发展的阶段性特征相吻合。

另外，通过 Pearson 相关系数的检验结果（见表 5-2）也证明了经济增长与能源消耗弹性系数之间无明显的相关性。利用表 5-1 中 1991—2006 年 16 个样本数据对经济增长与能源消耗弹性系数做相关性检验，检验结果如表 5-2 所示。由表 5-2 中结果可知，经济增长与能源消耗弹性系数的相关系数为 0.008，两者无相关性。

表 5-2　经济增长与能源消耗弹性系数相关性分析

	经济增长	能源消耗弹性系数
Pearson Correlation	1	0.008
Sig.（2-tailed）		0.976
N	16	16
1	Pearson Correlation	0.008
16	Sig.（2-tailed）	0.976
	N	16

2. 高耗能行业能源消耗弹性系数分析

工业中的重工业部门在迅速发展的同时，也成为主要的高能耗部门。其中采掘业、石油加工，炼焦及核燃料加工业，化学原料及化学制品制造业，非金属矿物制品业，黑色金属冶炼及压延加工业，有色金属冶炼及压延加工业，电力、煤气及水生产和供应业等高耗能行业能源消耗弹性系数的计算结果同样是波动较大，不具有规律性，如表 5-3 所示。

表 5-3　中国高耗能行业能源消耗弹性系数

年份	1994	1995	1996	1997	1998	1999
采掘业	—	4.39	—	1.41	0.35	—
石油加工、炼焦及核燃料加工业	1.84	3.42	—	8.19	—	—
化学原料及化学制品制造业	0.86	—	1.91	—	—	—
非金属矿物制品业	0.55	0.40	0.33	—	0.40	—
黑色金属冶炼及压延加工业	1.86	2.24	—	—	—	0.36
有色金属冶炼及压延加工业	0.65	0.72	0.83	1.10	0.13	0.84
电力、煤气及水生产和供应业	0.03	1.18	1.30	3.11	—	0.46
年份	2000	2001	2002	2003	2004	2005
采掘业	—	—	0.06	1.37	—	0.64
石油加工、炼焦及核燃料加工业	0.30	1.21	—	5.55	1.68	0.13
化学原料及化学制品制造业	0.49	0.23	1.15	2.19	—	2.77
非金属矿物制品业	0.21	—	—	2.58	0.44	0.77
黑色金属冶炼及压延加工业	0.27	0.09	1.13	1.18	1.27	3.33
有色金属冶炼及压延加工业	0.59	0.56	1.85	1.60	—	17.57
电力、煤气及水生产和供应业	0.23	—	2.38	2.22	1.87	1.46

数据来源：彭志龙：《能源消耗与 GDP 增长关系研究》，统计研究，2007 年 7 月。

3. 电力消耗弹性系数分析

由于电力生产部门属于垄断程度比较高的部门，统计数据的可靠性相对来说更好一些。电力消耗弹性系数的计算结果表明：1992－1999年期间中国电力消耗弹性系数小于1，基本上在0.2－0.8的区间波动，波动较大；2000－2006年期间电力消耗弹性系数一直大于1，电力消耗弹性系数也极为不稳定，这种不平稳性如图5-2所示。可以说，1992－2006年期间电力消耗增长率和GDP增长率也没有比较稳定的相关关系，所以，根据电力消耗的增长情况来推断GDP的增长速度也不可靠。各个年度的电力消耗弹性系数如表5-4所示。

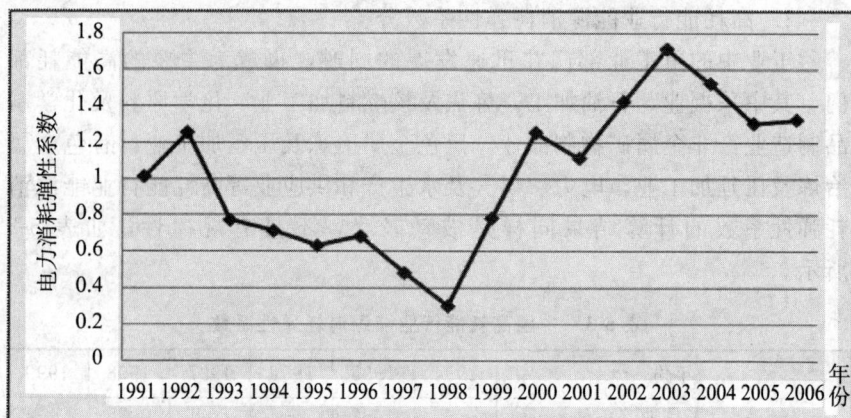

图 5-2 电力消耗弹性系数变动趋势图

表 5-4 1991－2006 年中国电力消耗弹性系数

年份	电力消耗比上年增速/%	GDP 增长比上年速度/%	电力消耗弹性系数
1991	9.2	9.1	1.01
1992	11.5	9.2	1.25
1993	11.0	14.2	0.77
1994	9.9	14	0.71
1995	8.2	13.1	0.63
1996	7.4	10.9	0.68
1997	4.8	10	0.48
1998	2.8	9.3	0.3
1999	6.1	7.8	0.78
2000	9.5	7.6	1.25
2001	9.3	8.4	1.11
2002	11.8	8.3	1.42

续表

年份	电力消耗比上年 增速/%	GDP 增长比上年 速度/%	电力消耗弹性系数
2003	15.6	9.1	1.71
2004	15.4	10.1	1.52
2005	13.5	10.4	1.3
2006	14.6	11.1	1.32

数据来源：《中国统计年鉴 2007》或计算得出。

另外，从国际上看，不论是美国、日本等发达国家长期的发展历程，还是发展中国家近年来的数据，都显示能源消耗弹性系数没有表现出明显的规律性，有些年份能源消耗增长和 GDP 增长还呈现反向变化的情况[①]。

以上研究结果均表明能源消耗弹性系数没有明显的波动规律，经济增长与能源消耗弹性系数没有明显的相关关系。事实上，由发达国家和发展中国家能源消耗弹性系数的阶段性比较发现[②]，影响能源消耗弹性系数的因素是多方面的，经济发展阶段，经济结构的变化，能源有效利用程度的变化和经济政策的变化等因素的共同作用导致了能源消耗弹性系数的规律性、差异性和波动性。

三、中国单位 GDP 能耗整体呈下降趋势，近期又开始上升

能源消耗和经济增长的关系可以通过两个指标加以反映：能源消耗弹性系数反映的是经济增长与能源消耗增长之间的关系；能源消耗强度反映的是能源消耗总量和经济总量之间的关系。下面利用时间序列数据分析中国能源消耗强度的变化特点，体现我国能源消耗总量和经济总量之间的关系。

1993—2000 年，中国万元 GDP（按 1990 年价格计算）能耗呈逐年下降趋势，单位 GDP 能耗由 1993 年的 4.42 吨标准煤降至 2000 年的 2.77 吨标准煤，累计下降 37％。2000—2005 年，中国万元 GDP（按 2000 年价格计算）能耗总体上呈先下降后上升的趋势，其中 2002—2005 年连续三年出现反弹；到 2006 年这一趋势有所改变，万元 GDP（按 2005 年可比价计）能耗由 2005 年的 1.22 吨标准煤下降至 1.21 吨标准煤。各个年度万元 GDP 的能耗状况如表 5-5 所示。

---

① 彭志龙：《能源消耗与 GDP 增长关系研究》，统计研究，2007 年 7 月。
② 赵媛著：《可持续能源发展战略》，北京：社会科学文献出版社，2001 年 4 月。

表 5-5　中国 1993—2006 年单位 GDP 能耗　　　单位：吨标准煤/万元 GDP

年份	单位 GDP 能耗
国内生产总值按 1990 年可比价计算	
1993	4.42
1994	4.18
1995	4.01
1996	3.88
1997	3.53
1998	3.15
1999	2.90
2000	2.77
国内生产总值按 2000 年可比价计算	
2000	1.40
2001	1.33
2002	1.30
2003	1.36
2004	1.43
2005	1.43
国内生产总值按 2005 年可比价计算	
2005	1.22
2006	1.21

数据来源：《中国能源统计年鉴 2007》，中国统计出版社，2007。

表 5-6　按 2005 年可比价计算的单位 GDP 能耗　　　单位：吨标准煤/万元 GDP

年份	单位 GDP 能耗	年份	单位 GDP 能耗
1993	1.91	2000	1.19
1994	1.80	2001	1.13
1995	1.73	2002	1.11
1996	1.67	2003	1.16
1997	1.52	2004	1.22
1998	1.36	2005	1.22
1999	1.25	2006	1.21

数据来源：《中国能源统计年鉴 2007》，中国统计出版社，2007。

若按 2005 年可比价来计算，1993—2002 年期间，单位 GDP 能耗从 1.91 万吨标准煤下降到 1.11 万吨标准煤，一直处于下降趋势，2002—2006 开始反弹，但反弹幅度平稳，且反弹幅度较小。表 5-6 中数据表明："十五"期间能源效率明显高于"九五"期间的能源效率，但近几年能源效率又有所下降，我国还需继续加大节能降耗的力度。

四、能源部门与国民经济其他部门的前向联系与后向联系

(一)产业关联测度系数的计算及其改进

在投入产出分析中,一般通过计算影响力系数、感应度系数和推动诱导系数来反映某一部门对整个国民经济的拉动和推动作用,是测度产业之间关联性的重要系数。前面已经定义了影响力系数、感应度系数的计算方法。下面将定义体现产业之间关联的另一系数——推动诱导系数,并进一步来改进影响力系数、感应度系数,利用改进的影响力系数、感应度系数和推动诱导系数来分析能源部门与国民经济其他部门之间的关联。

1. 影响力系数的改进

影响力系数反映当国民经济某一部门增加一个单位的最终使用时,对国民经济各部门所产生的生产需求波及程度。影响力系数 F_j 的计算公式为:

$$F_j = \frac{\sum_{i=1}^{n} b_{ij}}{\frac{1}{n}\sum_{i=1}^{n}\sum_{i=1}^{n} b_{ij}} (j = 1, 2, \cdots, n) \tag{5-1}$$

现在我们考察影响力系数计算公式的分母,即 $1/n\sum_{j=1}^{n}\sum_{i=1}^{n} b_{ij}$ 。既然 $\sum_{i=1}^{n} b_{ij}$ 为 j 部门生产一单位最终产品对国民经济的影响力,对所有部门求和可解释为各个部门都生产一单位最终产品对国民经济的拉动力,即 n 个单位最终产品的综合拉动力,再平均的结果 $1/n\sum_{j=1}^{n}\sum_{i=1}^{n} b_{ij}$ 可解释为一单位最终产品对国民经济的平均影响力。从计算方法上看,这种求和平均属于算术平均法,即各部门最终产品等权平均法,n 个最终产品是等权的。这种影响力的等权分析法没有考虑当年最终产品结构的影响。为此,借鉴刘起运教授的思想,提出对分母采用加权平均的计算方法,即采用最终产品实物构成系数作为权数。权数计算式为:

$$\alpha_j = \frac{y_j}{\sum_j y_j} (j = 1, 2, \cdots, n) \tag{5-2}$$

式(5-2)中,y_j 为第 j 部门最终产品量,$\sum_j y_j$ 为国民经济最终产品总量,α_j 为第 j 部门最终产品占国民经济最终产品总量的比例,即最终产品实物构成系数。很明显,$\sum_{j=1}^{n} \alpha_j = 1$。

令 $B_j = \sum_{i=1}^{n} b_{ij}$ ，则可将影响力系数的分母改为 $\sum_{j=1}^{n} B_j \cdot \alpha_j$ ，此时，影响力系数的计算公式为：

$$\varepsilon_j = \frac{B_j}{\sum_{j=1}^{n} \alpha_j B_j} (j = 1, 2, \cdots, n) \tag{5-3}$$

经修改后的影响力系数的分子仍然是第 j 部门生产一单位最终产品对国民经济各部门的完全影响力，分母还可以视为国民经济一个单位最终产品对其整体的影响力，但这种计算方法是以不同部门的最终产品量占国民经济最终产品总量的比例作为权重的平均，考虑了当年最终产品的结构，而不是原计算方法中各部门影响力的简单平均。用这种计算方法所得的影响力系数受那些实物构成系数较大或较小部门的影响大一些，与原计算方法所得计算结果不同。经修改后的影响力系数的计算方法更合理一些，具有实际的经济内涵，更真实地反映了国民经济当年一个单位最终产品的平均影响力。

在此，需要说明的是，分析影响力系数计算过程的经济价值不仅在于反映国民经济当年一个单位最终产品对国民经济整体的平均影响力，还可以将不同经济部门按影响力大小进行排序，以此比较各部门生产一个单位最终产品对国民经济的拉动力。而利用改进后的方法所得的比较结果更真实些，因为用改进的方法所计算结果的部门排序，不仅由部门影响力大小所决定，而且还取决于该年度最终产品的构成。

2. 感应度系数的改进

感应度系数反映了当国民经济各部门均增加一个单位最终使用时，某一部门由此而受到的需求感应程度，也就是需要该部门为其他部门的生产而提供的产出量（确切的说是中间投入量），也可以认为是这一部门作为初始投入要素的提供者对国民经济的推动能力。感应度系数的计算方法比较多，不同学者从不同角度定义了该系数的计算方法。前面介绍的感应度系数的计算公式为：

$$E_i = \frac{\sum_{j=1}^{n} d_{ij}}{1/n \sum_{i=1}^{n} \sum_{j=1}^{n} d_{ij}} (i = 1, 2, \cdots, n) \tag{5-4}$$

式（5-4）中，$\sum_{j=1}^{n} d_{ij}$ 为完全分配系数矩阵的第 i 行之和，$1/n \sum_{i=1}^{n} \sum_{j=1}^{n} d_{ij}$ 为完全分配系数矩阵行和的平均值。

但是，对于这样计算的感应度系数在理论界一直存在质疑。因为完全消耗系数同直接消耗系数一样是建立在列向计算的原则之上的，然而，上面感应度系数的计算却对完全分配系数进行了行向相加，违背了列向计算原则，经济意义模糊。为此，刘起运教授在"关于投入产出系数结构分析方法的研究"一文中提出在需要行向相加时采用加权平均，以取代现有的算术平均的做法，并且把引入权数这一解决思路扩展到以分配系数为基础的系数计算上。

通过对影响力系数计算方法的改进，我们联想到用类似的方式来改进感应度系数。将感应度系数计算公式(5-4)中的元素等权相加改为加权相加，权数为 δ_j，

$$\delta_j = \frac{N_j}{\sum\limits_{j=1}^{n} N_j} = \frac{N_j}{N}(j = 1, 2, \cdots, n) \tag{5-5}$$

式(5-5)中，N_j 为第 j 部门产品的初始投入量，N 为国民经济初始投入总量，δ_j 为第 j 部门初始投入总量占国民经济初始投入总量的比例，即初始投入的部门构成系数，显然，$\sum\limits_{j=1}^{n} \delta_j = 1$。

方法改进后各部门产品感应度系数的计算公式为：

$$\lambda_i = \frac{\sum\limits_{j=1}^{n} d_{ij}}{\sum\limits_{i=1}^{n} \left(\delta_j \sum\limits_{j=1}^{n} d_{ij}\right)}(i = 1, 2, \cdots, n) \tag{5-6}$$

经修改后的感应度系数的分子可视为第 i 部门一个单位初始投入对国民经济的整体推动力，分母视为一个综合单位的初始投入对其国民经济整体的平均推动力，λ_i 可表示 i 部门初始投入相对于综合平均推动力的大小。所以感应度系数又被称为推动力系数。

用该方法计算出的各部门产品感应度系数考虑了部门投入结构的影响，较为真实，可按大小进行排序，反映不同部门初始投入要素对国民经济推动力的大小。

3. 推动诱导系数

$$\theta_j = \frac{\sum\limits_{i=1}^{n} d_{ij}\delta_i}{1/n \sum\limits_{j=1}^{n} \sum\limits_{i=1}^{n} d_{ij} \cdot \delta_i}(i = 1, 2, \cdots, n) \tag{5-7}$$

式(5-7)中仍以 δ_i 为权数。公式中分子的经济含义是，国民经济增加一个综合初始投入对第 j 部门的完全供给量，也就是对第 j 部门的推动

力。公式中分母的经济含义是，国民经济增加一个综合初始投入对国民经济的平均完全供给量，也就是对国民经济的平均推动力。这样计算的推动诱导系数表示国民经济 j 部门受到一个综合初始投入推动力与平均推动力相比的程度。如果对所有部门的 θ_j 求和，称为"综合推动诱导"，表示为一个综合初始投入对国民经济的推动力。显然，按上面改进的系数计算，结果会与原计算方法的结果不同，那些最终产品实际构成比重较大或较小的部门将受到较大的影响，而构成比例居中的部门受到的影响则较小。

（二）能源产业部门对整个国民经济的带动与推动作用

按照以上改进的系数分析方法进行计算，可以分析不同能源产业与整个国民经济的关联。表 5-7 给出了不同能源产业的影响力系数、感应度系数、推动诱导系数。

表 5-7　2002 年不同能源产业的结构系数

行业 ＼ 结构系数	影响力系数	感应度系数	推动诱导系数
煤炭开采和洗选业	0.7957	1.4796	1.5612
石油和天然气开采业	0.6607	2.4153	1.2702
石油及核燃料加工业	1.0056	1.6373	2.1297
炼焦业	0.9397	1.7132	0.2386
电力蒸汽热水生产供应业	0.8323	1.4971	3.0796
燃气生产和供应业	1.0875	0.9384	0.1416

数据来源：中国投入产出协会课题组：《我国能源部门产业关联分析，2002 年投入产出表系列分析报告之六》，2007 年 5 月。

通过比较影响力系数，可以分析不同的能源产业作为最终产品部门对国民经济各部门发展的影响或带动作用。从表 5-7 中可以看出，一次能源产业[1]中的煤炭开采和洗选业、石油和天然气开采业的影响力系数相对偏低，对国民经济总产出的带动作用不大。由它们转换而来的二次能源产业作为最终产品对国民经济总产出的带动相对较大，其中，燃气生产和供应业、石油及核燃料加工业的影响力系数均大于 1，随着经济的不断发展，它们在国民经济中的地位越来越重要，在人民生活、生产活动中扮演着重要角色，而电力蒸汽热水生产供应业的影响力系数相对

---

[1]　2002 年全国投入产出表中的煤炭开采和洗选业、石油和天然气开采业归成一次能源行业，而石油及核燃料加工业，炼焦业，电力蒸汽热水生产供应业，燃气生产和供应业则归成二次能源行业。

较小。与其他非能源部门相比，能源产业的影响力系数总体偏低，这与能源产业是基础产业的地位是相适应的。

　　通过比较感应度系数，可以分析不同能源产业作为初始投入要素对国民经济的推动能力。从表 5-7 中可以看出，不同能源产业的推动诱导系数均很大，即使是最小的燃气生产和供应业的推动诱导系数也接近于1。感应度系数的数值越大，表示该产业对国民经济其他产业的推动能力越强，表明能源部门是国民经济的重要基础产业部门。在所有能源部门中，石油和天然气开采业的推动诱导系数最大，为 2.4153，且在整个国民经济各产业的推动诱导系数排序中，也排前列[①]。

　　由图 5-3 中 6 个能源部门在感应度系数和影响力系数构成的二维坐标系中的位置，还可以对比这些能源部门对国民经济发展的影响力和制约性。煤炭开采和洗选业，石油和天然气开采业，炼焦业，电力蒸汽热水生产供应业的感应度系数大于 1，影响力系数小于 1，属于弱辐射强制约部门；燃气生产和供应业的感应度系数小于 1，影响力系数大于 1，属于强辐射弱制约部门；石油及核燃料加工业的感应度系数和影响力系数均大于 1，属于强辐射强制约部门。

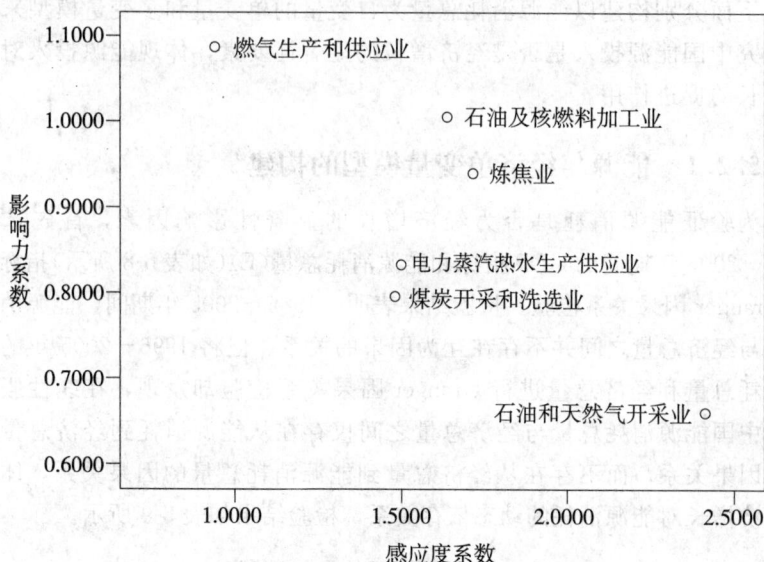

图 5-3　感应度系数与影响力系数构成的二维坐标图

---

　　① 详见：中国投入产出学会课题组，《我国目前产业关联度分析——2002 年投入产出表系列分析报告之一》，2006 年 11 月。

通过比较推动诱发系数，可以分析能源产业受到国民经济一个综合初始投入推动的程度。从表 5-7 中数据可以看出，二次能源产业中的电力、热力的生产和供应业，石油及核燃料加工业的推动诱导系数最大，高于社会平均水平，表明国民经济增加一个综合初始投入时，对电力、热力的生产和供应业，对石油及核燃料加工业的推动作用较大。

5.2　能源投入与经济总量模型的构建与应用

从经济学的角度分析，能源与经济增长的关系，一方面能源是经济增长必要的生产要素，经济增长依赖于能源的可持续供给。近代经济史上发生了三次能源结构变革(三次能源结构变革分别发生在 1980 年、1988 年、1998 年)，每一次变革都给经济发展带来质的改变，因此，能源是经济增长的重要推动力量，并规定着经济增长的规模和速度；另一方面经济增长也为能源的发展提供了经济基础，能源的可持续发展是以经济增长为前提的。长期稳定的能源供需之所以受到各国的普遍关注，从根本上说，是因为经济增长的实现程度取决于能源供给对其满足的程度。下面分别构建以能源消耗总量为自变量的单变量和多变量模型来实证研究中国能源投入是否是经济增长的显著性要素，体现能源投入对经济增长的促进作用。

5.2.1　能源与经济单变量模型的构建

为验证能源消耗是否为经济增长的显著性影响因素，首先选取 1985－2005 年期间的 GDP 指标和能源消耗总量(E)(如表 5-8 所示)指标进行 Granger 因果关系检验。检验结果表明：1985－2005 年期间，能源消耗总量与经济总量之间并不存在互为因果的关系。但将 1996－2005 年的能源消耗总量和经济总量进行 Granger 因果关系检验却发现，在线性假设下，中国能源消耗总量与经济总量之间仅存在从能源消耗到经济总量的单向因果关系，而不存在从经济总量到能源消耗总量的因果关系，体现了经济增长对能源消耗的动态依存关系，检验结果如表 5-9 所示。

表 5-8　CPI 调整后的各个指标值

年份	GDP(亿元)	全社会固定资产投资 K(亿元)	劳动 L(万人)	能源消耗 E(万吨标准煤)
1985	9016.037	2543.2	49873	76682
1986	9648.056	2930.14	51282	80853.5

续表

年份	GDP(亿元)	全社会固定资产投资 K(亿元)	劳动 L(万人)	能源消耗 E(万吨标准煤)
1987	10549.97	3317.32	52783	86632
1988	11077.19	3500.59	54334	92997
1989	10606.94	2753.06	55329	96934
1990	11300.13	2734.26	64749	98703
1991	12752.63	3275.47	65491	103783
1992	14817.54	4446.95	66152	109170
1993	16954.86	6272.70	66808	115993
1994	18638	6590.14	67455	122737
1995	20077.19	6611.39	68065	131176
1996	21705.63	6987.578	68950	138948
1997	23429.2	7399.36	69820	137798
1998	25239.82	8494.65	70637	132214
1999	27201.9	9055.88	71394	133830.97
2000	29970.11	9943.57	72085	138552.58
2001	32896.55	11164.05	73025	143199.21
2002	36391.27	13155.33	73740	151797.25
2003	40588.93	16605.38	74432	174990.3
2004	45985.19	20271.15	75200	203226.68
2005	51729.35	25082.37	75825	223319

数据来源:《中国统计年鉴 2006》。

表 5-9　Granger 因果关系检验

Null Hypothesis	Obs	F—Statistic	Probability
E does not Granger Cause Y	9	28.9863	0.00417
Y does not Granger Cause E	9	3.68581	0.12373

根据表 5-9 的检验结果重新设定回归方程为:

$$GDP=a+bE \tag{5-8}$$

利用 1996—2005 年的样本数据进行回归分析,得回归方程:

$$GDP=0.082541+0.264662E \tag{5-9}$$

对于方程显著性的检验结果如表 5-10 所示。检验结果表明在 1% 的显著性水平下,回归方程及回归系数全都显著。DW—值=2.28,残差序列不存在序列相关性。

表 5-10　能源投入总量对 GDP 总量回归结果及检验指标

	回归系数	标准差	T-统计量	P-水平
常数项	0.082541	0.003377	24.43971	0.0000
E	0.264662	0.041677	6.350280	0.0004
R^2	0.852090			
调整的 R^2	0.830960			
F-统计量	40.32606	P-水平	0.000385	
DW-统计量	2.28			

　　以上实证分析结果表明，能源消耗对经济增长的影响具有阶段性特点。1996—2005 年期间，能源消耗与经济增长之间不仅存在线性因果关系，而且能源消耗是促进经济增长的显著影响因素，另外，由回归方程(5-9)可得，能源消耗每增长 1 个百分点，GDP 上升 0.26 个百分点，所以说，1996—2005 年期间，能源消耗推动了经济的增长，同时也是经济增长的制约因素。

5.2.2　拓展的能源与经济多变量模型的构建

一、模型设定

　　能源消耗的水平一般包括两个部分：一部分是由生产技术水平所决定的，它与经济增长的关系在短期内不会发生较大变化；另一部分是由管理水平、市场环境、产业结构等因素所决定，这种由体制性因素决定的能源消耗水平可变性较大，是引起能源消耗增长与经济增长关系不稳定的主要原因。从中国的实际出发，本书假定生产技术水平在短期内不会发生较大变化，而且，经济增长、能源消耗、资本和劳动力的关系均满足 C−D 生产函数。在此，将 C−D 生产函数进行扩展，建立以 GDP 作为产出量，即被解释变量，以下变量作为解释变量的计量经济模型，即以全社会固定资产投资为资本投入量，以就业人数为劳动投入量，以能源消耗总量为能源投入量。

　　以 GDP 为产出量，即被解释变量，以全社会固定资产投资、就业人数、能源消耗总量为自变量的拓展的 C−D 生产函数假定为：

$$GDP_t = AK_t^{\alpha}L_t^{\beta}E_t^{\gamma}e_t \tag{5-10}$$

方程(5-10)中，K 为全社会固定资产投资，L 为就业人数，E 为能源消耗总量，e 为随机误差项。A、α、β、γ 为未知参数，根据 C−D 函数的假定，一般情形是 $0 < \alpha$、β、$\gamma < 1$，但当 α、β、γ 为负数时，说明这种投入量的增长，反而会引起 GDP 的下降，当 α、β、γ 大于 1 时，说明这种投

入量的增加会引起 GDP 成倍增加，这些经济现象在现实中都是存在的。

将 GDP、全社会固定资产投资进行价格调整，得到如表 5-8 所示的指标值。

由于 C－D 函数是非线性的，通过对数变换使之线性化。对方程 (5-10)两边取对数，则有：

$$\ln GDP_t = \ln A + \alpha \ln K_t + \beta \ln L_t + \gamma \ln E_t + \varepsilon_t \tag{5-11}$$

二、1985－2005 年期间能源与经济多变量模型的构建

以 $\ln GDP$ 为因变量，$\ln K$、$\ln L$、$\ln E$ 为自变量，利用 Eviews5.0 对样本数据进行回归分析发现，残差序列存在严重的相关性。所以将 $\ln GDP$、$\ln K$、$\ln L$、$\ln E$ 做差分，以消除残差序列的相关性。差分后的各个年度数据如表 5-11 所示。

表 5-11　原始数据取对数并差分后的结果

年份	$\triangle \ln GDP_t$	$\triangle \ln K_t$	$\triangle \ln L_t$	$\triangle \ln E_t$
1986	0.0678	0.1416	0.0279	0.05297
1987	0.0894	0.1241	0.0288	0.06903
1988	0.0488	0.0538	0.029	0.0709
1989	－0.043	－0.24	0.0181	0.04146
1990	0.0633	－0.007	0.1572	0.01809
1991	0.1209	0.1806	0.0114	0.05019
1992	0.1501	0.3058	0.01	0.0506
1993	0.1347	0.344	0.0099	0.06062
1994	0.0946	0.0494	0.0096	0.05651
1995	0.0744	0.0032	0.009	0.0665
1996	0.078	0.0553	0.0129	0.05756
1997	0.0764	0.0573	0.0125	－0.0083
1998	0.0744	0.138	0.0116	－0.0414
1999	0.0749	0.064	0.0107	0.01216
2000	0.0969	0.0935	0.0096	0.03467
2001	0.0932	0.1158	0.013	0.03299
2002	0.101	0.1641	0.0097	0.05831
2003	0.1092	0.2329	0.0093	0.14218
2004	0.1248	0.1995	0.0103	0.14959
2005	0.1177	0.213	0.0083	0.09428

由图 5-4 可见，1985－2005 年期间，取对数后的 GDP 增长量、固定资本投资增长量、劳动投入增长量和能源投入增长量之间并不存在"同步协整"的关系，而且从这四个变量的趋势关系图上发现，因变量和

三个自变量之间的协整关系并不明显，因此，也就无法从趋势图上来判断能源消耗是否是推动经济增长的显著性因素。下面构建模型来证明能源消耗对经济增长的推动作用。

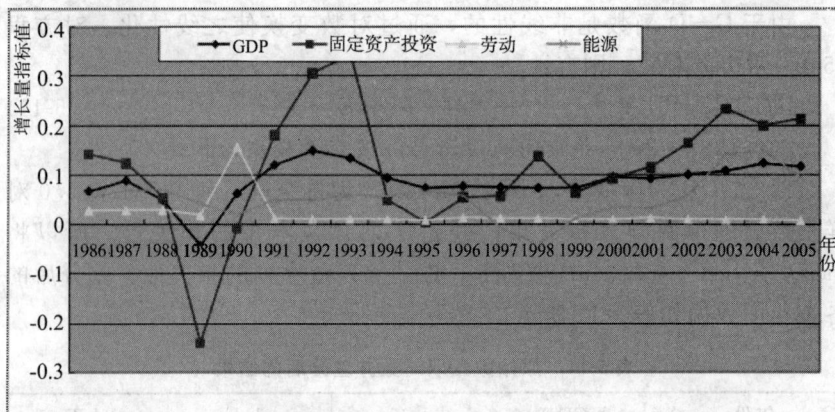

图 5-4 取对数后的 GDP 增长量与投入要素增长量变动趋势图

利用表 5-11 中的样本数据重新进行回归，得回归方程如下：

$$\Delta\ln GDP_t = 0.051478 + 0.293537\Delta\ln K_t + 0.036744\Delta\ln L_t + 0.028278\Delta\ln E_t \tag{5-12}$$

对回归结果进行检验，检验指标如表 5-12 所示。表 5-12 中数据显示，DW－值＝1.6，残差序列相关性得以显著的改善，在 1% 的显著性水平下整个回归方程显著。在所有回归系数中，只有 $\Delta\ln K_t$ 的回归系数显著，这说明在 1985－2005 年期间，与全社会固定资产投资相比，能源消耗对 GDP 增长的影响并不显著；但能源投入的回归系数为正，这说明能源投入总量的增长的确是经济总量增长的推动因素，只是这种推动作用还不是很显著。

表 5-12 取对数并差分后的投入要素总量对 GDP 总量回归结果及检验指标值

	回归系数	标准差	T-统计量	P-水平
常数项	0.051478	0.007799	6.600838	0.0000
$\Delta\ln K_t$	0.293537	0.034421	8.527892	0.0000
$\Delta\ln L_t$	0.036744	0.127170	0.288933	0.7763
$\Delta\ln E_t$	0.028278	0.096735	0.292328	0.7738
R^2	0.843169			
调整的 R^2	0.813764			
F-统计量	28.67363	P-水平	0.000001	
DW-统计量	1.6			

5.3　能源投入与经济增量模型的构建与应用

计量模型的选择，首先应有一定的统计意义，能够保证统计学所需的模拟精度；其次应有实践意义，模型能够对指标间的相互关系给以合理的解释。虽然模型(5-10)设定的是能源与经济总量指标之间的非线性关联模型，反映了能源投入总量和 GDP 总量之间的关系，但从统计意义上来说，经验模型(5-12)反映的是经济发展速度与各投入要素发展速度之间的非线性关系，很难解释曲线遵循的轨迹。鉴于以上原因，本书剔除度量单位和价格的影响重新构建能源和经济的增量模型，来进一步论证能源投入增长是否是 GDP 增长的显著性因素，并选取不同的时间段构建增量模型来论证能源投入对经济增长贡献的阶段性特征。

一、1985－2005 年期间能源投入产出增量模型的构建

对式(5-11)求时间 t 的导数，得：

$$\frac{dGDP}{dt}\frac{1}{GDP} = \alpha\frac{dK}{dt}\frac{1}{K} + \beta\frac{dL}{dt}\frac{1}{L} + \gamma\frac{dE}{dt}\frac{1}{E} \tag{5-13}$$

令 $\frac{dGDP}{dt}\frac{1}{GDP} = \bar{Y}_t$，$\frac{dK}{dt}\frac{1}{K} = \bar{K}_t$，$\frac{dL}{dt}\frac{1}{L} = \bar{L}_t$，$\frac{dE}{dt}\frac{1}{E} = \bar{E}_t$

增加满足标准假设的误差项，则式(5-13)变为：

$$\bar{Y}_t = \alpha\bar{K}_t + \beta\bar{L}_t + \gamma\bar{E}_t + \mu_t \tag{5-14}$$

式(5-14)中，$\bar{Y}_t$、$\bar{K}_t$、$\bar{L}_t$、$\bar{E}_t$ 分别表示经济、资本、劳动及能源增长率；α、β、γ 分别为资本、劳动投入和能源消耗对 GDP 的弹性。α 表示(假定在其他条件不变的情况下，以下类似分析时，同样在此假定条件下)资本投入增长 1 个百分点，GDP 增长 α%，β、γ 分别表示劳动投入和能源消耗投入增长 1 个百分点，经济分别增长 β% 和 γ%。

利用 EViews5.0 软件，把 1985－2005 年期间的 GDP 增长率、全社会固定资产投资增长率、劳动投入增长率以及能源投入增长率作为样本数据(见表 5-13)，用 OLS 方法对式(5-14)进行回归分析，其结果如表 5-14 所示。

表 5-13　GDP、全社会固定资产投资、劳动投入以及能源投入增长率的样本数据表

年份	GDP 增长率	全社会固定资产投资增长率	劳动投入增长率	能源投入增长率
1986	7.0099	15.21	2.8252	5.44
1987	9.3481	13.21	2.927	7.1469

续表

年份	GDP 增长率	全社会固定资本投资增长率	劳动投入增长率	能源投入增长率
1988	4.9974	5.52	2.9384	7.3472
1989	−4.245	−21.4	1.8313	4.2335
1990	6.5352	−0.7	17.0254	1.825
1991	12.8538	19.79	1.146	5.1468
1992	16.192	35.77	1.0093	5.1906
1993	14.4243	41.06	0.9917	6.2499
1994	9.9272	5.06	0.9684	5.8141
1995	7.7218	0.32	0.9043	6.8757
1996	8.1109	5.69	1.3002	5.9249
1997	7.9407	5.89	1.2618	−0.828
1998	7.728	14.8	1.1702	−4.052
1999	7.7737	6.61	1.0717	1.223
2000	10.1765	9.8	0.9679	3.528
2001	9.7645	12.27	1.304	3.3537
2002	10.6234	17.84	0.9791	6.0043
2003	11.5348	26.23	0.9384	15.279
2004	13.2949	22.08	1.0318	16.136
2005	12.4913	23.73	0.8311	9.8867

表 5-14　1985−2005 年期间投入要素增长率对 GDP 增长率回归结果及检验指标值

	回归系数	标准差	T-统计量	P-水平
常数项	0.053517	0.008983	5.957519	0.0000
$\overline{K}_t$	0.279652	0.036962	7.565882	0.0000
$\overline{L}_t$	0.033124	0.136206	0.243189	0.8109
$\overline{E}_t$	0.029913	0.106429	0.281062	0.7823
R^2	0.811645			
F-统计量	22.9820	P-水平		0.000005
DW-统计量	1.7			

由表 5-14 的数据可得回归方程为：

$$\overline{Y}_t = 0.053517 + 0.279652\overline{K}_t + 0.033124\overline{L}_t + 0.029913\overline{E}_t \qquad (5\text{-}15)$$

对回归方程进行显著性检验，检验指标如表 5-14 所示。表 5-14 中数据显示，DW−值＝1.7，残差序列基本不存在相关性；在 1% 的显著性水平下整个回归方程显著；在所有回归系数中，只有固定资本投资增长率的回归系数显著，虽然能源投入增长率的回归系数为正，但能源消耗增长率对 GDP 增长率的影响并不显著，这说明：1985−2005 年期间，与全社会固定资产投资相比，能源投入增长不是经济增长的显著影响因素。

二、能源投入增长与经济增长的协整检验

由图 5-5 可见，1985－2005 年期间，GDP 增长率、固定资本投资增长率、劳动投入增长率和能源投入增长率之间也不存在"同步协整"的关系，而从这四个变量的趋势关系图上也很难判断因变量和三个自变量之间是否存在整体协整关系。下面利用 Johansen 协整检验来分别检验固定资本投资增长率、劳动投入增长率、能源投入增长率与经济增长率之间是否存在"同步协整"的关系。

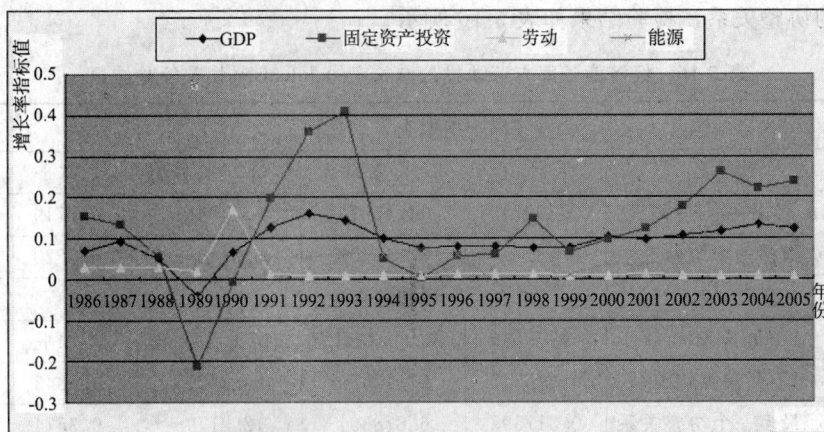

图 5-5　GDP 增长率、固定资本投资增长率、劳动投入增长率和能源投入增长率趋势图

1. 经济增长率与资本投入增长率的 Johansen 协整检验

用 Johansen 协整检验方法验证经济增长率与资本投入增长率之间的协整关系，检验结果如表 5-15 所示。

表 5-15　经济增长率与资本投入增长率的 Johansen 协整检验结果

含截距项但不含趋势项			
原假设：	特征值	Trace-统计量	0.05 的临界值	P-水平
a. 不存在协整关系	0.515496	20.25314	15.49471	0.0089
b. 最多一个协整关系	0.330045	7.209812	3.841466	0.0072
含截距项和趋势项			
原假设：	特征值	Trace-统计量	0.05 的临界值	P-水平
a. 不存在协整关系	0.518895	23.37168	25.87211	0.0992
b. 最多一个协整关系	0.432638	10.20163	12.51798	0.1183

(1)含截距项但不含趋势项的 Johansen 协整检验结果表明：在 5％的显著性水平下，应拒绝"a. 不存在协整关系"和"b. 最多一个协整关系"两个原假设，经济增长率与资本投入增长率之间存在两个协整关系；

(2)含截距项和趋势项的 Johansen 协整检验结果表明：在 5％的显著性水平下，应接受"a. 不存在协整关系"和"b. 最多一个协整关系"两个原假设，经济增长率与资本投入增长率之间不存在协整关系。

2. 经济增长率与劳动投入增长率的 Johansen 协整检验

用 Johansen 协整检验方法验证经济增长率与劳动投入增长率之间的协整关系，检验结果如表 5-16 所示。

表 5-16　经济增长率与劳动投入增长率的 Johansen 协整检验结果

含截距项但不含趋势项				
原假设：	特征值	Trace-统计量	0.05 的临界值	P-水平
a. 不存在协整关系	0.399748	14.43075	15.49471	0.0719
b. 最多一个协整关系	0.252711	5.243452	3.841466	0.0220
含截距项和趋势项				
原假设：	特征值	Trace - 统计量	0.05 的临界值	P-水平
a. 不存在协整关系	0.676215	27.17650	25.87211	0.0343
b. 最多一个协整关系	0.317595	6.878364	12.51798	0.3574

(1)含截距项但不含趋势项的 Johansen 协整检验结果表明：在 5％的显著性水平下，应接受"a. 不存在协整关系"的原假设，拒绝"b. 最多一个协整关系"的原假设，即经济增长率与资本投入增长率之间不存在协整关系；

(2)含截距项和趋势项的 Johansen 协整检验结果表明：在 5％的显著性水平下，应拒绝"不存在协整关系"的原假设，接受"最多一个协整关系"的原假设，即经济增长率与劳动投入增长率之间存在一个协整关系。

3. 经济增长率与能源投入增长率的 Johansen 协整检验

用 Johansen 协整检验方法验证经济增长率与能源投入增长率之间的协整关系，检验结果如表 5-17 所示。

表 5-17　经济增长率与能源投入增长率的 Johansen 协整检验结果

含截距项但不含趋势项				
原假设：	特征值	Trace-统计量	0.05 的临界值	P-水平
a. 不存在协整关系	0.377700	16.66698	15.49471	0.0332
b. 最多一个协整关系	0.363398	8.128984	3.841466	0.0044

续表

含截距项和趋势项				
原假设：	特征值	Trace-统计量	0.05 的临界值	P-水平
a. 不存在协整关系	0.464377	19.52540	25.87211	0.2509
b. 最多一个协整关系	0.368982	8.287564	12.51798	0.2291

（1）含截距项但不含趋势项的 Johansen 协整检验结果表明：在 5％的显著性水平下，应拒绝"a. 不存在协整关系"和"b. 最多一个协整关系"两个原假设，经济增长率与能源投入增长率之间存在两个协整关系；

（2）含截距项和趋势项的 Johansen 协整检验结果表明：在 5％的显著性水平下，应接受"a. 不存在协整关系"和"b. 最多一个协整关系"两个原假设，经济增长率与资本投入增长率之间不存在协整关系。

上述关于固定资本投资增长率、劳动投入增长率、能源投入增长率与经济增长率之间的 Johansen"协整"关系检验结果表明：经济增长率与固定资本投资增长率之间的"协整"关系、经济增长率与能源投入增长率之间的"协整"关系是同步的，而经济增长率与劳动投入增长率之间的"协整"关系不同步。

三、1992—2005 年期间能源投入产出增量模型的构建

上面已经论证了经济增长与能源投入之间的因果关系具有阶段性特征，而且经济增长率与固定资产投资增长率、能源投入增长率之间存在"同步协整"关系，因此，以能源投入为自变量的多变量模型中，能源投入对经济增长的贡献也应具有阶段性特点。在此，重新选取 1992—2005 年的时间序列数据论证能源投入对经济增长贡献的显著性。

利用 EViews5.0 软件，把表 5-13 中 1992—2005 年期间的 GDP 增长率、全社会固定资产投资增长率、劳动投入增长率以及能源投入增长率作为样本数据，用 OLS 方法对式(5-14)进行回归分析，其结果如表 5-18 所示。

表 5-18　1992—2005 年期间投入要素增长率对 GDP 增长率回归结果及检验指标值

变量	回归系数	标准差	T-统计量	P-水平
常数项	0.086554	0.023831	3.632010	0.0055
$\overline{K}_t$	0.142237	0.026576	5.352172	0.0005
$\overline{L}_t$	−1.316089	2.027620	−0.649080	0.5325
$\overline{E}_t$	0.130356	0.058120	2.242873	0.0516
R^2	0.875203			
F—统计量	21.03912	P-水平		0.000210
DW—统计量	2.130154			

.由表 5-18 中结果可得回归方程为：

$$\bar{Y}_t = 0.086554 + 0.142237\bar{K}_t - 1.316089\bar{L}_t + 0.130356\bar{E}_t \quad (5-16)$$

由表 5-18 中对方程(5-16)显著性的检验指标值可得：(1)在 5％的显著性水平下，全社会固定资产投资增长对经济增长的影响显著，且三个影响因素相比，固定资产投资对经济增长的影响最显著，固定资产投资每增长 1 个百分点就会导致经济增长 0.14 个百分点；(2)在 10％的显著性水平下，能源投入增长对经济增长的影响也是显著的，能源投入每增长 1 个百分点就会导致经济增长 0.13 个百分点，可见 1992－2005 年期间能源投入也是推动经济增长的显著性因素，同时也说明了此阶段我国经济增长不仅具有资本密集型特点，还有能耗密集型性质；(3)劳动投入的回归系数为负，可见，1992－2005 年期间劳动投入的增加导致GDP 增长的下降，这说明，在此期间，我国不适合发展劳动密集型经济；(4)DW－值＝2.13，残差序列基本不存在相关性。

四、1995－2005 年期间能源投入产出增量模型的构建

观察 1995－2005 年的样本数据发现，在此期间，GDP 增长率与能源消耗增长率具有完全同步变化。因此，进一步用 1995－2005 年的样本数据构建增量模型来检验全社会固定资产投资增长率、劳动投入增长率以及能源投入增长率对 GDP 增长率的贡献。实证研究结果如表 5-19所示。

表 5-19　1995－2005 年期间投入要素增长率对 GDP 增长率回归结果及检验指标值

变量	回归系数	标准差	T-统计量	P-水平
$\bar{K}_t$	0.083388	0.071586	1.164861	0.2883
$\bar{L}_t$	−2.243659	2.664839	−0.841949	0.4321
$\bar{E}_t$	0.169710	0.070685	2.400925	0.0532
常数项	10.21290	3.539436	2.885460	0.0279
R^2	0.859081			
F-统计量	12.19252	P-水平		0.005788
DW-统计量	2.094291			

由实证结果可得全社会固定资产投资增长率、劳动投入增长率以及能源投入增长率对 GDP 增长率贡献的方程为：

$$\bar{Y}_t = 0.086554 + 0.142237\bar{K}_t - 1.316089\bar{L}_t + 0.130356\bar{E}_t \quad (5-17)$$

由三种投入要素的回归系数及方程显著性的检验结果可以得出以下结论："九五"和"十五"期间，三种投入要素相比，能源投入增长对经济

增长的影响最显著，能源投入对经济增长的回归系数也是最大的。由此可以断定："九五"和"十五"期间，能源消耗对经济增长的影响超过资本和劳动两要素对经济增长的影响；而且随着时间的推移，能源投入对经济增长的促进作用也越来越大。但因样本数据太少，实证结果的可信性还有待于进一步验证。

五、结论

1. 能源消耗增长对经济增长的促进作用具有阶段性特点

以上实证结果表明：样本选取的不同对实证结果影响很大，能源消耗对经济增长影响是否显著以及显著程度如何都和经济发展所处的阶段有关。但为什么会出现这样的结果呢？其原因主要是：在时间序列数据的表现形式上，尽管在长期的经济发展过程中能源消耗量与经济增长是正相关的，即随着经济的不断发展，能源的消耗量也逐步增加，但在能源消耗增长率与经济增长率上，1985－1995 年期间能源消耗增长率的波动趋势并未与经济增长的波动趋势完全同步，而 1995－2005 年这十年期间能源消耗增长率的波动趋势与经济增长的波动趋势完全同步，体现了能源投入增长对经济增长的促进作用，虽然 1997 年和 1998 年的能源消耗增长率连续两年出现了负增长，但这两年也是 GDP 增长率下降的两年，这也正好说明经济增长与能源消耗量完全正相关。时间序列数据的这一阶段性特点导致实证研究出现以下结果，即 1985－2005 年二十年期间能源消耗增长对经济增长的贡献并不明显，而随着时间的推移，在较短时期内，能源消耗增长对经济增长的促进作用越来越显著。

2. 导致能源消耗与经济增长关系不稳定的原因是多方面的

虽然 1995－2005 年这十年期间能源消耗增长率的波动趋势与经济增长的波动趋势完全同步，而且 2003－2006 年，能源消耗量的增速有减缓的趋势，经济增长也在放慢。但据能源消耗量的增速有减缓来判定经济增长会减慢则失之片面。其一，制约经济增长的因素有很多，如资本、劳动都是制约需求不足的基本要素，而且，长期来看资本投入对经济增长的制约性比能源投入对经济增长的制约性要强，而在时间序列数据上，资本、劳动和经济增长的关系也不具有稳定性，这种不稳定性也会影响能源与经济在模型中的客观比例关系。其二，如前所述，由生产技术水平所决定的能源消耗与经济增长的关系在短期内不会发生较大变化，而由体制性因素所决定的能源消耗水平则可变性较大，这也是引起能源消耗增长与经济增长关系不稳定的主要原因。中国的 GDP 不到世界 GDP 的 4％，但是煤炭和石油的消耗却分别占 31％和 7.4％。因此，随着技术的进步、经济结构的调整和人们节能意识的增强，我国的能源消耗增长率在保持下降趋势的同时实现经济的持续增长才是我们所希望达到的理想化目标。

3. 能源消耗弹性系数诠释

再从增量模型(5-16)的回归系数来看，能源消耗量的弹性系数为0.130356，模型(5-17)中的能源消耗量的弹性系数更大，为0.169710，即能源消耗量每增加1‰将导致经济增长0.13‰。这说明，在能源消耗与经济增长之间存在着一个客观的比例关系。一般来说，能源消耗增长与经济增长之间有三种客观比例关系：一是能源消耗与国民经济的同步增长(如日本)，即能源消耗每增长1‰就会带动GDP实现同比例增长；二是能源消耗滞后于国民经济的增长(如美国、英国和法国等国)，即国民经济每增长1‰，只需要更小比例的能源消耗增长；三是能源消耗超前于国民经济的增长，中国就属于这种情况，即国民经济每增长1‰，需要能源消耗增长一个百分点以上。因此，从我国的近期来看，增加能源投入对经济增长的推动作用还是非常明显的。只是与其他很多国家相比，中国的经济增长需要付出更高的能源代价，对此，我们不仅要通过加大能源投入来促进经济增长，更重要的是要通过提高能源的利用率，以更少的能源投入来换取更多的经济增长。

总之，通过本章的模型分析，我们得出了比较一致的结果：我国能源消耗量与经济增长是正相关的；能源消耗与经济的增长之间存在着密切的关系，但并不是严格的双向因果关系；能源对一个国家的经济发展毫无疑问是有影响的，但并不是说增加能源投入就一定可以促进经济的快速和持续增长，这种促进作用具有阶段性特点。因此，我们应该认真处理好经济增长与能源供给或能源消耗之间的协调发展。

5.4 小结

经济增长是导致能源消耗增长的一个重要因素，那么能源作为经济增长的重要投入要素对经济增长的影响是否显著？显著程度如何？显著程度是否具有阶段性？本章构建能源与经济总量模型、能源与经济增量模型就这些问题一一做了论证。

1. 能源投入与经济总量模型的构建与应用。本章首先构建了能源与经济单变量模型。选取1997—2005年期间的能源与经济数据进行实证分析的结果表明：能源消耗与经济增长之间不仅存在线性因果关系，而且能源消耗是促进经济增长的显著影响因素，能源消耗每增长1个百分点，GDP上升0.26个百分点，所以说，1997—2005年期间，能源消耗推动了经济的增长，同时也是经济增长的制约因素。

其次，本章构建了能源与经济单多变量模型。将 1986－2005 年期间的资本、劳动和能源数据取对数并差分后进行实证分析的结果表明：与全社会固定资产投资相比，能源消耗对 GDP 增长的影响并不显著；但能源投入的回归系数为正，这说明 1986－2005 年期间能源投入总量的增长的确是经济总量增长的推动因素，只是这种推动作用还不是很显著。

2. 能源投入与经济增量模型的构建与应用。分别选取 1985－2005 年期间、1992－2005 年期间、1995－2005 年期间的指标构建以固定资本投资增长率、劳动投入增长率、能源投入增长率为自变量，经济增长率为因变量的能源与经济增量模型来论证能源投入增长率对经济增长率影响的阶段性特征。结果表明：1985－2005 年期间，与全社会固定资产投资相比，能源投入增长不是经济增长的显著影响因素。1992－2005 年期间，三个影响因素相比，全社会固定资产投资增长对经济增长的影响最为显著；在 10％的显著性水平下，能源投入增长对经济增长的影响也是显著的，能源投入每增长 1 个百分点就会导致经济增长 0.13 个百分点，这说明 1992－2005 年期间能源投入也是推动经济增长的显著性因素；但劳动投入的回归系数为负。可见，在此期间，我国经济增长不仅具有资本密集型特点，还有能耗密集型性质，但不适合发展劳动密集型经济。

第 6 章
中国能源投入带来的环境压力测算

中国经济的高速增长以能源的大量粗放使用为代价，一方面能源成为经济发展的动力，促进经济的发展；另一方面能源的使用也在造成对环境的破坏，并成为环境恶化的主要原因之一，反过来影响经济的发展。能源消耗、经济增长、环境保护成为一个相互联系又相互矛盾的三元体系，如何在三者之间取得综合平衡发展的态势，既能保持经济高速增长，又能合理节约能源，还不破坏环境，是保持经济社会可持续发展的关键问题。

有人把能源的生产和消耗对环境的影响称为"对人类的五大威胁之一"（茹塞尔·拍蒂松，1983）。鉴于中国能源消耗结构以煤为主，而且能源利用效率较低，因此，能源消耗引起的环境问题成为中国最关注的环境问题之一。能源与环境的关联性可以从两个方面测度：一方面，能源消耗与污染物排放之间关联性的直接测度；另一方面，经济发展过程中因能源消耗而对环境污染影响的间接测度。本章将在分析中国环境污染现状的基础上利用相关分析和投入产出结构分解分析方法分别测度能源投入对环境造成的直接和间接影响，从而体现能源投入产出的负外部效应。

6.1　环境污染现状分析

一、生活废水的排放是造成水污染的主要原因

污染物的排放应包括固体污染、液体污染以及气体污染三种，三种

污染物的排放既来自于工业部门生产，也来自于生活污染物的排放。据统计，2006 年，全国废水排放总量为 536.8 亿吨，比上年增加 2.3%。其中，工业废水排放量 240.2 亿吨，占废水排放总量的 44.7%，比上年减少 1.1%；城镇生活污水排放量 296.6 亿吨，占废水排放总量的 55.3%，比上年增加 5.8%。废水中化学需氧量排放量 1428.2 万吨，比上年增加 1.0%。其中，工业废水中化学需氧量排放量 541.5 万吨，占化学需氧量排放总量的 37.9%，比上年减少 2.4%；城镇生活污水中化学需氧量排放量 886.7 万吨，占化学需氧量排放总量的 62.1%，比上年增加 3.2%。废水中氨氮排放量 141.3 万吨，比上年减少 5.7%。其中，工业氨氮排放量 42.5 万吨，占氨氮排放量的 30.0%，比上年减少 19.0%；生活氨氮排放量 98.8 万吨，占氨氮排放量的 70.0%，比上年增加 1.6%。由此可见，生活废水排放是造成水污染的主要原因。而在所有工业中，化工、造纸、黑色金属冶炼、电热力四个行业排放的废水约占全国工业废水的 1/2，造纸业排放的 COD 约占全国工业废水中 COD 排放量的 1/2，因此化工、制造业等行业水污染严重又是造成工业水污染的主要原因。

二、工业废气的排放是造成大气污染的主要原因

2006 年，全国废气中二氧化硫排放量 2588.8 万吨，比上年增加 1.5%。其中，工业二氧化硫排放量为 2234.8 万吨，占二氧化硫排放总量的 86.4%，比上年增加 3.1%；生活二氧化硫排放量 354.0 万吨，占二氧化硫排放总量的 13.6%，比上年减少 7.1%。烟尘排放量 1088.8 万吨，比上年减少 7.9%。其中，工业烟尘排放量 864.5 万吨，占烟尘排放总量的 79.5%，比上年减少 8.9%；生活烟尘排放量 224.3 万吨，占烟尘排放总量的 20.5%，比上年减少 4.0%。工业粉尘排放量 808.4 万吨，比上年减少 11.3%。可见，工业污染是造成大气污染的主要原因。按行业统计，电力煤气及水的生产供应业排放的二氧化硫约占工业二氧化硫排放量的 60%，废弃资源和废旧材料回收加工业烟尘排放量约占工业烟尘排放总量的 44%，水泥行业排放的粉尘量约占工业粉尘排放量的 70%。因此电力煤气及水的生产供应业、废弃资源和废旧材料回收加工业、水泥行业大气污染物的排放是造成工业大气污染严重的主要原因。

据不完全估算（过孝民、张慧勤，1983；夏光，1992；徐崇龄，1993；曹洪法，1995；世界银行，1997），中国的大气污染损失已经占到 GDP 的 2%—3%。世界银行根据目前的发展趋势预算，2020 年中国燃煤污染导致的疾病付出的经济代价达 3900 亿美元，占国内生产总值

的 13％，因此，大气污染问题应当引起我们的高度重视，而由以上分析可见，工业废气的排放是导致我国大气环境污染的主要原因，因此工业大气污染问题要尤为重视。

6.2 能源投入与环境污染关联性的直接测算

能源的生产、加工和使用都会产生污染。煤炭污染是我国污染最严重的能源污染，从煤炭的开采到使用一直都产生污染：在煤炭的开采、加工、洗选、使用过程中产生的大量煤矸石会发生自燃，造成大气污染和酸性水污染，中国城市大气污染也主要是由燃煤引起的，在排入大气的污染物中，二氧化硫的 87％、氮氧化物的 67％，烟尘的 79％，一氧化碳的 71％都来自煤的燃烧；石油的开采引起严重的水污染，石油的加工炼制、运输和使用造成大气污染、水污染和少量的固体污染；天然气在开采过程中几乎不产生污染，在加工过程中产生水污染，在转换使用中主要产生大气污染，还有电厂冷却水的热污染；水电对环境的影响主要是破坏渔业、土壤碱化、影响下游水源等，核电在加工、运输和使用过程中主要产生放射性污染。除以上污染之外，近些年人们一直都在关注的温室效应气体，如 CO_2、CFC_8、CH_4、O_3、N_2O，也主要是能源的生产和使用活动导致的。

因此造成环境污染的原因不仅是能源的使用，能源的开采、加工、储存和运输等一系列过程都会产生污染，不仅产生大气污染，还有水污染和固体污染。此外，滥砍森林，农业和工业生产过程都会产生不同数量的污染物。可见，导致污染物排放的因素是多方面的。那么污染物的排放是否与能源消耗直接相关呢？相关程度有多大？下面首先利用可获取的数据计算能源消耗和污染物排放之间的相关系数，依此证明污染物排放与能源消耗的相关性，体现能源与环境的关联。

一、能源消耗总量和污染物排放总量之间的关联性

1997—2007 年期间，尽管能源消耗结构不同，但能源消耗总量以及煤炭、石油、天然气、各种电的消耗量都是上升的，导致"三废"的产生量也都是上升的，而又由于除污技术对"三废"治理的力度不同，各种废弃物的排放量表现出不同的变化趋势。由表 6-1 中数据可见，1997—2007 年期间，废水排放总量从 416 亿吨上升到 557 亿吨；工业废气排放总量从 113375 亿标立方米上升到 330992 亿标立方米；而 1997—2007 年期间的化学需氧量、烟尘、粉尘和工业固体废物排放量都有不同程度的下降；二氧化硫排放量则经历了一个先下降后上升的过程；从氨氮排

放量的现有数据看，2001－2005 年期间，氨氮排放量从 125 万吨增加
到 150 万吨，2007 年降至 132 万吨。因此，各种污染物排放与能源消
耗并不都具有相同的趋势变化。

能源与环境之间有两种客观关系：一是能源消耗量与污染物排放量
之间的关系；二是能源消耗增长速度与污染物排放增长速度之间的关
系。下面通过相关分析法首先计算能源消耗量与污染物排放量的相关系
数，来体现能源消耗与污染物排放之间的直接关联。

1. 样本数据选择

选取 1997－2007 年的能源消耗总量、煤炭、石油、天然气以及电
力的消耗量为能源代表指标(如表 6-2 所示)，污染物排放选取废水排放
总量、化学需氧量排放量、氨氮排放量、工业废气排放总量、二氧化硫
排放量、烟尘排放量、工业粉尘排放量、工业固体废物排放量为代表指
标，利用 SPSS13.0 软件分别计算能源消耗总量及四种能源消耗量和八
种废弃物排放量之间的相关系数，计算结果如表 6-3 所示。

表 6-1　"三废"排放样本数据表

年度	废水排放总量(亿吨)	化学需氧量(万吨)	氨氮排放量(万吨)	工业废气排放总量(亿标立方米)	二氧化硫排放量(万吨)	烟尘排放量(万吨)	工业粉尘排放量(万吨)	工业固体废物排放量(万吨)
1997	416	1721		113375	2346	1873	1505	18412
1998	395	1499		121203	2090	1452	1322	7048
1999	401	1389		126807	1857	1159	1175	3880
2000	415	1445		138145	1995	1165	1092	3186
2001	433	1405	125	160863	1947	1070	991	2894
2002	439	1367	129	175257	1927	1013	941	2635
2003	459	1333	129	198906	2159	1049	1021	1941
2004	482	1339	133	237696	2255	1095	905	1762
2005	525	1414	150	268988	2549	1183	911	1655
2006	537	1428	141	330992	2589	1089	808	1302
2007	557	1382	132		2468	987	699	1197

表 6-2 能源消耗总量与各种能源消耗量表 单位：万吨标准煤

年度	能源消耗总量	煤 炭	石 油	天然气	电 力
1997	137798	98801.166	28110.79	2342.566	8543.476
1998	132214	92020.944	28426.01	2908.708	8858.338
1999	133831	92463.8379	30205.66	2863.983	8297.522
2000	138553	93869.3865	32158.06	3255.986	9269.169
2001	143199	95485.2266	32749.66	3651.58	11312.74
2002	151797	100671.969	35535.75	3886.011	11703.57
2003	174990	119658.367	38865.35	4514.75	11951.84
2004	203227	138173.833	45380.52	5283.894	14388.45
2005	223319	153866.791	46896.99	6476.251	16078.97
2006	246270	170911.38	50239.08	7388.1	17731.44
2007	265479	184413.379	53404.14	8858.332	20231.57

2. 计算结果分析

表 6-3 中结果显示，废水排放总量与能源消耗总量和各种能源消耗量之间的相关系数都在 0.97 以上，在 5％的显著性水平下，废水排放总量与能源消耗总量和各种能源消耗量的相关性显著，这表明废水排放与能源消耗有着很强的正相关性；工业废气排放总量与能源消耗总量以及各种能源消耗量之间的相关系数除煤炭在 0.98 以下外都在 0.98 以上，在 5％的显著性水平下，工业废气排放总量与能源消耗总量以及各种能源消耗量之间的相关性也是显著的，而且相关性很强；二氧化硫排放量与能源消耗总量的相关系数都在 0.7 以上，在 5％的显著性水平下，二氧化硫排放量与能源消耗总量以及各种能源消耗量也有很强的正相关性，但二氧化硫排放量与能源消耗总量和煤炭消耗量的相关性更高，这说明占能源消耗比重极大的煤炭与二氧化硫排放的相关性更大，同时也说明我国煤质的含硫量较高；工业粉尘排放量与能源消耗总量和各种能源消耗量之间的相关系数都小于－0.7，在 5％的显著性水平下，工业粉尘排放量与各种能源消耗总量都有着较强的负相关性。从各种废气的排放与治理上看，1996－2007 年期间，虽然工业粉尘的产生量有增无减，但工业粉尘的去除量远远大于排放量，致使粉尘的排放量逐年减少，与能源消耗表现出负相关性。可见：我国工业部门对粉尘具有较高的去除能力。而受我国除硫技术的约束，二氧化硫的排放量始终多于去除量，二氧化硫去除能力较差，与能源消耗表现出正相关。另外，从排放量上看，1997－2007 年期间二氧化硫的排放量始终多于烟尘和工业粉尘的排放量。因此，二氧化硫的减排是减少大气污染的有效方式。

在5%的显著性水平下，化学需氧量、氨氮排放量、烟尘排放量以及工业固体废物排放量与能源消耗的相关性较弱。事实上，1996－2007年期间，化学需氧量、氨氮及烟尘的产生量都是逐年上升的，但由于各年对污染治理效果的不同，使得以上污染物的排放量与能源消耗量的变化趋势没有表现出一致性。这说明，能源的使用虽然是导致污染产生的直接原因，但污染治理的有效性可以极大地减少污染物的排放，从而有效防治污染。

表 6-3　"三废"排放量与能源消耗量之间的相关系数

能源（万吨标准煤）	废水排放总量（亿吨）	化学需氧量（万吨）	氨氮排放量（万吨）	工业废气排放总量（亿标立方米）	二氧化硫排放量（万吨）	烟尘排放量（万吨）	工业粉尘排放量（万吨）	工业固体废物排放量（万吨）
能源消耗总量	0.989*	−0.344	0.598	0.985	0.824	−0.437	−0.795	−0.485
	(0.000)**	(0.301)	(0.156)	(0.000)	(0.002)	(0.179)	(0.003)	(0.130)
	11***	11	7	10	11	11	11	11
煤炭	0.983	−0.293	0.598	0.973	0.849	−0.386	−0.757	−0.438
	(0.000)	(0.381)	(0.156)	(0.001)	(0.000)	(0.241)	(0.007)	(0.178)
	11	11	7	10	11	11	11	11
石油	0.981	−0.474	0.603	0.983	0.747	−0.555	−0.869	−0.596
	(0.000)	(0.141)	(0.152)	(0.000)	(0.008)	(0.076)	(0.001)	(0.053)
	11	11	7	10	11	11	11	11
天然气	0.979	−0.419	0.520	0.995	0.746	−0.532	−0.854	−0.569
	(0.000)	(0.2)	(0.232)	(0.000)	(0.008)	(0.092)	(0.001)	(0.068)
	11	11	7	10	11	11	11	11
电力	0.986	−0.404	0.523	0.988	0.753	−0.519	−0.860	−0.545
	(0.000)	(0.218)	(0.229)	(0.000)	(0.007)	(0.102)	(0.001)	(0.083)
	11	11	7	10	11	11	11	11

注：* 是相关系数；** 是显著性水平；*** 是样本量，与表中其他数据意义同。

二、能源消耗增长率和污染物排放增长率之间的关联性

能源与环境的关系还可以通过能源消耗增长率和污染物排放增长率之间的关系来体现。因能源的消耗主要以煤炭为主，导致污染的原因也主要是煤的使用引起的，因此选取1997－2007年的资源消耗总量增长率、煤炭消耗增长率为能源代表指标，污染物排放仍然选取以上八种废物排放的增长率为代表指标，利用 SPSS13.0 软件分别计算能源消耗增长率和八种废弃物排放增长率之间的相关系数，计算结果如表 6-4 所示。

表 6-4 "三废"排放量增长率与能源消耗量增长率之间的相关系数　　单位:%

	废水排放增长率	化学需氧量增长率	工业废气排放增长率	二氧化硫排放增长率	烟尘排放增长率	工业粉尘排放增长率	工业固体废物排放增长率
能源总量增长率	0.692 (0.026) 10	0.604 (0.064) 10	0.675 (0.046) 10	0.723 (0.018) 10	0.792 (0.006) 10	0.457 (0.184) 10	0.611 (0.061) 10
煤炭增长率	0.695 (0.026) 10	0.579 (0.08) 10	0.629 (0.07) 10	0.736 (0.015) 10	0.771 (0.009) 10	0.546 (0.103) 10	0.566 (0.088) 10

由表 6-4 中结果可见,在 5% 的显著性水平下,废水排放增长率、二氧化硫排放增长率、烟尘排放增长率与能源消耗总量增长率、煤炭消耗增长率都是显著正相关的;而工业废气排放总量增长率只和能源消耗总量增长率是相关的,与煤炭消耗增长率之间的相关性较弱。在 10% 的显著性水平下,化学需氧量增长率、工业固体废物排放增长率与能源消耗总量和煤炭消耗量的增长率显著相关。其他废弃物排放增长率与能源消耗增长率的相关性都较弱。表 6-4 中能源消耗增长率与污染物排放增长率之间相关性的计算结果表明环境压力加大,尤其是大气环境恶化的原因也与能源消耗的不断增长直接相关。

6.3　能源投入与环境污染关联性的间接测算

我国的能源消耗以煤炭为主,燃煤产生的大气污染物主要有二氧化硫、氮氧化物、烟尘、粉尘和作为温室效应的二氧化碳。1990 年之前,不论是与成熟市场经济国家或转型经济国家相比,还是与其他新兴经济国家相比,中国二氧化碳强度最大,都在 1200 公吨/百万 GDP 美元以上(以 2000 年美元值为可比价)。但由于经济的快速发展,2002－2025 年期间亚洲新兴经济地区的二氧化碳强度将得到迅速改善,在此期间,中国二氧化碳强度将以平均 2.1% 的速度降低,二氧化碳强度从 605 公吨/百万 GDP 美元下降到 375 公吨/百万 GDP 美元[①]。由此可见,中国的二氧化碳污染将逐步得以改善。那么其他大气污染物的排放有何阶段

---

① 美国能源信息署编著:国际能源展望——未来国际能源市场分析与预测(至 2025 年),北京:科学出版社,2006 年 4 月。

性变化特点？除能源消耗这一导致污染排放的直接因素外，因能源消耗而导致大气污染物排放的其他间接因素有哪些？对于污染重点部门如何减排？

相对而言，二氧化硫排放量的排放核定与预测要比氮氧化物准确一些①。所以，本章以列昂惕夫提出的工业大气污染排放投入产出结构分解分析方法为研究机理，选取二氧化硫、烟尘和粉尘为研究对象，测算各工业部门在生产过程中因能源使用导致的大气污染问题，从而体现能源消耗对环境污染的间接影响。

6.3.1　二氧化硫、烟尘和粉尘排放变化特点分析

一、二氧化硫、烟尘和粉尘排放的阶段性变化特点

工业部门排放的二氧化硫、烟尘和粉尘呈不同的阶段性变化特点。由 1995－2006 年期间工业部门排放的 SO_2、烟尘、粉尘的变化趋势图 6-1 可见，1995－1999 年三种废气排放都是呈下降趋势，但 2000 年三种废气排放都出现了一个大的跳跃上升，之后，三种废气排放变化各具特点，表现出明显不同的变化趋势：SO_2 排放量以不同的速度大幅度上

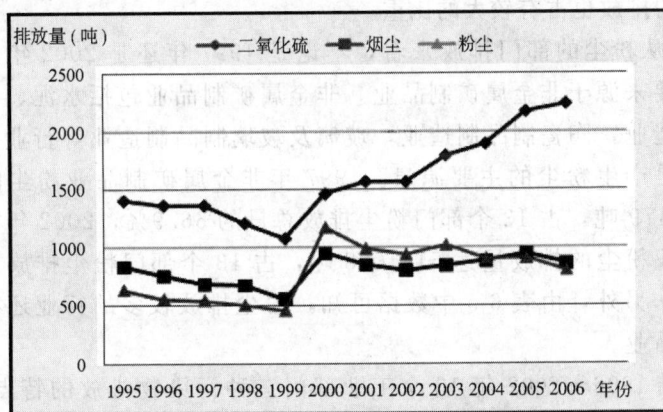

图 6-1　三种废气排放量趋势图

升，粉尘整体表现为下降趋势，烟尘则呈现较为平缓的上升趋势。但三种废气12年的变化趋势图，只能反映一种现象，并不能体现内含在这种变化趋势下的经济机理以及技术进步效应，更无法体现污染物排放与经济结构变化之间的间接关系。

---

① 王金南、曹东等著：《能源与环境中国 2020》，北京：中国环境科学出版社，2004 年 12 月。

二、我国 13 个工业部门① 1996－2002 年三种废气排放变化特点

(1)从二氧化硫排放的部门分布来看，不论是 1997 年还是 2002 年，电力煤气及水生产供应业二氧化硫的排放量最多。由表 6-5 中数据可见，1997 年电力煤气及水生产供应业二氧化硫的排放量达 7894660 吨，占 13 个部门二氧化硫排放总量的 53.2％；2002 年电力煤气及水生产供应业二氧化硫的排放量达 7528377 吨，占 13 个部门二氧化硫排放总量的 66.8％，两个年度电力煤气及水生产供应业二氧化硫的排放量都占所有行业二氧化硫排放量的一半以上。原因在于电力煤气及水生产供应业始终把煤作为消耗的主要能源，而我国煤的含硫量较高。二氧化硫排放量较高的部门还有非金属矿制品业和金属冶炼业。

(2)从烟尘的部门排放来看，不论是 1997 年还是 2002 年烟尘的排放也主要来源于电力煤气及水生产供应业。1997 年电力煤气及水生产供应业烟尘的排放达 3952957 吨，占 13 个部门烟尘排放总量的 47.2％，2002 年电力煤气及水生产供应业烟尘排放量 3298589 吨，占 13 个部门烟尘排放总量的 58.9％，电力煤气及水生产供应业对于煤的大量消耗必然导致烟尘的较多排放。另外，由表 6-5 中数据可知，非金属矿制品业烟尘的排放也占有较大的比重。

(3)从粉尘的部门排放来看，不论是 1997 年还是 2002 年粉尘的排放主要来源于非金属矿制品业。非金属矿制品业包括水泥、石灰和石膏制造业，陶瓷制品制造业，玻璃及玻璃制品制造业等行业，这些部门都是产生粉尘的主要源泉。1997 年非金属矿制品业粉尘的排放达 6683479 吨，占 13 个部门粉尘排放总量的 66.9％，2002 年非金属矿制品业粉尘的排放量达 5181098 吨，占 13 个部门粉尘排放总量的 85.5％。另外，由表 6-5 中数据可知，粉尘排放较多的行业还有非金属矿制品业。

总结 1996－2002 年 13 个工业部门三种污染物排放的特点如下：(1)1996－2002 年期间 13 个工业部门二氧化硫、烟尘和粉尘的排放总量都是减少的，而粉尘排放的减少量最多，近 47％。所以说二氧化硫和烟尘的排放是大气污染依然较重的主要原因；(2)由于煤炭在电力煤气及水生产供应业的集中高效使用，导致二氧化硫和烟尘的排放主要集中于电力煤气及水生产供应业，这也就加重了这些行业污染控制的负担。据中国环境规划院在《全国电力行业中长期二氧化硫减排规划及实

---

① 为与投入产出表中工业部门分类相一致，在此将工业部门做了合并，最终合为 13 个工业部门，分类标准与后面章节相同。

施方案研究》中的预测，到 2010 年电力行业二氧化硫排放占全国二氧化硫排放总量的 45.6％，2020 年达到 50％以上，可见，电力行业污染排放集中的特点将由于其煤炭消耗的集中而长期存在下去；（3）粉尘的排放主要来源于非金属矿制品业，而且非金属矿制品业三种废气的排放量均较多。

前面章节已经论证了 1992－2006 年期间能源消耗是促进经济增长的显著性因素，下面分析我国 13 个行业在经济增长的同时所带来的大气环境污染的变化，从而体现能源消耗对环境压力的间接影响。

表 6-5　1997 年和 2002 年 13 个工业部门三种废气排放状况表　　　单位：吨

	2002 年			1997 年		
	二氧化硫	烟尘	粉尘	SO_2	烟尘	粉尘
采掘业	373716	235228	239302	402886	303808	210640
食品、饮料和烟草制造业	401942	367584	27695	478249	310361	15940
纺织业	230420	104052	3685	333976	166126	2768
皮革毛皮羽绒及其制品业	26116	15252	238	23992	16367	903
造纸业	362191	232953	15303	378888	290728	137299
石油加工及炼焦业	372961	218537	74289	188985	87157	79523
化学工业	965088	581689	146575	783333	730558	4188861
非金属矿制品业	1550006	1307092	5181098	1296110	1133201	6683479
金属冶炼业	1486352	602160	1025012	1663548	631969	1244212
金属制品业	28295	25445	10615	34301	38899	84296
机械、电气、电子设备制造业	171656	121082	52405	328525	210682	71112
电力煤气及水生产供应业	7528377	3298589	48179	7894660	3952957	71749
其他	131772	106719	41583	235383	82767	99447
合计	13628892	7216382	6865979	14042836	7955580	12890229

数据来源：《中国统计年鉴1998》、《中国统计年鉴2003》。

6.3.2　经济增长对环境污染影响的测度

一、国内外文献综述

经济增长与环境压力之间的关系是复杂的。自 20 世纪 90 年代以来，大部分经济增长与环境压力关系的争论都是围绕着所谓的环境库兹涅茨曲线假设而展开的。根据这种假设，在经济增长的第一阶段，环境压力随着单位收入的上升而上升，但经过一个转折点之后，这些压力会伴随着更高的收入水平而消失（Grossman and Krueger，1991；Shafik and Bandyopadhyay，1992）。也有一些经验证据证明了环境库兹涅茨曲线(EKC)假设适用于较为富裕的国家，一些环境问题在富国已经消失了，但没有任何文献毫不含糊地证明哪种污染物是遵循环境库兹涅茨曲线的(Ekins，1997；De Bruyn and Heintz，1999；Stern and Common，2001)。我国学者马树才、李国柱(2006，8)对环境库兹涅茨曲线在中国的适用性进行了检验，结果表明，我国只有工业固体废物污染程度指标是随人均 GDP 的增长而下降的，其他两个环境污染程度指标(工业废水、废气)与人均 GDP 之间并不存在协整关系，因此，没有证据表明我国人均 GDP 的增加有助于解决中国的环境问题。另外，也有很多国内外学者断定库兹涅茨曲线假设仅适用于局部范围、短期以及相对较低的污染减少成本。

在国外相关研究中，自 20 世纪 70 年代以来，为研究环境压力(尤其是 CO_2 排放)的影响因素，基于投入产出(I—O)分析的结构分解分析(SDA)技术大量用于环境问题分析。SDA 方法是把一个综合变量的变动分解为几个影响因素，分析各个影响因素对此综合变量变动的影响程度。同一变量的 SDA 形式有多种，就 SDA 的方法设计和改进方面，Shapely(1953)、Sun(1998)、Ang 和 Choi(1997)、Ang 等(1998)、Ang 和 Liu(2001)等学者做出了重要的贡献。西班牙的两位学者 Jordi Roca 和 M｀Onica Serrano(2006)利用 SDA 方法分析西班牙 1994—2000 年 9 种(主要是 N_2O、CH_4 和 NH_3)大气污染物排放的变动过程。结果表明：一方面，由于最终需求结构的变化，尤其是食品需求的相对递减，收入增长伴随着污染排放强度的降低；另一方面，对于污染物 SO_2 来说，技术进步的影响足以充分抵消本国经济增长的影响，使污染物的排放大幅度减少。西班牙两位学者的经验分析充分说明了经济增长和污染排放之间存在一种绝对的联系。本章也正是借鉴两位学者的思想研究中国环境与经济的关系。

迄今为止，利用结构分解分析法(SDA)研究我国环境变化影响因素的文献还较为少见。在此，本文将基于投入产出分析原理，构建污染物排放变动的一种 SDA 形式——Laspeyres 分解模型，对我国 1996—2002 年期间的大气污染物排放变动进行结构分解分析，剖析影响我国工业大气污染物排放变动的技术、经济因素，研究经济增长对工业大气污染物排放变动的影响程度。同时引入国际上相对更为"精确"的 Laspeyres 分解模型来改进一般的结构分解分析方法，通过实证分析，得出相关结论。

二、Laspeyres 投入产出结构分解模型的构建及其应用

(一)NAMEA 体系下的投入产出分析

NAMEA(National Accounting Matrix including Environmental Accounts)是一个包括环境账户的国民经济核算矩阵，在这个框架中，环境情况与经济活动一起体现在国民经济核算矩阵中。而 NAMEA 核算中最有成效的分析都是基于投入产出分析，投入产出分析不仅为经济结构和经济活动之间的关系问题提供理论框架，还解释生产和消耗对自然环境的影响。早在 20 世纪 70 年代，列昂惕夫和其他学者就扩展了投入产出模型来研究经济与环境的联系，尤其是经济增长所带来的工业大气污染问题(Leontief and Ford，1972)。

对于 n 个部门的标准的投入产出模型可以表达为：

$$X = (I - A)^{-1} y \tag{6-1}$$

X 是 n 维列向量——$X_{n\times 1}$，是 n 个部门的总产出向量，y 是 n 个部门的最终需求列向量——$y_{n\times 1}$，A 是 $n\times n$ 的技术系数矩阵——$A_{n\times n}$，I 是 $n\times n$ 的单位矩阵 $I_{n\times n}$，$(I-A)^{-1}$ 称为列昂惕夫逆矩阵，其元素反映外生最终需求向量任何变化对总产出的直接和间接影响。式(6-1)可以很容易的扩展为 k 种气体污染物的核算。令 $V_{k\times n}$ 是 k 种工业大气污染物的直接排放系数矩阵，其元素 $v_{l\,j}$（$l=1, 2, \cdots, k$, $j=1, 2, \cdots, n$)是 j 产业部门每单位产值产生污染物 l 的数量。对于给定的总产出向量 q，工业大气污染物排放水平可以表达为：

$$E = VX \tag{6-2}$$

将式(6-1)代入式(6-2)，整理得出工业大气污染物排放量函数：

$$E = V (I - A)^{-1} y = Fy \tag{6-3}$$

$F_{k\times n}$ 称为总的污染物排放强度矩阵，依赖于 $V_{k\times n}$ 和列昂惕夫逆矩阵，这个矩阵在环境投入产出分析中非常重要，可以用来计算每个部门满足一单位最终需求的总污染物排放量或排放乘数。扩展的环境投入产出模型(6-3)不仅可以识别导致污染产生的直接原因，还可以突出中间消耗的间接作用。需要说明的是在投入产出表中，每个产业的产品和服务都是同质的，技术系数矩阵 $A_{n\times n}$ 和直接排放系数矩阵 $V_{k\times n}$ 根据产业技术假设而计算，在这些假设下，一个产业的所有产品被假定为在相同的技术水平下生产。

(二)Laspeyres 分解模型的推导

由式(6-3)可得，在任何时期 t 污染物的排放量可以表达为：

$$E_t = V_t (I - A_t)^{-1} y_t = [V_t (I - A_t)^{-1}][\frac{y_t}{(i'\,y_t)}]i'\,y_t = F_t y_t^s y_t^v \tag{6-4}$$

式(6-4)中的 i' 是 n 个 1 组成的行向量，以 1997 年为 0 期，2002 年为 t 期，这两个时期污染物排放量的变化可分解为：

$$\Delta E = E_1 - E_0 = F_1\, y_1^s\, y_1^v - F_0\, y_0^s\, y_0^v = \Delta F_{effect} + \Delta y_{effect}^s + \Delta y_{effect}^v$$
$$(6\text{-}5)$$

式(6-5)中污染物排放总量的变化可以分解为三种影响因素的变化。第一部分影响 ΔF_{effect} 称为技术进步效应,包括 V 和列昂惕夫逆矩阵变动的联合影响,称为总排放强度或提供给不同货物和服务的排放成本的变动,但也有些学者将这两个与科技变化相关的因素分开考虑;第二部分影响 Δy_{effect}^s 是最终需求结构或成分的变化;第三部分影响 Δy_{effect}^v 是最终需求总量或水平的变化。

将污染物排放总量变动分解为不同因素变动的技巧有多个。最直接的分解方法是式(6-6)的分解法,即

$$\Delta F_{effect} = (F_1 - F_0)\, y_0^s\, y_0^v = \Delta F\, y_0^s\, y_0^v$$
$$\Delta y_{effect}^s = F_0(y_1^s - y_0^s)\, y_0^v = F_0 \Delta y^s\, y_0^v$$
$$\Delta y_{effect}^v = F_0\, y_0^s(y_1^v - y_0^v) = F_0\, y_0^s \Delta y^v \qquad (6\text{-}6)$$

式(6-6)中,$\Delta F\, y_0^s\, y_0^v$ 表示最终需求结构、最终需求量不变的条件下,技术进步变动导致的污染物排放总量变动;$F_0 \Delta y^s\, y_0^v$ 表示技术不变、最终需求总量不变,最终需求结构变动所导致的污染物排放总量变动;$F_0\, y_0^s \Delta y^v$ 表示技术不变、最终需求结构不变,最终需求总量变动所导致的污染物排放总量变动。

式(6-6)的分解方法称为 Laspeyres 分解方法(简称 L 氏方法),分解结果称为 Laspeyres 分解模型。

(三)工业部门分类及价格调整

NAMEA 体系的经济和环境数据均来自不同统计口径的产业部门,且经济数据受价格的影响较大,所以需要重新进行工业部门分类和价格的调整。

1. 工业部门分类处理

本文以 SO_2、烟尘和粉尘作为实证研究对象,利用投入产出表数据和经常性统计数据对影响这三种大气污染物排放变动的各种因素进行测算。由于 1997 年投入产出表、2002 年投入产出表、1997 年大气污染排放年鉴统计表、2002 年的大气污染排放年鉴统计表对应工业部门分类的统计口径不同,在此,为研究问题的需要,将四种统计口径的工业分类经拆分与合并,最终分为采掘业等 13 个行业(详见表 6-6)。需要说明的是,其他工业行业包括木材加工及家具制造业、其他制造业、机械设备修理业、废品废料业。

2. 价格调整

为消除价格的影响,以 1997 年工业价格指数为可比价格,将 2002

年各个工业部门的最终需求及总产出进行调整，所以，表 6-6 中 2002 年最终需求及总产出数据都是按照 1997 年工业品出厂价格指数调整之后得到的。

表 6-6　13 个工业部门三种影响因素相关指标

| 行业 | 污染物排放强度矩阵 $V(I-A)^{-1}$ 的转置 F_t' | | | | | | 最终需求结构 y_t^s | |
| | 1997 年 | | | 2002 年 | | | 1997 年 | 2002 年 |
	SO₂	烟尘	粉尘	SO₂	烟尘	粉尘		
采掘业	0.0248	0.0146	0.0138	0.0127	0.0065	0.0041	0.0264	0.0162
食品制造及烟草加工业	0.0087	0.0053	0.0038	0.0057	0.0041	0.0011	0.2226	0.1455
纺织业	0.0141	0.0077	0.0086	0.0104	0.005	0.0012	0.0698	0.0623
服装皮革羽绒及其制品业	0.0096	0.0055	0.0081	0.0068	0.0034	0.0011	0.1246	0.0902
造纸印刷及文教用品制造业	0.0268	0.0171	0.0155	0.0135	0.0076	0.0019	0.0269	0.0264
石油加工、炼焦及核燃料加工业	0.0366	0.0255	0.0908	0.017	0.009	0.0044	0.0075	0.0062
化学工业	0.028	0.0183	0.0519	0.0171	0.009	0.0031	0.0745	0.0675
非金属矿物制品业	0.04	0.0275	0.1014	0.0386	0.0283	0.0921	0.0288	0.0145
金属冶炼及压延加工业	0.0587	0.0271	0.0391	0.0257	0.0115	0.013	0.0044	0.0082
金属制品业	0.0349	0.0177	0.0232	0.0166	0.0079	0.0068	0.0324	0.0308
机械、电气、电子设备制造业	0.0238	0.0127	0.0195	0.0113	0.0056	0.0052	0.3346	0.4662
电力煤气及水生产供应业	0.2003	0.1013	0.0134	0.0879	0.0389	0.0023	0.0156	0.0260
其他工业行业	0.0179	0.0089	0.0129	0.0088	0.0051	0.0028	0.0458	0.0401
工业部门最终需求总量合计 y_t^p（万元）							39851 2163.9	61696 7884.8

数据来源：由《1997 年中国投入产出表》、《2002 年中国投入产出表》、《中国统计年鉴 1998》、《中国统计年鉴 2003》中数据计算得来。

（四）工业大气污染排放变动的影响因素分析

由式(6-6)的分解结果可以得出，我国工业大气污染排放变动的影响因素有产业结构调整效应，经济增长效应和技术进步效应，这三种效应是影响我国工业大气污染排放变动的直接因素。将表 6-6 中经计算所得的 13 个工业部门三种影响因素相关数据代入式(6-6)，可以测算出技术进步效应、最终需求结构变动效应和最终需求总量变动效应分别为：

$$\Delta F_{effect} = (F_1 - F_0)\, y_0^s\, y_0^v = \Delta F\, y_0^s\, y_0^v = \begin{pmatrix} -3935253.53 \\ -2292861.43 \\ -5204093.93 \end{pmatrix}$$

$$\Delta y_{effect}^s = F_0(y_1^s - y_0^s)\, y_0^v = F_0 \Delta y^s\, y_0^v = \begin{pmatrix} 1368370.64 \\ 630028.61 \\ 88113.10 \end{pmatrix}$$

$$\Delta y_{effect}^v = F_0\, y_0^s(y_1^v - y_0^v) = F_0\, y_0^s \Delta y^v = \begin{pmatrix} 4796368.72 \\ 2689304.63 \\ 4094807.69 \end{pmatrix}$$

$$\therefore \Delta E = E_{2002} - E_{1997} = \begin{pmatrix} \Delta e_1 \\ \Delta e_2 \\ \Delta e_3 \end{pmatrix} = F_1\, y_1^s\, y_1^v - F_0\, y_0^s\, y_0^v = \Delta F_{effect} +$$

$$\Delta y_{effect}^s + \Delta y_{effect}^v = \begin{pmatrix} 2229485.83 \\ 1026471.81 \\ -1021173.14 \end{pmatrix}$$

其中，Δe_1，Δe_2，Δe_3 分别为 1997—2002 年期间工业 SO_2、烟尘、粉尘的变化量（以"吨"为单位）。分解结果中第一部分技术进步效应 ΔF_{effect} 的符号显示，技术进步效应导致 2002 年比 1997 年三种废气排放量减少，而最终需求结构变动效应、最终需求总量变动效应都导致三种废气排放的增加。在三种效应的综合影响下，SO_2 多排放 2229485.83 吨，烟尘多排放 1026471.81 吨，粉尘减少排放 1021173.14 吨。但这种结构分解分析方法存在这样一个问题，即不同因素变化幅度较大时，"残差"或更恰当地说三种影响因素"交互作用"的影响可能非常高。这就需要研究应用其他分解方法来尽量减少或消除这种"交互作用"的影响。

三、"精确"的 Laspeyres 分解模型及其实证结果

为减少或消除上述交叉项的影响，可选择的第一种方法是计算 Laspeyres 方法（初始值）和 Paasche 方法（简称 P 氏方法，详见 Wier and Hasler，1999）（终值）的平均值，用这种方法计算，交叉效应仍然存在，但也许很小。第二种可选择的方法是 Dietzenbacher and Los(1998)的观点：当考虑三种影响因素时，可能会有 6 种不同的精确分解形式，所有可能的形式都是等价的，也就是说没有一种形式在理论上优于其他形式；不同的形式结果可能相差很大，所以，最好的选择是计算所有六种

精确分解形式的平均影响，这种平均精确地给出了如同 Sun 建议的相同结果（Hoekstra，2005；p. 141）。第三种方法就是在 Laspeyres 方法计算基础上，按照联合创造、公平分配的原则在不同影响因素之间分配这种交互影响。Sun(1998)、Ang and Zhang(2000)称这种选择为"精确"的 Laspeyres 分解方法。本文采用这种"精确"的结构分解方法将式(6-6)重新表达为：

$$\Delta F_{effect} = (\Delta F \, y_0^s \, y_0^v) + \frac{1}{2}(\Delta F \Delta y^s \, y_0^v) + \frac{1}{2}(\Delta F \, y_0^s \Delta y^v) + \frac{1}{3}(\Delta F \Delta y^s \Delta y^v)$$

$$\Delta y_{effect}^s = (F_0 \Delta y^s \, y_0^v) + \frac{1}{2}(\Delta F \Delta y^s \, y_0^v) + \frac{1}{2}(F_0 \Delta y^s \Delta y^v) + \frac{1}{3}(\Delta F \Delta y^s \Delta y^v)$$

$$\Delta y_{effect}^v = (F_0 \, y_0^s \Delta y^v) + \frac{1}{2}(\Delta F \, y_0^s \Delta y^v) + \frac{1}{2}(F_0 \Delta y^s \Delta y^v) + \frac{1}{3}(\Delta F \Delta y^s \Delta y^v) \tag{6-7}$$

由表 6-6 中数据可以分别计算式(6-7)中技术进步效应、最终需求结构变动效应、最终需求总量变动效应分别为：

$$\Delta F_{effect} = (\Delta F \, y_0^s \, y_0^v) + \frac{1}{2}(\Delta F \Delta y^s \, y_0^v) + \frac{1}{2}(\Delta F \, y_0^s \Delta y^v) + \frac{1}{3}(\Delta F \Delta y^s \Delta y^v)$$

$$= \begin{pmatrix} -5673812.76 \\ -3293078.29 \\ -6890132.51 \end{pmatrix}$$

$$\Delta y_{effect}^s = (F_0 \Delta y^s \, y_0^v) + \frac{1}{2}(\Delta F \Delta y^s \, y_0^v) + \frac{1}{2}(F_0 \Delta y^s \Delta y^v) + \frac{1}{3}(\Delta F \Delta y^s \Delta y^v)$$

$$= \begin{pmatrix} 1697924.34 \\ 776115.97 \\ -286530.23 \end{pmatrix}$$

$$\Delta y_{effect}^v = (F_0 \, y_0^s \Delta y^v) + \frac{1}{2}(\Delta F \, y_0^s \Delta y^v) + \frac{1}{2}(F_0 \Delta y^s \Delta y^v) + \frac{1}{3}(\Delta F \Delta y^s \Delta y^v)$$

$$= \begin{pmatrix} 4637177.79 \\ 2651313.98 \\ 4101349.69 \end{pmatrix}$$

$$\therefore \Delta E = E_{2002} - E_{1997} = \begin{bmatrix} \Delta e_1 \\ \Delta e_2 \\ \Delta e_3 \end{bmatrix} = \Delta F_{effect} + \Delta y_{effect}^s + \Delta y_{effect}^v =$$

$$\begin{bmatrix} 661289.37 \\ 134351.65 \\ -3075313.05 \end{bmatrix}$$

进而，由技术进步效应、最终需求结构变动效应、最终需求总量变动效应的分解结果可以测算得出三种废气排放变动中三种效应的贡献率，如表 6-7 所示。

表 6-7 　三种效应的贡献率 单位：%

	1997 年三种废气排放总量（吨）	技术进步效应 $\dfrac{\Delta F}{E_{1997}}$	最终需求结构效应 $\dfrac{\Delta y^s}{E_{1997}}$	最终需求总量效应 $\dfrac{\Delta y^v}{E_{1997}}$	总效应 $\dfrac{\Delta E}{E_{1997}}$
SO_2	14042836	−40.4①	12.09	33.02	4.71
烟尘	7955580	−41.39	9.76	33.33	1.69
粉尘	12890229	−53.45	−2.22	31.82	−23.86

由式(6-7)测算结果及表 6-7 中数据可见，技术进步效应减少了三种污染物的排放（这与包括库兹涅茨假说在内的几乎所有理论分析结论相同），最终需求结构效应增加了 SO_2 和烟尘的排放，但减少了粉尘的排放，最终需求总量效应同时增加了三种大气污染物的排放。

从数值大小上比较三种效应发现，技术进步效应的影响较其他两种效应都大，同时减少了三种废弃物的排放，其中二氧化硫排放减少40.4％，烟尘排放减少 41.39％，粉尘排放减少 53.45％；最终需求总量效应对三种气体排放都产生了较大的正向影响，导致二氧化硫排放增加 33.02％，烟尘排放增加 33.33％，粉尘排放增加 31.82％；而最终需求结构效应则对三种气体排放变动的影响都较小。

就三种效应对三种气体排放的贡献来看，尽管技术效应对二氧化硫和烟尘排放减少的贡献足够大，但最终需求结构效应和最终需求总量效应的正向影响超过了技术效应的负向影响，导致二氧化硫和烟尘的排放都是增加的；对于粉尘来说，技术进步效应和最终需求结构效应之和超过了最终需求总量效应的影响，导致烟尘排放总量有所下降。三种效应

---

① 在所有测算结果中，正向数量影响增加污物的排放，负向数量影响减少污染物的排放。

的共同作用最终导致 2002 年比 1997 年二氧化硫排放增加 4.71%，烟尘排放增加 1.69%，粉尘排放减少 23.86%。

四、结论

由上述实证分析结果不难得出如下结论：技术进步可以缓解环境污染的压力，最终需求结构变动效应对环境的影响比较复杂，最终需求总量效应加剧环境恶化。所以，能源消耗在促进经济增长的同时，加重了环境污染，而减少大气污染物排放的最佳选择是加快技术进步，使技术进步效应足够大，能够抵消最终需求结构效应和最终需求总量效应的影响。

需要说明的是，影响污染物排放变动的因素有很多，以上实证研究结果，仅体现了三种因素对污染物排放变动的影响方向和影响程度，其他因素对污染排放变动的影响无法通过模型(6-7)体现出来，因此实证分解结果和常规统计数据难免有较大偏差。

6.4　小结

能源投入带来的产出不仅有经济增长，还有环境恶化。能源消耗引起的环境问题成为中国最关注的环境问题之一。本章从两个方面测度能源与环境的关联性。一方面是能源消耗与污染物排放之间关联性的直接测度；另一方面是经济发展过程中因能源消耗而对环境污染影响的间接测度。本章将在分析中国环境污染现状的基础上利用相关分析和投入产出结构分解分析方法分别测度能源投入对环境造成的直接和间接影响，从而体现能源投入产出的负外部效应。

1. 能源投入与环境污染关联性的直接测算。首先选取 1997－2007 年的能源消耗总量及四种能源消耗量和八种废弃物排放量数据，利用相关系数法测算能源消耗和废物排放之间的相关系数，计算结果表明：在 5% 的显著性水平下，废水排放、工业废气排放量、二氧化硫排放量与能源消耗有着很强的正相关性；而工业粉尘排放量与能源消耗总量和各种能源消耗总量都有着较强的负相关性；化学需氧量、氨氮排放量、烟尘排放量以及工业固体废物排放量与能源消耗的相关性较弱。

能源与环境的关系还可以通过能源消耗增长率和污染物排放增长率之间的关系来体现。选取 1997－2007 年的资源消耗总量增长率、煤炭消耗增长率为能源代表指标，污染物排放仍然选取以上八种废物排放的增长率为代表指标，计算能源消耗与环境污染之间的关系。结果表明：在 5% 的显著性水平下，废水排放增长率、二氧化硫排放增长率、烟尘排放增长率与能源消耗总量增长率、煤炭消耗增长率都是显著正相关的；而工业废气排放总量增长率只和能源消耗总量增长率是相关的，与煤炭消耗增长率之间的相关性较弱；其他废弃物排放增长率与能源消耗增长率的相关性都较弱。

2. 能源的消耗会导致污染物的直接排放，但能源用于生产过程促进经济增长的同时也会导致污染物释放的增加。本章利用前人基于投入产出方法构建的 Laspeyres 结构分解分析模型，选取 1997－2002 年期间的三种工业大气污染排放物为代表性指标进行实证研究的结果表明：技术进步效应减少了三种污染物的排放，最终需求结构效应增加了 SO_2 和烟尘的排放，但减少了粉尘的排放，最终需求总量效应同时增加了三种大气污染物的排放。

第 7 章

促进我国能源与经济、环境协调发展的
政策建议

　　能源消耗水平是反映经济社会发展的综合指标之一。当一个国家的经济发展处于工业化早期阶段时，能源消耗总量和人均能源消耗量将呈现上升趋势。由于在经济发展过程中必然发生的社会经济系统内的技术进步，以及由于工业化程度不断提高和依赖高能耗产品积累形成的社会基础设施的不断完善，经济增长对能源消耗的依赖程度将随着经济发展而呈现动态下降地趋势。这一能源经济基本规律已经被包括我国在内的许多国家的发展历史所证实。

　　从当前的国内外经济运行态势来看，未来我国的经济增长速度仍然会保持在较高的水平。按照"十五"计划，2000 年至 2005 年我国经济增长预期目标为 7％，但实际年平均速度却达到 8.9％。按照"十一五"计划，未来五年年均增长 7.5％，"十一五"计划的经济增长预期比"十五"计划的经济增长预期高出 0.5 个百分点，那么按照十五期间实际的年平均增长速度，"十一五"期间 7.5％的经济增长估计显然就保守了。根据 2006 年和 2007 年的实际经济增长速度以及 2006 年 11 月经济合作与发展组织发布的《OECD 经济展望》(*Preliminary Edition*)预测，2008 年我国实际经济增长率为 10.7％。根据这些预测和本书的研究，在经济增长方式未有明显改观的前提下，我国 2010 年的能源强度与 2005 年相比，下降幅度不会超过 15％。我国是能源生产大国也是能源消耗大国，各种燃料动力资源丰富，每年能源产量和消耗量均已达 10 亿吨以上。但能源浪费严重，节能潜力很大，不仅在能源开发、运输、加工和利用的过程中浪费严重，能源运输的压力增大，而且造成生态环境的严重污染和破坏。因此，节能降耗形势仍然相当严峻、不容乐观。

改变"高投入、高消耗、高排放、难循环、低效率"为特征的粗放型增长方式，走科学发展之路，已成为经济社会发展的迫切要求，同时也是"十一五"时期实现节能降耗目标的根本途径。本章首先全面提出节能降耗的政策建议；其次针对工业部门提出节能降耗具体措施；最后提出污染减排的具体方案，以促进能源与经济、环境的协调发展。

7.1 节能降耗的政策建议

以上能源消耗现状和实证分析结果表明，我国目前能源消耗存在"总量不足、结构失衡、效率低下、污染严重、效益不佳"等问题，应对这样的问题，我们提出来我们的政策基点是保障供应，节能优先，结构多元，环境友好，市场推动。要坚持节约优先、立足国内，煤为基础，多元发展，构筑稳定、经济、清洁的能源体系，要建设大型煤炭基地，调整改造中小煤矿；在电的开发利用上，要以大型高效的技术采用为重点，优化发展煤电，在保护生态的基础上有序开发水电，积极发展核电，加强电网建设，扩大西电东送的规模；要实行石油的开发与替代并举，扩大境外合作开发，增强石油战略储备能力，稳步发展石油替代产品，要加快发展风能、太阳能等可替代产品；我国有丰富的天然气资源，通过西气东输来不断提升天然气在我国整个能源消耗中所占的比例，改善生态环境，应成为我国优化能源结构的重要选择。

7.1.1 全面开展节能降耗的政策建议

根据本书对节能降耗制约因素的分析，转变经济增长方式，合理用能、合理供能、合理开发利用煤炭资源，调整和优化经济结构是实现"十一五"节能降耗目标的关键。在此，本文首先提出全面实现节能降耗的政策建议。

一、合理配置能源消耗结构

能源消耗结构的调整是十分艰巨的任务。进入 21 世纪以来，中国能源消耗结构的调整已经产生了巨大的环境效益，今后 10 年我国仍然要进一步优化能源消耗结构。国家发展和改革委员会能源所以及清华大学核能与新能源研究所（2000）均预测，中国未来 10 年能源消耗结构继续得到调整，逐步向有利于环境保护的"绿色化"方向发展。但考虑我国能源消耗结构时，必须从我国的实际国情出发，既要考虑我国资源储量的特点、现有的技术状况、开发能力、能源市场需求、价格的承受能力、国家政策法规等决策的相关因素，又要考虑经济发展、技术进步、勘察开发的深入等因素造成的决策因素的变化以及国外能源市场供应和价格变化的影响。

1. 坚持以煤炭为主的能源消耗结构

以煤炭为主的能源消耗结构具有中国特色。在《中国可持续能源发展战略》研究报告中，20 多位院士一致认为，到 2010 年煤炭在一次性能源生产和消耗中将占 60％左右；到 2050 年，煤炭所占比例不会低于 50％。可以预见，煤炭工业在国民经济中的基础地位，将是长期的和稳固的，具有不可替代性。我国煤炭资源占常规能源总量的绝大部分，而且品种齐全，包括气煤、肥煤、焦煤、无烟煤和动力煤等。我国煤炭资源分布广，全国有 27 个省、直辖市、自治区有不同数量的煤炭资源，煤质较好，具有低灰分、高挥发、富氧、易分解为液体和气态煤的特点。以煤为主，多种能源互补，这是我国国情和资源特点所决定的，可使我国经济建设有雄厚的、稳定的能源基础，并且易于向未来过渡。我国应当在煤炭资源合理利用方面做出有益的贡献。坚持能源优质高效的开发原则，通过开展煤的洗选加工，推广水煤浆制备新技术，加大煤炭气化研究力度，加强煤炭燃烧过程中的净化，搞好烟气处理等综合技术措施，提高煤炭的有效利用率，减少对环境的污染，降低生产成本。

2. 提升石油和天然气在能源消耗结构中的比重

目前我国东部脆弱的生态环境已不堪煤炭的高排放、高污染。专家对煤炭和天然气在相同能耗下排放污染物量对比分析发现，两者排放灰粉的比例为 148∶1，排放二氧化硫比例为 700∶1，排放氮氧化合物比例为 29∶1，因此，优化能源的生产和消耗结构可以极大地减少污染物的排放。而截止到 2006 年，我国煤炭消耗量占能源消耗总量的 68.9％，石油、天然气仅占 21％和 2.9％，后两种能源所占比重也与发达国家的差距较大。一方面我国应采取有效措施，加大石油、天然气的勘探、开发力度。近几年，西部石油和天然气、煤层气的探明储量明显增加，加上我国周边国家天然气储量约占世界总储量的 70％，将为我国开发利用天然气提供良好的条件。我国有丰富的天然气资源，到 2020 年，天然气的储量仍将保持旺盛期的特点，西气东输年运输 120 亿立方米的天然气，可替代 1600 万吨标准煤，每年减少烟尘排放 27 万吨。正当我国经济继续快速发展的时期，西气东输这一世纪工程的实施，将为我国中部和东部地区提供优质洁净的能源，但是必须把这部分宝贵的资源管好用好，科学合理利用，防止高能耗、高浪费。另一方面要在可能的条件下，采取多种途径争取进口一部分石油和天然气，如海外投资或比照投资获取一定的"份额油"、"份额气"。

3. 发挥水力资源丰富的优势

水电作为再生洁净能源应加快发展，我国水利资源丰富，理论储量 6.8 亿千瓦，其中可开发储量 3.8 亿千瓦，年发电量可达 1.9 万亿度，均居世界之首，2000 年装机容量达 7500 万千瓦，不到可开发资源的 20%。水电是可以再生的清洁能源，运行费用低，无大气污染问题，发展水电要贯彻因地制宜、大、中、小并举，以及实行流域梯级滚动综合开发的方针。三峡大坝和其他一些重大水电工程的建设，将大幅度增加我国二次洁净能源水电的比重，改善我国的供电形势。

二、要合理开发、利用能源

人类面临严重的生存与发展问题。人类期望高科技、强大能源和美好环境时代的到来。在考虑能源开发利用的宏观决策时，应有整体意识和发展意识，要有客观的现实性，也应考虑社会发展、技术进步、勘察开发的深入等造成的决策因素的影响，使我们的决策更加科学合理，开发、利用能源应坚持满足发展需要，保护环境，择优开发，合理利用的原则。

1. 首先要满足经济发展和人们生活水平不断提高的需要

发展是当代世界的一个主题，各国都不可能放弃发展，把发展国民经济放在第一位，只有发展，人类才能生存。发展是自然规律，发展是人类社会的主旋律，人类历史就是不断从低级向高级发展的历史。保持经济适度的快速发展是增强国力、提高人民生活水平的需要，走可持续发展的道路，保护环境，是我国现在和下一个世纪发展的自身需要。

经济发展为科学技术进步提供了坚实的物质基础，科学技术的成果为推动经济发展创造条件。能源产业要为经济发展和科学技术发展提供足够的动力，只有经济发展了，科学技术水平提高了，才会为勘探能源，开发能源，利用能源提供更加有效的手段。不断依赖新的科学技术，利用新的勘探手段，勘探到现在还无法勘探的大量新能源储量，通过"简易"手段，开发出现在还无法开发、利用的能源，提高资源的回采率，将污染型的能源变为洁净型的能源，不断提高资源有效利用率。发展资源产业，建立低消耗高产出的物质生产体系，保证经济增值的稳定性和持续性发展，所有这一切，都要依赖于经济发展，科学技术的进步，依赖于充足的能源供应。

2. 防治污染，保护环境

发展与环境保护已经成为当今国际社会普遍关注的重要问题。工业的高度发展，人们对人与自然关系的处置的失当，特别是由于不合理地开发利用自然资源，带来了全球性的环境污染和生态破坏，严重地阻碍着经济发展和人民的生活质量，对人类的生存和发展构成了现实威胁。化石燃料的大量燃烧，是全球气候变暖和造成大气污染的主要因素，科学家预言，这最终会改变世界气候。造成环境问题的关键，是资源的不合理利用和严重浪费。如果资源合理利用，提高资源的有效利用率，发展所需要的资源就会得到有效的控制，环境保护的压力也就会明显地减少。在能源开发、加工、运输和使用的全过程中，必须把防治污染和保护生态环境作为重要任务加以研究解决。发展绿色科学技术是一种可以保持人类社会持续发展的方向，在自然科学和社会科学相互融合的基础上，改变人们征服自然、掠夺自然的不良倾向。强调自然资源的合理开发、综合利用和保护增值，尽量采用洁净能源，追求清洁生产技术和规律的生态设计技术，生产无污染的绿色产品，为人类创造最优美、最洁净、最和谐的生态环境，是人类共同的任务。

3. 优先开发利用经济效益好、对环境污染轻的能源

坚持优先开发利用经济效益好、对环境污染轻的能源，是发展经济、减少环境污染的重要战略措施。有人会提出问题，现在我们把经济效益好、污染轻的能源开发利用了，子孙后代怎么办？这是个老问题，曾被认为是无可争辩的问题。其实，这是缺乏发展意识的表现，我们知道，现在的经济和科学技术水平与过去相比，是空前的发展提高了，但是，这只是后人发展经济和科学技术的起点，一块基石而已。我们现在的历史任务是发展经济，提高科学技术水平，给子孙创造一个较高的经济和科学技术起点，为子孙后代打下一个继续发展的坚实基础，留下一个良好的生态环境。相信他们会比我们干的更好，会利用比现在高许多的科学技术、设备和管理方法，开采、利用我们现在开发利用还不经济、污染还较重的能源资源，他们会发现更多更好的优质能源，他们会生活的比我们更好。如果由于我们利用那些现在还无法有效利用，经济效益差，污染比较严重的能源，制约了经济的发展和科学技术水平的提高，浪费了能源资源，破坏了生态环境，那才是办了贻误当代，有损子孙的傻事。

石油和天然气与煤相比，具有一系列优点：易于开采，便于运输，发热值高，使用方便，利用效率高而污染较轻，是现代比较理想的能源。从能源合理开发和利用的角度看，优先开发利用经济效益好，污染轻的能源，促进经济和科学技术的发展，减少对环境的污染程度，这种做法是正确的。一些西方国家利用物美价廉的石油来发展生产，特别是

到 20 世纪 50 年代，中东大油田的开发利用，世界各国石油、天然气的生产也得到了迅速发展，石油成了主要的能源，在过去几十年里，世界许多国家依靠廉价的石油和天然气，建设了现代的生产和生活，创造了人类历史上空前灿烂的物质文明。

4. 提高能源有效利用率

在科学技术进步的基础上，采取有效的措施，不断提高合理利用能源的水平，是世界各国共同关注的问题。合理利用能源，就是在开采、加工、运输、转换和利用的全过程中，在技术可行、经济合理、环境与社会可以接受的条件下，运用科学的管理方法（如系统工程理论和资源综合规划等），先进的技术措施最大限度地提高能源有效利用率，减少能源的浪费。将先进科学技术的成果引入能源开发、利用管理和决策方面，以调控人类的生产行为，提倡科学、文明、合理的能源消耗方式。坚持合理用能的原则，反对浪费，珍惜资源，保护生态环境，是现在和将来都必须始终坚持的原则，是永恒的主题，是功在当代利在千秋的事情。

总之，能源是国民经济和社会发展的重要物质基础，非再生能源是有限的，人们开采，加工、运输和利用这些能源是需要付出代价的。大量地开发和利用能源，不仅使有限的非再生能源日趋减少，而且要消耗巨大的人力和物力，同时燃料燃烧产生的废气，是使全球气候变暖和大气污染的主要因素，最终破坏生态环境。因此，珍惜能源资源，爱惜能源资源，合理用能，降低成本，保护生态环境，是现代人类一种责任和义务，是现代社会文明的标志。

三、合理开发利用煤炭资源

我国一次能源以煤为主的消耗构成的状况是不易改变的，这是历史形成的，同时也受我国一次能源分布、储量和能源发展基本上要立足于自给自足的因素影响和制约。在 60 年代前，我国的能源生产和消耗基本上是单一的煤炭结构，60 年代以来这种结构有了较大的改变，逐步形成以煤为主，多种能源互补的模式。自 1998 年至今，我国一次能源消耗构成中，煤所占比重均低于 70%，石油的消耗比重均超过 20%，天然气消耗比重均超过 2%，电的消耗比重均超过 6%。今后我国将继续采取一定的措施，继续减少煤炭在能源消耗构成中的比重，但是以煤为主的能源结构的基本框架是不会改变的。在合理开发和利用煤炭资源方面，还要做出以下努力。

1. 坚持经济优质高效的开发原则

在统一规划下，应坚持经济、优质高效、洁净、环保和综合利用的原则，开发利用煤炭资源。石油和天然气具有易于开采，便于运输，发热值高，使用方便，利用效率高而污染较轻的优点。一些西方国家利用物美价廉的石油来发展生产，我们必须在统一规划的前提下，利用我国煤炭品种齐全，分布广，质量好的优势，优先开发利用那些开采比较容易，便于运输，发热值比较高，使用方便，利用效率高，经济效益好，而对环境污染较轻的煤炭，停止开采和使用高硫煤。要尽快改变遍地开花，不管质量优劣，见煤就采，无序开发的局面。

2. 开展煤的洗选加工

煤的洗选处理，减少煤的灰分，可立即提高其燃烧效率(仅单纯对煤炭的洗选、筛分，按一定的粒度供煤，链条锅炉的实际运行效率就可提高到 80% 以上)并大量减少污染物排放，开展这项工作已是刻不容缓。煤经过洗煤处理可使污染物和灰分含量降低很多，硫含量低于0.8%。因此，煤洗选也是削减 SO_2 的一种投资和运行费用相对较低的技术措施。国际上仅允许含硫量少于 1% 的煤出售。通过对煤的洗选处理，除去或减少煤炭中 60% 的灰分、矸石和 30%~50% 的黄铁矿硫等杂质，是提高煤的质量，减少运输量，降低燃煤污染的重要途径。2006年，全国煤炭入选率为 33%，远低于国外 55%~95% 的水平。[①] 煤炭不经洗选造成的后果是：(1)煤的产量有虚假性，因为煤中有一部分是增加的灰分和煤矸石。(2)降低煤质，一些优质煤种由于不加洗选，不能出口到国际市场上去竞争，只能作为动力煤去燃用，而灰分大的煤燃烧效率也要降低。(3)加剧环境污染，增大了环境保护措施的投资。(4)增加了无效运输，浪费运力，一部分运力都浪费在运输灰分上了，增大运输成本和运输能耗。

所以煤炭经洗选可以达到以下四个目的：一是降低环境污染；二是充分利用能源；三是减少运力浪费；四是奠定煤炭产业链延伸的基础。我们应加大煤炭的洗选力度，煤的粉碎和清洗应避免在用能地点进行，而应在煤的采集过程中完成，重点推广在煤矿就近洗选。

3. 推广水煤浆制备新技术

水煤浆是一种煤代油的液体燃料，由大约 70%(低灰分而高挥发成分)的煤粉和约 30% 的水及少量的化学添加剂经过物理加工制备而成。它是煤和水的悬浮混合物，具有像燃料油一样的流动性，可以长距离管道输送，可以在电站锅炉、工业锅炉和窑炉中直接燃烧，还可以代替油或煤气作为燃料，水煤浆具有低污染，易输送，燃烧效率高的优点。由

---

① 资料来源：2008 年第四界中国分布式能源国际研讨会。

于水煤浆燃烧时火焰中心温度比烧煤和烧油低。故 NO 生成量较少，同时也能降低燃烧时产生的烟尘和 SO_2。燃料运行成本不到燃油或天然气的 30%。我国不但开发了具有中国特色的煤的成浆技术和水煤浆添加剂等技术，而且还研制出水煤浆生产专用设备及制备监控系统等，目前已有多座常规水煤浆生产厂建成投产，前景很好。

4. 加大煤炭气化研究的力度

煤炭气化是把处理过的煤送入反应器，通过气化剂（空气或氧和蒸汽）在一定温度及压力下转化成煤气。将煤转换成气体和液体燃料，是替代石油和天然气供应不足的有效途径。近几年许多国家对煤的气化、液化技术研究取得较好的进展，煤的地下气化技术的发展和成功，可以帮助人们解决不能用常规方法开采的巨大资源。例如，据美国能源报告，现在认为可以用常规开采的最大深度 1800 米以上的煤炭资源有 63600 亿吨，其中大约有 43000 亿吨可以用常规方法开采出来，地下气化可用的有 18000 亿吨。可见，采用先进技术利用煤炭，能使煤炭为人类社会现代化建设提供更多的清洁能源，并能使煤炭服务的时间更长一些。

5. 重视煤炭燃烧过程中的净化

煤的燃烧技术，已经取得重要的突破，研制新型燃烧器，如低 NOx 燃烧器，使燃料与空气逐渐混合或调节燃料与空气的混合比，降低火焰温度，减少 NOx 生成。当前最高效率的煤燃烧方法，是流化床燃烧。燃烧可以在常压或高压下进行，被粉碎成 6mm 以下的煤粉，同水或空气混合后，喷入已形成灼热煤粉旋流的炉膛中，通过控制供煤量和管中的水流量，保持炉火温度恒定在 850℃～870℃ 的相对低的水平。这一较低的燃烧温度可以使 SOx 的排放量减少约 400mg/Nm3，减少了约 75%；NOx 的排放量低于 500mg/Nm3，具有流化床的大型锅炉由于控制技术完备，只释放出少量的 SOx 和 NOx，因此供热厂不必配备进一步的烟气净化设备。在热煤生产设备中，温度很高，设备损耗严重，因此必须采取措施来提高效率，降低耗煤量，大大减少污染物排放量和增加有关部件寿命。30MW 以下的小型集中锅炉应该由区域供热网取而代之，因为大型锅炉使用流化床可以得到更高的燃烧效率，同时可使污染物降低很多。第二代硫化燃烧技术—循环流化床，可进一步降低 NOx 排放量并提高脱硫效率和燃烧效率。燃煤中也可加入纳米级助燃催化剂，帮助煤充分燃烧，提高能源的利用率，杜绝有害气体的产生。

6. 搞好烟气处理

燃料燃烧后产生的烟尘和有害气体，是造成大气污染的主要有害物之一。烟尘能够对人体健康、产品质量甚至农作物造成危害，损害建筑，破坏森林和土壤，影响气温改变。例如小于 10 微米的飘尘易吸入人体，而引起呼吸道疾病。飘尘和二氧化硫混合气体形成的粉尘烟雾，对人体健康是极大的危害；二氧化硫会导致地面酸化，形成酸雨腐蚀建筑，毁坏动植物；氮也会引起酸化且对臭氧层产生副作用；二氧化碳、氧化氮及甲烷都会产生温室效应；重金属影响微生物原生质，且始终存在其中，只能逐渐地在食物链的最高级处理完结。

经验告诉我们，加高烟囱仅能使烟尘远离地面，单纯除尘远远不能满足环保要求。排放的烟气必须除尘、脱硫、除氮。采用湿式或干式脱硫工艺，如粉尘在旋风除尘器、机械过滤器或静电过滤器中除去硫，通过添加石灰进行分离，形成石膏作为最终产品。还有许多方法可以脱硫，其技术一直在发展，脱硫的效率高达 95%；烟气通过催化剂在 300℃～400℃下加入氨水，可脱出 NOx 的 50%～80%。

现在一些发达国家的经济已在一定程度上完成了"新经济"对传统经济的取代，经济增长对资源投入的依赖程度已大大减弱。根据世界能源发展新战略规划，发达国家人均能耗将从 1980 年的 6.78 吨标煤，下降到 2020 年的 3.44 吨，到 2020 年世界能源总消耗量将维持在 120 亿吨标煤左右。现在发展中国家，也不会再简单的重复发达国家走过的高能耗的老路，世界总能耗量将出现逐年下降的趋势。现代社会生产和生活的发展，为合理开发有效利用能源，提供了强大的经济、技术和物质条件。在知识经济的时代，现代科学技术的发展正在改变自然，改变社会，改变人类的生活条件和生活方式。这一切，都在以前所未有的力量和速度进行，只要合理开发、有效利用能源的工作得到落实，能耗的增长就会得到有效的控制。

四、优化产业结构

中国目前正处于资源消耗第二层级，资源高消耗的特征非常明显，也正是资源效率改善的关键时期，进一步加大节能降耗力度，开发新能源新材料，大力提高资源利用效率，是中国社会当前一项艰巨而迫切的时代任务。从另一个角度看，这也说明我们有节约资源的巨大潜力。

产业结构变动是影响能源消耗的重要因素。因此政府和能源生产部门在制订国民经济发展规划以及能源生产计划时，要充分考虑到产业结构变动对能源消耗的影响，不能仅考虑经济增长速度和经济总量的变化。

中国产业结构中第二产业仍居主导地位，第二产业能源消耗占我国能源消耗总量的很大部分，支柱性产业（如钢铁冶炼、加工企业等）往往都是高能耗企业，若一味追求工业规模的壮大和发展，则会推动能源消耗增长，并可能加重环境恶化，甚至引发能源安全等一系列问题。借鉴发达国家的经验，我国政府可借助税收、法律等手段约束和引导相关产业向低能耗、高能效的方向发展。对于能耗高的支柱性产业，可以从政策上对使用节能型设备的企业予以鼓励和支持；对于能耗高的非支柱性产业，可适当限制其发展规模，使产业结构朝着有利于可持续发展的方向调整。

进一步加大第三产业特别是现代服务业的发展力度，大力扶持高附加值、高科技、资源节约型产业的发展。目前，第三产业的发展空间仍然十分巨大，大力发展第三产业有助于降低资源压力，同时应采取有力措施促进高科技成果的产业化，大力推动高科技、高附加值产业的发展。要制定并切实实施科学合理的贸易战略，调整进出口产品结构，适当减少资源消耗型初级产品的出口，促进高科技产品的出口。中国当前的出口结构以资源密集型、劳动密集型初级产品为主，下一步应大力推动深加工、高附加值、低资源消耗的高科技产品出口。政府应制定一个科学合理的国际贸易战略，利用各种经济政策促进进出口产品结构调整，如可以考虑对企业征收资源消耗税和环境保护税，以遏制企业的资源浪费行为，推动循环经济的发展；同时从进出口补贴、税收等政策方面鼓励资源密集型初级产品的进口与高科技、高附加值产品的出口。

五、大力发展环境友好能源

所谓环境友好能源（Environment Friendly/Sound Energy）是指不产生环境污染或对环境影响较小的一类能源，主要包括可再生能源、清洁能源和新能源。从能源的长期发展来看，包括太阳能、风能、地热能、海洋能和氢能等在内的环境友好能源，不仅资源丰富，而且不产生或很少产生污染，既是近期重要的补充能源，也是未来能源结构的基础，对能源的可持续发展起着重要作用。

从世界范围看，不仅日本、法国、德国、意大利等能源缺乏的国家非常重视新能源的开发利用，把增加新能源的利用作为增加国内能源供应、改善能源结构的主要措施之一，像美国这样常规能源丰富的国家，新能源的发展也十分迅速。21 世纪，中国能源发展将面临能源供需缺口加大、石油后备资源不足、以煤为主的能源消耗结构带来严重污染破坏三大矛盾。即便充分考虑到技术进步、经济结构调整等因素，初步预测 2010 年中国能源需求总量为 23 亿吨标准煤，2020 年约为 30 亿吨标准煤。对于煤炭资源来说，尽管储量比较丰富，但也总有耗尽之日，化石能源发展的资源约束日益严重。为实现能源与社会经济、环境的可持续发展，除了积极实现常规能源的高效优质化利用、提高能源利用效率、加快发展核电外，开发利用太阳能、风能、地热能等新能源，形成多种能源相互补充、新能源技术加快发展、可再生能源从补充能源上升为替代能源的格局也是 21 世纪改善能源结构、减少污染排放、保护环境的重要举措之一。

六、发挥政府在节能降耗中的职能

鉴于目前严峻的节能降耗形势，为确保实现"十一五"规划纲要提出的节能目标，国务院及有关部门出台了一系列的节能降耗政策，采取了一系列措施。2006 年 8 月 6 日，国务院下发了《关于加强节能工作的决定》(国发[2006]28 号)，指出"必须把节能摆在更加突出的战略位置"，"必须把节能工作作为当前的紧迫任务"。根据我们对"十一五"期间能源需求、节能潜力的预测结果和国家规划中的节能目标，提出如下建议：

(1)提高居民消耗对经济增长的贡献，引导产业结构向低耗能方向发展。积极调整和优化国民收入分配体系，逐步实现国有企业的部分利润上缴国家，加大政府对卫生、教育、社会保障等领域的投入，减少固定资产投资在政府支出中的比重，通过财政、税收等政策努力增加居民收入(特别是农村居民收入)。

(2)降低投资率，优化投资结构。严格执行固定资产投资项目的土地、环保、安全等市场准入标准，引导投资结构向低能耗、高附加值方向转变，把节能与提高经济效益紧密结合起来；把节能降耗指标纳入到地方各级政府的工作绩效考核体系中，抑制地方政府对高耗能行业的投资热情。

(3)积极依靠市场机制和价格信号对节能的引导作用。继续推进天然气、成品油、煤炭等能源价格体制改革，逐步减少补贴，加快建立能够反映要素稀缺、市场供求关系和环境成本、有利于节约的能源价格形成机制，尽快完善市场主体的自觉节能机制，积极发展合同能源管理等能源服务业。

(4)加大技术进步对节能降耗的贡献。可选择的技术中，首要的策略是引进可替代燃料，如 CNG(压缩天然气)、天然气，而不是用石油价格上涨来抵消能源紧张。

(5)制定合理的环境标准推动能源技术进步。环境标准是环境保护的准绳，直接引导环境保护的目标和政策取向。能源部门应打破认为环境标准阻碍或者约束了能源发展的观念，与政府部门共同制定适当的环境标准，将环境标准看作是推动技术进步和能源环境保护的"双刃剑"。尤其是在能源需求快速增长的时期，要充分利用环境标准来推动能源生产与消耗的技术进步，从源头上削减能源的环境污染。

（6）运用经济手段促进环境友好能源。在 21 世纪前 20 年建立和完善市场经济过程中，应全面运用市场经济手段控制污染，促进能源的可持续发展。市场手段可以从两个方面着手：一是利用硫税、氮税、生态环境补偿、电力环保折价等税收价格政策实现能源活动环境成本内部化；二是利用排污交易、绿色电力市场、可再生能源配额信用等市场交易手段降低消减污染的社会成本。

7.1.2　提高工业能效的具体措施

由于经济生产过程的性质及产品特点等原因，不同工业行业生产同等产值所需的能源消耗不同，甚至差距极大。因此，能耗水平与工业结构有很大的关联，工业结构差异将导致能源消耗量的不同，进而影响能源强度。由上述行业能源强度的大小比较可见，原材料加工业的能源强度要比半成品或成品加工行业的能源强度高。"十五"期间，我国总能源强度呈上升趋势，主要根源于高耗能工业外延式高速扩张发展而导致的部门结构重型化。冶金、建材、有色金属等能耗密集型的重化工业行业增加值的增长速度明显高于机械电子、通信设备等高附加值行业，工业能耗 5 年增加了 6.3 亿吨标准煤。高能耗工业行业超常发展引发的结构性耗能量的绝对增长，是整个经济能耗强度居高不下的深层次原因，是降低工业能源强度的首位制约因素，也是单靠技术节能难以解决的问题，而且在一定程度上抵消了技术进步使单位工业增加值能耗强度下降的效果。同时，多数工业企业或装备没有形成合理的经济规模，进而影响到高效先进的工艺和技术使用，产品单耗较高，这也是造成我国高耗能工业综合能耗显著高于工业发达国家的主要原因。如大型钢铁联合企业吨钢综合能耗与小型企业相差 200 千克标准煤左右。

近年来，我国工业增加值占到了国内生产总值的 40% 左右。而在能源终端消耗总量的产业构成中，自 1990 年以来，工业能源消耗占能源消耗总量的比重始终保持在 70% 左右。工业是我国能源消耗的最大部门，既反映出我国工业领域能效偏低的事实，也表明降低工业耗能是提高能效的关键。工业的节能效果在很大程度上直接影响着"十一五"节能约束性目标的实现。对主要高耗能行业能源消耗情况分析表明，采掘、钢铁、石油加工、化工原料、有色冶金、建材水泥、电力等高耗能工业行业是能源消耗的主要部门。2005 年，这 7 个行业增加值只占全部工业增加值的 37％，能源消耗量却占工业能源消耗的 64.4％。① 我国工业领域的高能耗产业单位产品能耗和工艺能耗与国际先进水平仍有很大差距，据国家发改委有关专家测算(2005)，目前我国能源利用效率仅 33％，比发达国家约低 10 个百分点。电力、钢铁、有色、石化、建材、化工、轻工、纺织 8 个主要高耗能行业的产品单位能耗比国际先进水平平均高出 40％以上，其中，火电供电煤耗高出 22.5％，大中型钢铁企业吨钢可比能耗高出 21.4％，水泥综合能耗高出 45.3％，纸和纸板综合能耗高出 12％。可见，如果能源利用效率达到国际先进水平，按单位产品能耗和终端用能设备能耗计算的节能潜力会相当可观。

工业能效问题，既是一个技术问题，更是一个经济问题。因而，作为经济问题的研究者必须从经济的角度来综合研究和分析工业能效问题，以获得更多的深入而准确的认识。工业能效的具体指标，是地区经济运行和发展中深层次问题的具体反映，工业节能是一项系统工程，一个地区要降低单位工业增加值能耗，既取决于其工业结构、投资结构、产业布局、能源结构、技术创新能力、节能意识等方面的因素，也取决于节能法规和标准体系、政策保障体系、技术支撑体系、监督管理体系等的建立和完善。我国应强化能源节约和高效利用的政策导向，从结构、管理、技术、政策等多维角度，探索推进产业节能的有效手段和方式，提高能源效率。在国家和地区节能中长期发展规划的指导下，实现不同发展阶段的节能目标，推进工业节能向系统化、深层次方向发展，保证实现产业节能目标的科学性和严肃性。

根据中国能源消耗的工业行业特点，结合本文工业能源消耗影响因素的分析结果，提出以下节能降耗的政策建议，以期提高各种能源产品的行业利用效率，进而提高能源产品的整体利用效率。

一、注重构建节能型工业结构，使结构优化调整成为提高产业能效的重要途径

结构节能指通过工业结构、产品结构、企业结构、地区结构等多层次的合理调整变化而引致的能源强度降低和能源消耗量减少。从工业行业结构角度分析，未来工业结构和终端能源需求的变化趋向是向高能耗方向还是向低能耗方向发展，是产业能效的最基本影响因素。构建节能型工业结构的核心线索是：通过调整产业比例关系，逐步建立低耗能的发展模式，注重提高高技术制造业在工业中的比重，发展壮大电子信息业、电器机械制造业等低耗能高附加值产业，压缩高耗能低效率产业。

---

① 资料来源：彭志龙，《能源消耗与 GDP 增长关系研究》，统计研究，2007 年 7 月。

依靠节能技术，改造重点用能产业，降低现有重点用能产业的能耗水平；对钢铁、石化等高耗能企业则通过资源整合，实现规模效益，控制能源综合消耗量，提高产业节能整体能力。结构节能的细化操作目标与措施主要是：(1)控制投资规模与调整投资结构，注重新增产能的能效水平。提高高耗能产业市场准入条件，实施建设项目能耗审核制度。新增固定资产投资项目，必须严格遵守合理用能标准和节能设计规范，达到该行业能耗国内先进水平。(2)合理调整产业布局。按照循环经济要求对开发区和重化工业集中地区进行规划、建设和改造，优化高耗能项目的产业布局，发挥产业集聚和工业生态效应，围绕核心资源发展相关产业，形成资源高效循环利用的产业链，努力提高资源产出效率。

二、建立严格的精细和精益管理，构建企业能源节约和管理的长效机制

能源消耗成本是企业尤其是高耗能企业生产成本的重要组成部分，是影响产品竞争力的重要因素。减少能耗支出，形同于增加企业利润空间。因此，要建立市场主体自觉节能的意识和机制。(1)大型企业应瞄准国内、国际同行业同类型企业能源消耗与资源利用的先进水平，建立完备的能效水平对标管理系统，努力挖掘节能潜力。(2)重点耗能企业应逐步建立节能管理网络，有条件的企业可引入"能源实时监控及信息管理系统"，设立节能监测室，通过对各种生产和消耗过程进行数字化、智能化的实时监测和调控，加强能源消耗成本管理，提高能源管理的精度及效率。(3)将资源节约和综合利用纳入经营业绩考核体系。企业建立完善的能耗分析和评价制度，确定万元产值能源消耗定额，将节能降耗融入生产经营的各个环节，推行绩效合同等。

三、以技术创新求节能，是产业部门挖掘节能潜力的重要途径和手段

技术进步对能源消耗总量有很大影响，推广应用先进、成熟的节能新技术、新工艺、新设备，是节能降耗最有效、最现实的途径，是未来5～10年我国提高能源效率的重点。技术节能的细化操作目标与措施主要是：(1)能量系统优化工程。在重点行业和重点企业的生产系统，采用能量系统分析与最优综合的方法，针对耗能重点部位和环节，通过能源供给的规划优化，企业和装置的工艺流程优化、生产过程优化运行，以及原料优化、公用工程能量系统优化、企业余热利用集成和采用先进的控制技术、高效节能设备等，有效降低重点行业和重点企业单位产品综合能耗。石油石化企业以石油钻采装备现代化和炼化装置规模化为重点，全面提升技术水平和生产效率。钢铁行业通过实现全转炉炼钢，开

发高附加值节能环保钢材，短流程全连铸、全热送、全连轧，使生产工艺和流程进一步优化，促进能源消耗和主要经济技术指标的进一步优化。电力工业推广使用高效节能的发电及输电设备等。(2)通用设备系统节能工程。通过引进和示范推广通用能耗设备的节能工艺改造，平均提高机、泵、炉等主要耗能设备终端能效。如在风机、泵、中央空调系统采取变频调速技术，可以节电 20%～30%。在全国约 1000 多万台工业电动机中，若能采用高参数、大容量发电机组及高效辅机，工业部门供电煤耗可降低 10%左右。(3)绿色照明节能工程。照明的能耗通常占工业能耗的 20%或更多。一般而言，节能照明设备在提供相等照度前提下，其能耗只相当于白炽灯的 1/10～1/15，而将传统的白炽灯改造成节能照明设备的投资回收期通常不超过 2 年。

四、完善节能管理体系，充分发挥政府对节能降耗工作的主导作用，规范和约束用能行为

通过加大宏观调控力度，完善节能管理体制和保障体系，建立产业节能的长效促进机制，推动经济增长方式的根本转变。(1)健全和加强政府节能管理体制。在国家或地区、重点行业和重点企业的不同层次建立能源管理信息系统，加快建立能够反映各地区能耗水平、节能目标责任的节能统计体系、考核体系、监测体系，将节能降耗纳入各地经济社会发展综合评价和年度考核体系，对重点用能企业开展节能审计。进行工业能源效率的国际和国内比较可以清楚地了解我国能源效率的水平及可能的节能潜力，为我国能源效率的改进提供一个可参考性的追求目标值。要将节能潜力分析细化到行业、部门、企业、产品，分解节能指标，严格实施节能考核。各省区应研究制定"鼓励节能技术设备"和"限制淘汰高能耗、高污染的落后技术设备"两个目录，优先支持发展对经济增长有重大带动作用的低能耗高附加值产业；制定风机、水泵、变压器、电动机等工业用能产品强制性能效标准。(2)建立和完善综合性的节能降耗促进政策体系，在宏观政策的各个方面充分体现节能优先的方针。制定和修订促进企业节约能源和高效利用能源的法律法规和标准。修订《中华人民共和国节约能源法》，增强其中企业节约能源的内容。修订和完善《中华人民共和国节能法》和《中华人民共和国可再生能源法》。注重运用价格、财税、金融等手段促进能源资源节约和有效利用。对重点能耗产业制定万元增加值能耗或产品单耗限额标准，超过限额标准的耗能，实施累进加价。将节能作为财政扶持、税收优惠政策的实施重点，利用财税分配政策促进节能。国家财政预算单设节能科目，安排节能专项资金，地方财政建立起相应的配套资金，由政府财政、经贸、价

格主管部门共同监督使用，主要用于支持节能技术产品的研发、节能技术改造和节能奖励。通过增加促进节能的财政支出，合理引导产业发展和能源消耗。财政性节能支出专项，作为政府科技投入的重点，组织实施重大节能技术专项，支持节能示范项目和示范工程以及节能新技术的推广等。日本企业进行节能技术改造时均可向国家申请专项支持资金，最高资助额度可以达到总投入的 20％。我国也应将节能目标纳入税收优惠政策框架，使企业在采用新技术改造旧设备时可以在贷款、税收、计费等方面得到支持。对高效节能新产品的生产或销售过程实行优惠税率，对提供节能服务的企业给予适当的税收优惠，恢复企业合理提取节能奖励基金的财务渠道。适时制定和发布工业节能技术政策，定期公布节能新技术与导向目录，鼓励支持节能、高效产品的推广应用。

五、促进节能服务产业做大做强，全面推行合同能源管理等与市场经济相容的节能机制

培育和扶持社会节能中介服务机构，推行合同能源管理、电力需求管理等节能中介服务机制，推动建立节能投资担保机制，促进节能产业化。倡导整体节能改造，鼓励发展能够提供整体、全方位能源解决方案的能源服务提供商（ESCO），使其成为提供"全面节能"解决方案、节能新技术以及前沿技术研发的主体力量。引导能源服务提供商的业务范畴由单纯的节能技术、产品的开发向提供全面节能解决方案方向发展。即根据客户的整体情况，依据其不同的能源管理分配和不同的设备状况，提供能够达到综合节能效果的整体节能改造方案，包括提供技术产品、整体能源审计、方案设计、项目融资、工程实施等整体服务。引入和逐步发展通过能源服务提供商运作的合同能源管理的节能项目投资机制，由能源服务提供商引入资金、技术对企业的能源使用和管理做综合诊断，然后提供节能项目设计、设备选购、安装调试、维修保养等系列服务。能源服务提供商负责支付设备改造所需节能投资，然后每年从客户节约下来的费用中抵扣并从这一过程中获利，其实质是以实施节能项目取得的节能收益来支付项目全部费用的节能筹资方式。

7.2 污染减排的政策建议

前面章节的实证分析结果表明，最终需求、技术进步、产业结构都是影响我国污染物排放变动的重要因素。但工业部门一直都是支撑我国经济发展的核心部门，通过减少产出来实现我国工业部门的污染减排是不可取的。通过加快技术进步、调整产业结构来实现污染的减排才是可取之举。

7.2.1   加快技术创新、实现污染减排的具体措施

能源燃烧后产生的烟尘和有害气体，是造成大气污染的主要原因之一，以上实证分析结论表明加快技术进步是减轻大气环境压力的关键。2007 年 6 月，国务院下发的《节能减排综合性工作方案》要求采取一系列措施促进节能减排，其中最重要的一项就是依靠科技进步，加快技术开发和推广，由此可见技术创新在污染减排中的重要作用。关于技术创新主体，英国经济学家弗里曼（Chris Freeman）通过对日本案例的研究，认为在现代生活中，虽然企业是创新的主体，但由于创新所需要的要素日益增多，所需要的条件日益复杂，所以相当部分的创新仅仅依靠企业自身根本无法完成，还涉及政府部门、科研机构、中介组织等，乃至有助于创新的政策体系、制度框架和决策机制。在此，充分结合我国国情和社会经济发展特征，在大力实施科技振兴环保战略、加快建设环境科技创新工程方面，从政府、科技部门和消耗者的角度重点提出如下政策建议，从而为污染减排提供全面和长期的科技支撑。

一、政府在节能减排、技术创新投入方面必须发挥主导作用

企业作为"理性经济人"，其所从事的技术创新必须能够给企业带来经济收益，即在客观上要求该类技术的应用和商业化具有排他性、竞争性的特征。否则，对于具有非排他性或非竞争性的技术创新来说，创新的主体不是企业，而是政府。正是从外部效应角度考虑，污染"减排"的社会效益高于经济效益，甚至会降低企业经济效益，没有政府运用行政、法律和经济手段的强力推进，难于取得实质性进展。因此，政府可更多使用以价格和税收为核心内容的经济手段，激励社会全体成员自觉"减排"；同时，也要注重运用法律手段规范各类主体行为。此外，持续的科技支撑需要稳定的财政支持渠道和长效运行机制。在促进污染减排的科技创新投入方面，政府可以重点抓好以下几点：建立"减排"科技投入的稳定增长机制，实施财税优惠政策，支持国家实验室和国家重点实验室建设，推动产学研有机结合，保障重大科技专项顺利实施；促进区域科技创新体系建设，积极开展"减排"投资试点，完善"减排"投资引导基金政策，拓展中小企业发展专项资金支持范围；采取以奖代补等方式和强制政府采购政策，支持重点减排工程、中西部地区污水管网、污染减排监管体系等建设，加快建立促进"减排"新机制；而对于经济欠发达但在"减排"科技投入方面做出突出贡献的地区，中央财政可给予适当补助和奖励。

二、科研部门应组织开展减排关键技术的研发、产业化示范和推广

一是科研部门应加快开展典型行业污染控制技术研发，加强环境保护高科技领域创新团队和研发基地建设，推进建立以企业为主体、产学研相结合的污染减排技术创新与成果转化体系，攻克一批污染减排关键和共性技术。包括研究焦化废水处理和无害化利用集成技术，以及焦化废水回用技术；针对钢铁企业烧结机二氧化硫排放控制的技术难点，研究开发脱硫效率高、硫资源能够得到充分回收利用的烧结机脱硫技术和副产品回收技术；研究循环流化床锅炉二氧化硫及 NOx 污染治理关键技术，优化技术参数，研究循环流化床综合脱硫、脱硝工艺方案等。二是针对火电、有色、钢铁等污染减排重点行业，科研部门要做好行业工艺、技术和污染治理技术的调查和评估工作，筛选其中对减排贡献大、技术比较成熟、经济可行的技术，进行典型示范，并在示范的基础上进行推广。三是抓住当前知识经济方兴未艾和我国加入 WTO 的大好时机，加快产业结构调整，促进绿色产业发展。比如，通过技术创新生态化，积极推行生态农业、有机农业等可持续农业生产模式，使农业经济与农业生态环境体系和谐、稳定、健康发展；开发与推广清洁技术、无废少废工艺、污染预防技术等绿色技术，大力改造那些高度消耗能源、对环境造成严重压力的传统产业，利用国际发达国家的资金和先进技术，发展"环保＋效率"的新型工业经济；大力支持发展高科技、无污染的新兴产业，重点发展物质消耗低、附加值高的电子信息、生物工程、新材料等高新技术产业；加大环境保护投入，进行环保工程建设，扩大环境产品贸易，开展绿色技术的开发和产业化，提高 21 世纪的"朝阳产业"——环保产业的竞争力。对于新建和引进的开发项目，要严格环境要求标准，防止已淘汰的生产工艺、技术设备，甚至危险废物向我国转移。

三、创新消耗理念，倡导绿色消耗

英国著名经济学家马歇尔曾指出："一切需要的最终调节者是消耗者的需要。"人类新的消耗欲望诱导人们开发新产品，开辟社会生产新领域，因而消耗引导技术创新的发展方向。绿色消耗作为一种健康、文明、科学的消耗创新理念，是人类在取得巨大物质财富的同时，面临环境污染、生存危机时所作出的理性选择。绿色消耗就是指消耗者在决定是否购买某种商品或接受某种服务时，不仅要考虑商品的使用价值和消耗需求的满足，而且要考虑环保效应。绿色消耗是学习后消耗创新的典型。因此，我们必须做到充分利用各种新闻媒体，以群众喜闻乐见的宣传形式，大张旗鼓地宣传绿色消耗的意义，激发消耗者的绿色消耗意

识，提高对再生产品的认可度，介绍绿色商品的识别和购买常识，培养绿色消耗习惯，使消耗者能正确处理好消耗效益与绿色消耗之间的辩证关系，做到宁愿多花一点钱也选择绿色产品或接受绿色服务，即无公害、无污染、安全健康的产品和服务；运用经济调节手段，调整社会收入分配结构，建立、健全社会福利保障制度，发展绿色消耗信贷，或者政府投入一定财力，奖励一定的绿色消费个人、社区和组织，引导人们购买消费"绿色"产品，或者改革财税政策，对绿色产品实施财政补贴，对绿色产品生产企业实行减免税支持，以增加绿色产品价格竞争优势，培育绿色消费热点。用消费者手中的货币选票淘汰那些不符合环保要求的产品，增加绿色产品的市场份额，引导生产者和创新者走技术生态化之路。

7.2.2　中国重点工业部门二氧化硫减排方案设计

近些年来，虽然有些大气污染物的排放量已逐步得到控制，但由此带来的环境问题还是相当严重的，二氧化硫污染更是有增无减。由于烟尘和粉尘排放的控制技术较为成熟，控制目标较易实现，且资金投入较二氧化硫相对较低，因此，二氧化硫的减排问题是尤其值得关注的问题。中国环境规划院在《全国电力行业中长期二氧化硫减排规划及实施方案研究》中提出了未来全国二氧化硫排放的控制目标分别是：2010 年 1600 万吨，2020 年 1350 万吨。导致我国二氧化硫排放量较大的主要原因如下：首先，在我国现有国民经济体系下，煤仍是主要能源；其次，广大的农村也主要以煤作为生活能源；再次，我国煤的含硫量较高等。2006 年 8 月 3 日，国家环保总局在新闻发布会上透露，2005 年全国二氧化硫排放总量高达 2549 万吨，居世界第一。关于二氧化硫减排，国内学者研究主要集中在全局减排和单个重点部门减排。全局减排方面，王晓玲(2002)指出，通过二氧化硫税的征收来实现二氧化硫的减排，刘东生(2006)等通过对治理二氧化硫烟气主要方法的描述探讨了二氧化硫污染治理及其资源化利用的新途径，许宏良(2005)由焦化厂烟气中二氧化硫减量排放的探讨来讨论全局二氧化硫减排等；单个重点部门方面，唐燕秋等(2006)用排放绩效方法测算了重庆市火电行业二氧化硫总量控制目标并提出了总量配额分配方法，王志轩(2006)探讨了火电厂二氧化硫控制问题及对策。国外学者更多的是关注二氧化碳的排放。如西班牙学者 Tarancón and Río (2007)提出了灵敏度分析和指示指标分析法对二氧化碳排放状况进行了研究，这也是本文后面要参考的主要方法；Albrecht et al. (2007)基于投入产出 SDA 方法对二氧化碳的排放进行了分析。借鉴以上学者的研究成果，利用指示指标法将部门归类，从而对单个重点部门制定二氧化硫减排方案来缓解大气污染。

一、二氧化硫污染重点行业的界定

1. 指示指标分析法的定义

参考 Tarancón and Río 的指示指标分析方法和思路[1]，并结合中国实际情况进行指标与阈值调整，将工业部门进行重新进行部门分类，针对分类结果提出二氧化硫减排对策。

关于指示指标分析法，本文提出两种指示指标：内部指示指标(Intensive Indicator)和外部指示指标(Extensive Indicator)，定义如下：

设 $x_i(i=1,2,\cdots,n)$ 为 i 部门的总产出，s_i 为 i 部门单位产值二氧化硫排放量，e_i 为部门的二氧化硫总排放量，内部指示指标是标准化后的 s_i，外部指示指标是标准化后的 x_i。

s_i 与 x_i 标准化的过程如下：

$$\hat{s}_i = \frac{s_i}{\sum_{j=1}^{n} s_j} \cdot 100n \,, \quad \hat{x}_i = \frac{x_i}{\sum_{j=1}^{n} x_j} \cdot 100n \,, \quad (i=1,2,\cdots,n)$$

通过两种指标的设计，得到单个部门的二氧化硫减排方案。内部指示指标大的重点部门减排主要规划在部门减排方案中，外部指示指标较大的规划在系统减排方案中。所谓部门减排，指通过部门除硫技术的提高来实现二氧化硫减排；所谓系统减排，指通过经济系统内部门之间的影响来实现二氧化硫减排，比如前向或者后向部门在生产技术和管理方面的进步使得二氧化硫排放减少等。

2. 部门内部指标与外部指标的测算

表 7-1 是 1997－2006 年期间我国重点行业二氧化硫排放占工业部门排放比例变化情况。由表 7-1 数据可见，1997－2002 年期间，电力煤气及水生产供应业二氧化硫排放量占所有工业行业的 40% 以上，是二氧化硫排放最多的部门。在此期间，二氧化硫排放比重较大的行业还有非金属矿物制品业，化学工业，黑色金属冶炼业和有色金属冶炼业。这些行业可以被称为是二氧化硫重污染部门。

---

① Miguel Angel Tarancón, Pablo del Río, Emissions and intersectoral linkages, the case of Spain [J], Energy Policy, 2007, 35, 1100－1116.

表 7-1　重点行业二氧化硫排放比重变化趋势　　单位:%

行　业	1997年	1998年	1999年	2000年	2001年	2002年	2003年	2004年	2005年	2006年
电力煤气及水生产供应业	53.2	41.6	42.1	43.2	53.5	54.9	58	57	58.9	59
非金属矿物制品业	8.7	18.9	20.1	20.4	11.6	11.4	10.4	10	9	9.1
化工工业	4.8	5.6	5.5	5	5.8	5.4	6.9	7.1	6.8	6.5
黑色金属冶炼业	5.9	4.7	4.7	4.6	5.4	5.9	5.6	6.5	7.2	7.3
有色金属冶炼业	5.3	4.2	4.4	4.4	4.5	4.9	3.9	4	3.6	3.4

数据来源:《统计年鉴 1997－2007》。

　　为与 2002 年投入产出表数据相结合进行指标测算,在此以 2002 年为研究年度来重新计算 13 个工业部门的内部指标与外部指标,重新界定二氧化硫重污染部门。2002 年全国二氧化硫排放量为 1926.6 万吨,比上年降低 1.1%,其中工业二氧化硫排放量为 1562.0 万吨,比上年降低 0.3%,工业二氧化硫排放量占全国二氧化硫排放量的 81.1%;生活二氧化硫排放量 364.6 万吨,比上年降低 4.3%,占全国二氧化硫排放量的 18.9%。生活二氧化硫排放主要与农村收入状况和新燃料的开发普及等因素有关,而工业二氧化硫的排放则比较复杂,基本以重点行业排放为主。

　　在进行指示指标分析时,先对各工业部门进行了第一次筛选,筛选标准是阈值,单个部门二氧化硫排放量在整个经济体排放中的比重超过该值则定义为重点部门,在这里采用的阈值是 2%(在这个阈值范围内的部门二氧化硫排放约占整个工业部门排放总量的 77.58%)。筛选结果如表 7-2 所示。

表 7-2　2002 年重点部门的二氧化硫排放比重、内部指示指标与外部指示指标

	二氧化硫排放比重%	内部指示指标	外部指示指标
采掘业	2.74	31.56	82.57
食品制造及烟草加工业	2.95	24.16	115.9
造纸印刷及文教用品制造业	2.66	44.67	56.43
石油加工、炼焦及核燃料加工业	2.74	53.29	48.7
化学工业	7.08	38.96	172.66
非金属矿物制品业	11.37	232.35	46.46
金属冶炼及压延加工业	10.91	84.19	123
电力煤气及水生产供应业	55.24	740.80	70.77

　　表 7-2 中的 8 个部门为二氧化硫污染重点部门,计算这 8 个部门的内部指示指标和外部指示指标,结果如表 7-2 所示。由表 7-2 中计算结

果，进一步将这 8 个部门划分为两类，即 A 类和 B 类，分类结果如表 7-3 所示。

表 7-3　二氧化硫污染重点部门的再分类

金属冶炼及压延加工业	
化学工业	
造纸印刷及文教用品制造业	A
食品制造及烟草加工业	
采掘业	
石油加工、炼焦及核燃料加工业	
非金属矿物制品业	B
电力煤气及水生产供应业	

表 7-3 中 A 类部门的一个最大特点就是外部指示指标大于内部指示指标：这些部门二氧化硫排放由产出决定。A 类部门过去和目前都为我国国民经济做出了巨大贡献，因此大幅度减少其产出规模不是最优选择，要做的是改变能源结构，也就是减少使用二氧化硫产生多的能源。中国工业部门的燃料构成主要是煤、石油、天然气和电。但中国后三种能源产出的有限性使我国几乎所有工业部分能源消耗均以煤为主要燃料，所以，尽管近些年来，中国已逐步加大了石油、天然气和电这三种能源的消耗比重，但煤的消耗一直还占能源消耗总量的 65% 以上，可见通过减少煤的消耗数量使得环境污染得以解决的问题任重道远，但是从改变燃料结构来减少二氧化硫的排放这个思路必须坚持。

B 类部门的最大特点是内部指示指标大，而外部指示指标则处于重点部门中后几位。部门二氧化硫的排放主要源于单位产出二氧化硫排放量大，因而对除硫技术进行改进和提高生产效率会有很好的效果。以电力煤气及水生产供应业为例，短期来看：基于目前的经济形势，电力需求比较旺盛，所以直接减少发电量不现实；间接减少发电量可以考虑，可以减少电力资源的浪费。长期来看：能源的替代，如增加核电、太阳能等的发电比重可以有效减少二氧化硫排放。短期对产量的控制不可行的情况下，由于该部门的特殊性，还需要考虑发电、供热等的效率。我国目前主要依靠火力发电，而火力发电的主要燃料是煤炭。在我国现有的 4.4 亿千瓦装机容量中，火电有 3.25 亿千瓦，占 73.9%，水电装机总量为 1.08 亿千瓦，占 25.5%。我国目前的发电效率大概是 35%，大部分的能源都浪费在锅炉和汽轮发电机这些庞大的设备上，技术革新可以减少部分二氧化硫排放；除硫技术进步，也是解决途径。B 类部门长期出发点是能源或者材料的替代，短期内倡导节约和提高发电效率是可行的方案。

上面的部门划分是基于内部指示指标和外部指示指标，主要针对部门本身，但国民经济作为整体，部门和部门是有联系的，因此还需要结合部门之间的联系来研究部门减排方案。

二、重点行业二氧化硫减排措施

纵观以往研究，从部门关联角度来分析二氧化硫减排的研究较少，因此，本文从产业关联的角度对以上界定的几个二氧化硫污染重点部门提出减排措施。

1. 化学工业

由表 4-10 中数据可知，化学工业的影响力系数和感应度系数值都大于 1，由此可知这个部门在国民经济发展中的重要性较大，对国民经济发展有较大的带动作用和较强的推动能力，而且化学工业的感应度系数尤其大，说明当国民经济各部门均增加一个单位最终使用时，化学工业部门需要为其他部门的生产而提供的产出量非常大。因此，提高化学工业部门的生产效率是减少该部门二氧化硫排放的主要出发点。化学工业部门二氧化硫的排放点主要在无机酸的制造、橡胶制品等方面，提高生产技术，即在实践中提高本部门生产效率，减少生产过程中含硫原料的浪费和控制未经处理二氧化硫排放是实现二氧化硫减排的有效措施。从产业关联的角度分析，提高与化学工业部门关联性较大的部门的生产效率，使单位产出耗费化工产品减少也是一个可行措施。如，农业在生产过程中对化学工业部门产品的需求量较大，所以，居民—农业，即居民对于农产品和化工产品消耗的减少可以实现化学工业的二氧化硫减排：居民减少农产品的消耗，从而可以实现农产品对肥料等化工产品的使用，从而减少化学工业的二氧化硫排放。还有农业—居民，即农民的收入增加会引致化学工业的二氧化硫排放增加：农民收入增加导致对化学品的需求增加从而二氧化硫排放增加。但这并不意味着减少农民收入就是重点部门二氧化硫减排的途径，减少农民收入能够实现二氧化硫减排的前提是当前产业结构不变，而这个在农民收入增加时不成立。实际逻辑链条是：收入增加—消耗增加—对于化学工业部门产品需求增加—二氧化硫排放增加。投入产出表是对于经济现实的静态反映，动态地看还有：收入增加—生活质量提高—能源结构转变—二氧化硫排放高的能源比重下降—二氧化硫排放减少。所以，不能单从计算结果得出减少农民收入来实现重点部门二氧化硫减排。对这种部门联系，提高农业的生产效率，使单位产出耗费化工产品减少是可行措施。

2. 非金属矿物制品业

该部门是仅排在电力工业之后的二氧化硫排放大户，建筑业对于水泥等非金属矿物的需求和居民对于陶瓷、玻璃等非金属矿物的需求间接地造成了二氧化硫排放的增加。因此，提倡建筑节能和节约成为可行措施。建筑业直接排放的二氧化硫很少，但建筑业的影响力系数较大，且三个年度均大于1（见表4-10）。由此可见，建筑业增加一个单位的最终使用时，对国民经济各部门所产生的生产需求波及程度较大。因此建筑业的发展对二氧化硫排放增加有着极为重要的影响。所以说，提高建筑业的生产效率或直接减少建筑业对非金属矿物制品业等原料消耗也是二氧化硫减排的重要措施之一。由上所述，非金属矿物制品业的二氧化硫减排应从建筑节能和创建节约型社会出发。

3. 金属冶炼及压延加工业

金属冶炼及压延加工业包括黑色金属冶炼及压延加工业和有色金属冶炼及压延加工业。这些部门是其他部门生产所消耗中间产品的主要供应者，同时，在生产过程中又大量消耗其他部门的产品，具有较强的辐射作用，是拉动国民经济发展的重要支柱产业。由表4-10可见，黑色金属冶炼及压延加工业也属于影响力系数和感应度系数均大于1的部门，其在国民经济中的地位以及自身的二氧化硫减排措施，同化学工业相同不再赘述。另外从产业关联的角度，建筑业—黑色金属冶炼及压延加工业和通用、专用设备制造业—黑色金属冶炼及压延加工业，其逻辑链条是一致的：后者是前者原材料的提供者。根据《中国2002年投入产出表编制方法》，固定资本形成总额的构成分为五部分：全社会固定资产投资形成的固定资本、商品房销售增值所形成的固定资本、新产品试制费所形成的固定资本、土地改良形成的固定资本和无形固定资本形成，建筑业主要涉及前两项。实际上，近年来建筑业迅猛发展，直接或者间接地拉动了经济发展，尤其是其前向行业和后向行业，比如非金属矿物制造业、黑色金属冶炼和压延加工业等二氧化硫排放大户。建筑业对于其他部门二氧化硫排放的影响，一部分来源于建筑业对于建筑材料的消耗，另一部分来源于建筑业固定资本形成总额。可以说，建筑业固定资本形成总额的比重越大，表明建筑业在整个国民经济中的重要性越大，亦即带来的其他相关部门的二氧化硫排放越多。关于建筑业的投资过热的问题，已经引起了各方面的关注，央行也多次加息来抑制过热的势头，但仍任重道远。

　　所以，提倡建筑业节能和提高通用、专用设备制造业对于钢等原材料的利用率成为该部门二氧化硫减排的关键措施。

　　4. 有色金属冶炼及压延加工业

　　该行业属于影响力系数大于 1，而感应度系数小于 1 的部门，属于强辐射弱制约部门①。对于该部门首先应提高其自身作为中间投入的使用效率，其次是有色金属冶炼及压延加工业作为强辐射部门通过减少其产出来实现二氧化硫的减排是不妥当的，而应从原材料提供者的角度，与其产业关联较大的部门应提高对有色金属冶炼及压延加工业产品的使用率，减少浪费。

　　5. 电力蒸汽热水生产和供应业

　　2002 年该行业影响力系数小于 1 而感应度系数大于 1，对国民经济发展属于强制约部门。电力蒸汽热水生产和供应业作为基础产业部门，煤炭开采和洗选业对其直接消耗最多，这是因为随着煤炭开采和洗选业产出的增加，导致用电量消耗增加，从而致使电力生产部门二氧化硫的排放量增加。因此，减少单位耗电量二氧化硫排放量是关键措施，这主要需要通过提高发电、热等的效率以及在输送过程中的损失来实现。

　　除上述几个重点部门外，居民对农产品的消耗可以引致二氧化硫的排放。逻辑链条比较简单，在其他条件不变的情况下，农产品消耗增加—农业对于化学工业等部门产品需求增加—二氧化硫排放增加。所以，居民部门的减排得从减少单位产出的二氧化硫排放入手，提高农业的生产效率、提倡使用农家肥等都可以很好的减少居民部门的二氧化硫的排放。

　　上述分析是基于其他条件不变的前提进行，而实际中除了通过行业本身和系统内部联系来实现二氧化硫减排外，还有其他的一些重要途径，比如减少煤炭中硫分，而这需要大力发展洗煤业。新中国成立以来，虽然煤炭入洗能力有很大提高，但发展速度缓慢。选煤厂分布不平衡，洗选产品规格较少，同一些工业发达的国家相比有较大的差距。德国、法国等煤炭入洗量均占产量的 80%～90% 以上，而我国目前煤炭入洗量仅占煤炭产量的 20% 多。从入洗煤种看，90% 左右为入洗炼焦煤，其他煤大多以煤炭形式销售。从洗煤的质量看，灰分、硫分等指标偏高，如洗精煤灰分平均在 10% 以上（国外先进国家灰分仅 5% 左右）。因此，不仅要加强洗煤厂的建设，增加煤炭入洗能力，而且还要改进洗

---

①　中国投入产出学会课题组：《我国目前产业关联度分析——2002 年投入产出表系列分析报告之一》，2006 年 11 月。

选工艺，增加洗选品种，同时也应重视和加强炼焦煤外的煤洗选。

总之，目前关于二氧化硫的讨论主要集中在提高单个部门除硫技术，而忽略了重要的一个环节：部门之间相互联系。本文在此解决了这个问题，并通过对几个重点部门的减排分析，得到了较有意义的结论：不仅仅从重点部门本身出发，还要通过部门的关联来实现重点部门减排，特别是对于建筑业过热的抑制需要引起注意，同时加强我国洗煤能力建设也很关键。

7.3 小结

上述章节论证了经济增长会导致能耗的增加，在一定发展阶段上，能源投入是促进经济增长的显著性因素，因此，为保证能源与经济的可持续协调发展，本章先是全面提出节能降耗的政策建议，然后针对工业部门提出节能降耗具体措施。能源消耗促进经济增长的同时带来了环境的恶化。因此，本章还针对具体部门提出污染减排的方案，最终促进能源与经济、环境的协调发展。

1. 节能降耗的政策建议

本章先是从合理配置能源消耗结构，要合理开发利用能源，合理开发利用煤炭资源，优化产业结构，大力发展环境友好能源，发挥政府在节能降耗中的职能六个方面提出全面开展节能降耗的政策建议。然后，提出以下提高工业能效的具体措施：注重构建节能型工业结构，使结构优化调整成为提高产业能效的重要途径；建立严格的精细和精益管理，构建企业能源节约和管理的长效机制；以技术创新求节能，是产业部门挖掘节能潜力的重要途径和手段；完善节能管理体系，充分发挥政府对节能降耗工作的主导作用，规范和约束用能行为；促进节能服务产业做大做强，全面推行合同能源管理等与市场经济相容的节能机制。

2. 污染减排的政策建议

本章在以下几个方面提出了加快技术创新、实现污染减排的具体措施：政府在节能减排、技术创新投入方面必须发挥主导作用；科研部门应组织开展减排关键技术的研发、产业化示范和推广；创新消耗理念，倡导绿色消耗。近几年来，与其他污染物相比，工业二氧化硫污染物的排放有增无减，因此，工业二氧化硫的有效减排问题显得尤为重要。本章用指示指标分析法将二氧化硫污染重点部门进行了分类，并从产业关联的角度对以上界定的几个二氧化硫污染重点部门提出减排措施。

附表：

表1　28个行业在1997年的各种能源消耗量

行　业	总量(万吨标准煤)	炭(万吨)	石油(万吨)	天然气(亿立方米)	电(亿千万小时)
农、林、牧、渔业	5905.4	2071.36	1256.31		639.77
煤炭采选业	5791.2	9635.27	77.67	0.1	380.97
石油和天然气开采业	3564.9	839.49	2913.35	59.6	314.68
金属矿采选	817.5	303.66	46.98	0.1	129.19
非金属矿采选业	536.2	482.39	30.5	0.08	56
食品饮品	3843	3682.22	166.89	0.59	298.84
纺织业	3079.7	2019.73	104.15	0.89	344.05
服装业	437.2	223.66	36.2		54.02
家具制造业	501	352.35	17.13		55.62
造纸业	2198.9	2060.93	65.41	0.09	206.84
石油加工及炼焦业	7388.5	8542.69	11905.46	9.92	182.41
化工	19280.2	12943.26	2819.88	80.96	1506.83
非金属矿物制品业	12317.5	13061.13	585.54	3.06	608.08
金属压延	21447.8	22112.89	620.53	3.05	1447.68
金属制品业	1045.4	506.03	57.27	0.31	140.98
普专设备	2448	1631.2	165.85	1.09	223.67
交通运输设备制造业	1519.3	856.02	88.93	0.7	201.23
电气机械及器材制造业	646.7	302.13	62.28	1.07	74.55
电子及通信设备制造业	492.5	116.42	35.82	1.35	69.72
仪器仪表文化办公用机械	83.2	54.68	1374.71		16.74
其他制造业	1325	633.83	46.72	1.34	159.48
电力蒸汽热水生产供应业	10076.4	50713.85	1604.49	4.52	1760.2
煤气的生产和供应业	427.1	958.05	55.53	0.1	13.22
自来水的生产和供应业	557.5	20.69	6.66	0.01	130.67
建筑业	1179	395.29	280.11	0.01	117.41
交通运输、仓储及邮政业	7543.1	1437.67	3729.71	3.7	255.88
批发和零售贸易餐饮业	2394.4	898.5	373.67	0.99	265.13
其他行业	4702.8	754.35	1743.57	0.59	357.4

表 2　28 个行业在 2002 年的各种能源消耗量

行　业	总量(万吨标准煤)	炭(万吨)	石油(万吨)	天然气(亿立方米)	电(亿千万小时)
农、林、牧、渔业	6514.29	1763.87	1674.05		776.23
煤炭采选业	4242.42	7321.55	92.07		498.82
石油和天然气开采业	4517.7	903.34	3800.85	79.97	349.51
金属矿采选	827.22	223.55	41.74		163.55
非金属矿采选业	654.54	537.85	44.13	0.01	95.55
食品饮品	3473.92	2638.12	181.04	0.39	407.92
纺织业	2984.43	1271.43	148.93	0.81	454.11
服装业	564.97	174.43	61.07	0	94.67
家具制造业	412.22	245.82	20.18		48.8
造纸业	2532.52	1808.03	113.64	0.37	350.82
石油加工及炼焦业	8478.69	9910.98	16907	15.3	330.62
化工	18642.36	10293.05	3299.36	103.1	1912.35
非金属矿物制品业	10624.64	9240.59	747.85	3.5	879.64
金属压延	23700.44	22705.37	520.12	2.96	2146.91
金属制品业	1481.75	369.84	78.38	0.82	282.1
普专设备	2107.53	894	115.88	2.44	304.38
交通运输设备制造业	1555.65	722.97	80.61	1.79	258.58
电气机械及器材制造业	725.47	169.85	58.64	1.02	129.98
电子及通信设备制造业	798.87	58.22	86.38	4.83	150.15
仪器仪表文化办公用机械	169.42	30.45	14.96	0.03	32.04
其他制造业	1280.07	243.21	55.69	1.31	228.5
电力蒸汽热水生产供应业	11150.53	65173.6	1228.73	6.93	2476.9
煤气的生产和供应业	547.72	1100.75	31.03	1.93	36.95
自来水的生产和供应业	543.83	35.58	4.86	0.02	139.88
建筑业	1610.13	576.92	397.61	0.68	164.14
交通运输、仓储及邮政业	11086.49	1066.39	6134.58	6.37	338
批发和零售贸易餐饮业	3464.02	851.68	530.43	6.1	500
其他行业	6333.27	779.4	1946.68	0	758.5

表 3　1997 年 28 个部门投入产出直接消耗系数

1997 年	农业	煤炭开采和洗选业	石油和天然气开采业	金属矿采选业	非金属矿采选业	食品制造及烟草加工业	纺织业
B1	0.16064	0.01068	9E−07	0.0029	0.0227	0.42942	0.12489
B2	0.00089	0.02797	0.00547	0.00471	0.00378	0.00377	0.00369
B3	0.00039	1.5E−05	0.00597	0.00072	0.00395	3.3E−05	1.6E−05
B4	0	0	0	0.17206	0	0	0
B5	0.00079	0.04468	0.00082	0.00374	0.06023	0.00082	3.3E−05
B6	0.06633	0.00018	0.00047	0.00064	0	0.12805	0.00014
B7	0.00214	0.0033	0.0025	0.00281	0.00372	0.00133	0.38363
B8	0.00072	0.00564	0.00576	0.00768	0.00345	0.00098	0.00398
B9	0.00134	0.00359	0.00196	0.00349	0.00159	0.00041	0.00026
B10	0.00112	0.00156	0.00151	0.00112	0.00083	0.02192	0.0027
B11	0.00846	0.01376	0.0201	0.01942	0.03702	0.0022	0.00164
B12	0.07398	0.03392	0.03026	0.05828	0.07765	0.02526	0.08155
B13	0.00254	0.01413	0.01103	0.01229	0.0097	0.0068	0.00146
B14	0.00015	0.05369	0.01018	0.01324	0.00314	0.00039	0.00018
B15	0.00296	0.02068	0.00748	0.02821	0.00965	0.00728	0.00189
B16	0.01021	0.04308	0.03828	0.06223	0.05866	0.00378	0.01192
B17	0.00292	0.00639	0.00932	0.01652	0.02237	0.00183	0.00084
B18	0.00063	0.02498	0.01237	0.00927	0.00511	0.0011	0.00331
B19	7.6E−05	0.00278	0.00498	0.00386	0.00242	0.00035	0.00052
B20	5.9E−05	0.00287	0.00641	0.00466	0.00212	0.00061	0.00053
B21	0.00162	0.01682	0.00686	0.00727	0.0066	0.00349	0.00609
B22	0.00732	0.0477	0.03049	0.08137	0.04527	0.00794	0.0084
B23	0	0.00012	1.1E−05	1.4E−05	5.6E−06	5.5E−05	7.1E−05
B24	0.00015	0.00134	0.00084	0.00128	0.00161	0.00065	0.00092
B25	0.00198	0.00245	0.00177	0.00241	0.00222	0.00054	0.00065
B26	0.01023	0.02494	0.01068	0.05718	0.08268	0.01246	0.01343
B27	0.01813	0.03488	0.01171	0.03429	0.03994	0.04029	0.04991
B28	0.02473	0.03907	0.02263	0.02993	0.04034	0.01831	0.01489

1997 年	服装皮革羽绒及其制品业	木材加工及家具制造业	造纸印刷及文教用品制造业	石油加工、炼焦及核燃料加工业	化学工业	非金属矿物制品业	金属冶炼及压延加工业
B1	0.03579	0.05401	0.0449	8.8E—06	0.04644	0.00293	4E—05
B2	0.00093	0.00573	0.00638	0.04049	0.01539	0.04115	0.02323
B3	0	0	2E—05	0.503456	0.01419	0.00133	0.00481
B4	0	0	0	0	0.00297	0.00102	0.11539
B5	2.7E—05	0.03342	0.00329	0.000213	0.01464	0.06967	0.00817
B6	0.0396	1.5E—05	0.00014	0	0.01268	0.0008	0
B7	0.31785	0.07039	0.04988	0.000268	0.03756	0.01017	0.0013
B8	0.11035	0.02534	0.01167	0.002275	0.00294	0.00404	0.00251
B9	0.00024	0.23572	0.00796	0.000595	0.00064	0.00291	0.00119
B10	0.00645	0.01444	0.23699	0.000463	0.01442	0.04465	0.00117
B11	0.00147	0.00386	0.00533	0.045157	0.01855	0.02757	0.03687
B12	0.06901	0.04842	0.09108	0.021405	0.36534	0.05733	0.01687
B13	0.00113	0.00865	0.006	0.00896	0.00994	0.14176	0.02688
B14	0.00022	0.02255	0.00707	0.003473	0.00372	0.02302	0.28897
B15	0.00455	0.03807	0.01573	0.002809	0.00942	0.03026	0.01087
B16	0.00251	0.00802	0.0138	0.019482	0.01267	0.03085	0.03344
B17	0.00083	0.00318	0.00528	0.003805	0.00334	0.0036	0.00691
B18	0.00087	0.00175	0.00482	0.00663	0.00376	0.00502	0.00831
B19	0.00032	0.00084	0.00942	0.00193	0.00101	0.00165	0.00198
B20	0.00041	0.00075	0.00168	0.002129	0.00228	0.0019	0.00195
B21	0.00877	0.00757	0.01634	0.004185	0.00519	0.0093	0.01187
B22	0.00252	0.01403	0.02421	0.020331	0.03826	0.0438	0.05232
B23	2.6E—05	3.1E—05	3.6E—05	0.000329	0.00045	0.0004	0.00101
B24	0.00052	0.00108	0.0017	0.001493	0.00172	0.00103	0.00158
B25	0.00056	0.00052	0.00099	0.001044	0.00088	0.00076	0.00085
B26	0.01219	0.02525	0.01763	0.027578	0.02307	0.04197	0.03592
B27	0.05496	0.07166	0.06064	0.036704	0.04255	0.05714	0.0339
B28	0.01559	0.02429	0.02112	0.019494	0.02477	0.02328	0.02497

续表

1997 年	金属制品业	通用、专用设备制造业	交通运输设备制造业	电气、机械及器材制造业	通信设备、计算机及其他电子设备制造业	仪器仪表及文化办公用机械制造业	其他制造业
B1	0.00083	0.00043	0.0004	8.3E-05	0	0	0.08348
B2	0.0025	0.00459	0.00253	0.00152	0.00046	0.00128	0.01004
B3	0.0001	0.00036	0.0003	0.00017	0.00026	1.8E-05	1.3E-05
B4	0.01688	0.00619	0.00213	0.008	0.00033	0.00051	0.00014
B5	0.00348	0.00126	0.00083	0.00061	0.00054	0.00065	0.0032
B6	0	0	0	0	0	0.00047	0.00377
B7	0.00329	0.0074	0.00757	0.00171	0.00039	0.00411	0.09266
B8	0.00223	0.00333	0.00366	0.00224	0.00079	0.00377	0.00817
B9	0.01058	0.00331	0.00343	0.0053	0.00157	0.00443	0.00844
B10	0.00704	0.00476	0.00361	0.02027	0.01139	0.01334	0.04266
B11	0.00702	0.00946	0.00677	0.00687	0.00262	0.00474	0.00784
B12	0.03202	0.03802	0.05964	0.13287	0.07986	0.08944	0.10209
B13	0.01935	0.0094	0.01155	0.03163	0.03884	0.02945	0.01419
B14	0.31558	0.15458	0.09225	0.19578	0.0147	0.06317	0.04654
B15	0.13039	0.03734	0.02368	0.04871	0.02224	0.03817	0.04632
B16	0.01749	0.19331	0.10987	0.04229	0.0064	0.03721	0.00493
B17	0.00449	0.00874	0.28652	0.00252	0.00181	0.00196	0.00216
B18	0.0057	0.04237	0.02356	0.11518	0.07737	0.05523	0.00239
B19	0.00203	0.01873	0.00506	0.03539	0.39612	0.14562	0.00203
B20	0.00178	0.00336	0.00416	0.00571	0.00165	0.06512	0.001
B21	0.00983	0.00804	0.00685	0.01026	0.00544	0.02129	0.07967
B22	0.03446	0.01534	0.01051	0.00948	0.00594	0.00857	0.01136
B23	0.00019	0.00023	0.00017	0.00028	0.00012	0.00013	2.4E-05
B24	0.00125	0.00097	0.00085	0.00093	0.00054	0.00092	0.00068
B25	0.00088	0.00162	0.00092	0.00114	0.00042	0.00103	0.0009
B26	0.04049	0.02382	0.01943	0.01868	0.01203	0.0246	0.02852
B27	0.0387	0.03212	0.03061	0.04464	0.04387	0.04226	0.05187
B28	0.05532	0.02969	0.01958	0.03264	0.01916	0.02834	0.02391

续表

1997 年	电力、热力的生产和供应业	燃气生产和供应业	水的生产和供应业	建筑业	交通运输、仓储及邮政业	批发和零售贸易餐饮业	其他服务业
B1	0.00013	0	0	0.00197	0.00197	0.04388	0.00665
B2	0.17712	0.24153	0.00217	0.00393	0.00393	0.00123	0.00508
B3	0.02072	0.03048	0.00031	0.00065	0.00065	4E−05	7.1E−05
B4	0.00201	0	0	0	0	0	0.00023
B5	0.00031	0.00027	0.00062	0.00198	0.00198	0.00013	0.00058
B6	0	0	0	0.00325	0.00325	0.07282	0.01158
B7	0.00061	0.00551	0.00021	0.00119	0.00119	0.00578	0.00763
B8	0.00324	0.00381	0.00426	0.00561	0.00561	0.00854	0.00562
B9	0.00094	0.00096	0.00153	0.0031	0.0031	0.00796	0.00759
B10	0.00066	0.00126	0.00072	0.01262	0.01262	0.02646	0.03661
B11	0.05249	0.09173	0.00582	0.06986	0.06986	0.01284	0.01811
B12	0.00743	0.01876	0.0458	0.0163	0.0163	0.01838	0.04637
B13	0.00781	0.0053	0.00981	0.00441	0.00441	0.00805	0.01106
B14	0.0023	0.00323	0.00174	0.00298	0.00298	0.00042	0.00095
B15	0.00462	0.00385	0.02834	0.00351	0.00351	0.00439	0.00775
B16	0.04198	0.03453	0.01647	0.0245	0.0245	0.01419	0.01857
B17	0.00564	0.0083	0.00711	0.03906	0.03906	0.02209	0.01425
B18	0.04141	0.00481	0.01044	0.03549	0.03549	0.0258	0.0092
B19	0.00486	0.0017	0.00296	0.01028	0.01028	0.01544	0.02464
B20	0.01614	0.00484	0.00664	0.00615	0.00615	0.00227	0.00563
B21	0.00808	0.00585	0.01315	0.00277	0.00277	0.00575	0.00712
B22	0.03479	0.05598	0.20031	0.01853	0.01853	0.00854	0.01259
B23	0.00011	0.04918	1.6E−05	0.00019	0.00019	0.00067	0.00061
B24	0.00314	0.00283	0.05857	0.00215	0.00215	0.00159	0.00322
B25	0.00275	0.0047	0.00272	0.02063	0.02063	0.00435	0.02891
B26	0.05294	0.06771	0.01387	0.04783	0.036451	0.01664	0.027
B27	0.03645	0.0272	0.04094	0.03701	0.020882	0.08958	0.03849
B28	0.0365	0.0272	0.0409	0.037	0.05755	0.09492	0.13616

表 4　2002 年 28 个部门投入产出直接消耗系数

2002 年	农业	煤炭开采和洗选业	石油和天然气开采业	金属矿采选业	非金属矿采选业	食品制造及烟草加工业	纺织业
B1	0.16225	0.00761	2E−06	0.00537	0.00109	0.33607	0.13251
B2	0.0031	0.02523	0.00572	0.00441	0.00263	0.00299	0.00422
B3	3.3E−05	0.00024	0.00987	0.00207	0.00397	0.00019	0.00081
B4	0	0	0	0.06738	0	0	0
B5	0.00029	0.00072	8.1E−05	0.00071	0.04858	0.00082	0.00071
B6	0.055	9.8E−05	0.00043	0.00043	0	0.13478	0.00039
B7	0.00059	0.00058	0.00199	0.00074	0.00093	0.00129	0.33875
B8	0.00016	0.00322	0.00385	0.0049	0.00494	0.0007	0.00282
B9	0.00265	0.00661	0.00121	0.00219	0.002	0.00103	0.00084
B10	0.00174	0.00145	0.00218	0.0032	0.00482	0.02114	0.00605
B11	0.00982	0.01114	0.02108	0.06766	0.03125	0.00201	0.00299
B12	0.06735	0.02291	0.01474	0.0498	0.09145	0.03294	0.10522
B13	0.00315	0.00804	0.00378	0.00748	0.01026	0.00573	0.00184
B14	0.00113	0.04137	0.01836	0.0217	0.00715	0.00179	0.0011
B15	0.00293	0.01881	0.00779	0.02052	0.00834	0.00697	0.0018
B16	0.00786	0.0367	0.02506	0.041	0.0436	0.00354	0.01592
B17	0.00439	0.00817	0.00861	0.01846	0.02075	0.00264	0.00203
B18	0.00088	0.02038	0.01486	0.00777	0.00867	0.00122	0.00327
B19	0.00037	0.00277	0.00379	0.00303	0.00253	0.0007	0.00207
B20	0.00037	0.00534	0.01021	0.00413	0.00255	0.00066	0.00096
B21	0.00126	0.00405	0.00125	0.00443	0.00577	0.00136	0.003
B22	0.01128	0.06688	0.0465	0.10614	0.04877	0.01022	0.02213
B23	3E−05	7.9E−06	0.00097	0.00128	0.00054	0.00041	0.00024
B24	0.00031	0.00119	0.00117	0.00254	0.00225	0.00084	0.00103
B25	0.00174	0.00213	0.001	0.00089	0.00061	0.00027	0.00039
B26	0.02307	0.05233	0.02063	0.04104	0.09693	0.03122	0.02495
B27	0.02785	0.03583	0.01684	0.03505	0.0427	0.05353	0.04996
B28	0.02847	0.04766	0.04679	0.04515	0.04158	0.03412	0.0269

2002 年	服装皮革羽绒及其制品业	木材加工及家具制造业	造纸印刷及文教用品制造业	石油加工、炼焦及核燃料加工业	化学工业	非金属矿物制品业	金属冶炼及压延加工业
B1	0.0452	0.10728	0.02611	0.00014	0.03074	0.00077	6.2E−05
B2	0.00085	0.00716	0.00485	0.03118	0.01233	0.03864	0.0218
B3	0	0	0.00034	0.56648	0.0155	0.00198	0.00255
B4	0	0	0	0	0.00364	0.00189	0.0887
B5	0	0	3.6E−05	0	0.01322	0.0542	0.00689
B6	0.03672	4.4E−05	0.00019	0	0.0077	2.1E−05	0
B7	0.28553	0.01114	0.01665	0.0001	0.00338	0.00496	0.00035
B8	0.12651	0.01457	0.00653	0.00099	0.00339	0.00297	0.0015
B9	0.00169	0.23779	0.01472	0.0004	0.00203	0.00575	0.00061
B10	0.01458	0.01388	0.23524	0.00109	0.01332	0.0304	0.00127
B11	0.00252	0.00855	0.00536	0.04216	0.03317	0.02894	0.03496
B12	0.06327	0.08614	0.10813	0.0177	0.37535	0.06683	0.01535
B13	0.00244	0.00551	0.00268	0.00234	0.00564	0.08086	0.01801
B14	0.00216	0.01781	0.01015	0.00636	0.00805	0.02577	0.30221
B15	0.00398	0.02026	0.01326	0.00315	0.00774	0.02636	0.00943
B16	0.00429	0.01	0.01185	0.0121	0.01163	0.03481	0.02596
B17	0.00146	0.00462	0.007	0.003	0.00277	0.00253	0.00713
B18	0.00187	0.00367	0.00471	0.00609	0.00392	0.00638	0.00571
B19	0.00209	0.0016	0.01011	0.0026	0.00308	0.00399	0.0013
B20	0.00154	0.00182	0.00208	0.00191	0.00357	0.00296	0.00211
B21	0.00325	0.00359	0.00441	0.00107	0.0026	0.00377	0.00378
B22	0.00692	0.02285	0.02067	0.0215	0.046	0.0598	0.05221
B23	0.00012	0.0002	0.00021	0.00071	0.00054	0.00135	0.00103
B24	0.00058	0.00137	0.00201	0.00163	0.00182	0.00176	0.00149
B25	0.00047	0.00033	0.0004	0.00033	0.00055	0.00084	0.0006
B26	0.03578	0.05584	0.03894	0.049	0.04033	0.06746	0.04895
B27	0.06073	0.05703	0.06493	0.03159	0.04302	0.05646	0.04209
B28	0.04958	0.03361	0.03386	0.02426	0.03518	0.05463	0.02231

2002 年	金属制品业	通用、专用设备制造业	交通运输设备制造业	电气、机械及器材制造业	通信设备、计算机及其他电子设备制造业	仪器仪表及文化办公用机械制造业	其他制造业
B1	0.00045	0.00052	0.00016	9.6E−05	0.00016	2.2E−05	0.0904
B2	0.00208	0.00449	0.00277	0.00129	0.00035	0.00054	0.00895
B3	0.00146	0.00087	0.00057	0.0002	2.9E−05	5E−05	1.8E−05
B4	0.01845	0.00382	0.00133	0.00586	0.00025	0.00098	0.00015
B5	0.00222	0.00074	0.0002	0.00027	0.00021	0.00027	0.00274
B6	0	0	0	0	0	2E−05	0.00495
B7	0.00282	0.00508	0.00193	0.00063	0.00156	0.00197	0.08508
B8	0.00181	0.00211	0.00298	0.00163	0.0007	0.00223	0.0032
B9	0.01283	0.00306	0.00239	0.00337	0.00129	0.00214	0.01762
B10	0.00784	0.00591	0.00264	0.02462	0.00827	0.01096	0.05003
B11	0.00875	0.00708	0.00393	0.00566	0.00222	0.00236	0.01134
B12	0.03228	0.05163	0.06067	0.12057	0.05647	0.11604	0.07639
B13	0.00979	0.00494	0.00576	0.01342	0.0252	0.02362	0.01542
B14	0.33856	0.17527	0.10622	0.19753	0.0182	0.06433	0.06208
B15	0.11465	0.03566	0.01672	0.04173	0.01987	0.03776	0.04489
B16	0.01716	0.18053	0.08595	0.0449	0.01253	0.03045	0.00712
B17	0.00421	0.01186	0.2858	0.00508	0.00287	0.00526	0.0035
B18	0.00556	0.04134	0.02233	0.09689	0.06663	0.05548	0.00688
B19	0.00239	0.02031	0.00595	0.03254	0.45317	0.19216	0.00463
B20	0.00162	0.00445	0.00462	0.00499	0.00247	0.06095	0.00214
B21	0.0039	0.00437	0.00239	0.00535	0.00214	0.00378	0.05892
B22	0.0389	0.02241	0.01248	0.01303	0.00879	0.00934	0.01674
B23	0.00017	0.00034	0.00047	0.00081	0.00028	0.00046	0.0012
B24	0.00133	0.00096	0.00119	0.00103	0.00072	0.0015	0.00099
B25	0.0003	0.00052	0.00086	0.00044	0.00022	0.00046	0.00293
B26	0.05839	0.04484	0.03404	0.04593	0.02458	0.03869	0.04046
B27	0.04254	0.04592	0.04127	0.05259	0.04282	0.0446	0.06622
B28	0.03132	0.03632	0.03173	0.03783	0.03727	0.03615	0.03264

续表

2002 年	电力、热力的生产和供应业	燃气生产和供应业	水的生产和供应业	建筑业	交通运输、仓储及邮电通信业	批发和零售贸易餐饮业	其他服务业
B1	0.00025	0.01058	2.6E−06	0.08127	0.00661	0.05226	0.00264
B2	0.16355	0.23971	0.00205	0.0008	0.00244	0.00187	0.00437
B3	0.00805	0.04339	3.3E−05	0	0.0013	0.00017	0.00014
B4	0.00052	0	0	0	0	0	0.00016
B5	0.00016	0	0.00034	0.02417	0.00047	0	0.00022
B6	0	0	0	0.00087	0.00192	0.07453	0.00618
B7	0.00015	0.00014	0.00022	0.0022	0.00123	0.00083	0.01606
B8	0.00236	0.00618	0.00371	0.00156	0.0025	0.00765	0.0027
B9	0.00079	0.00105	0.00176	0.03224	0.00103	0.00399	0.01033
B10	0.00214	0.00308	0.00422	0.00092	0.01361	0.02627	0.0334
B11	0.04168	0.10551	0.00242	0.02532	0.08927	0.01084	0.00656
B12	0.00665	0.01012	0.04149	0.03747	0.00829	0.01642	0.03774
B13	0.00207	0.00236	0.00304	0.10869	0.00134	0.00164	0.00463
B14	0.00257	0.00274	0.00204	0.11543	0.00263	0.00044	0.00148
B15	0.00464	0.00627	0.03001	0.05132	0.00415	0.00274	0.00574
B16	0.03645	0.02622	0.02749	0.04471	0.02189	0.01173	0.01093
B17	0.00776	0.01787	0.01335	0.00368	0.05396	0.02181	0.01379
B18	0.02979	0.00389	0.00698	0.02961	0.02126	0.01183	0.00796
B19	0.0045	0.00272	0.00481	0.0028	0.0322	0.01255	0.02345
B20	0.01514	0.00351	0.00456	0.01145	0.00753	0.00084	0.00595
B21	0.00048	0.00431	0.00506	0.00508	0.00148	0.00186	0.00258
B22	0.03291	0.0497	0.18174	0.0137	0.01562	0.01777	0.01343
B23	0.00078	0.04514	0.0034	0.00011	0.00091	0.00114	0.0006
B24	0.00236	0.00467	0.04143	0.00111	0.0017	0.00224	0.00198
B25	0.00088	0.00056	0.00149	0.0012	0.0124	0.00949	0.02373
B26	0.04458	0.07771	0.03466	0.08502	0.09576	0.04495	0.04863
B27	0.0412	0.08075	0.02809	0.0499	0.03186	0.05331	0.05033
B28	0.04675	0.04798	0.05512	0.03494	0.06376	0.10959	0.1063

注：B1 农业，B2 煤炭开采和洗选业，B3 石油和天然气开采业，B4 金属矿采选业，B5 非金属矿采选业，B6 食品制造及烟草加工业，B7 纺织业，B8 服装皮革羽绒及其制品业，B9 木材加工及家具制造业，B10 造纸印刷及文教用品制造业，B11 石油加工、炼焦及核燃料加工业，B12 化学工业，B13 金属冶炼及压延加工业，B14 金属制品业，B15 通用、专用设备制造业，B16 交通运输设备制造业，B17 电

气、机械及器材制造业，B18 金属矿采选业，B19 通信设备、计算机及其他电子设备制造业，B20 仪器仪表及文化办公用机械制造业，B21 其他制造业，B22 电力、热力的生产和供应业，B23 燃气生产和供应业，B24 水的生产和供应业，B25 建筑业，B26 交通运输、仓储及邮电通信业，B27 批发和零售贸易餐饮业，B28 其他服务业。

表 5　1997 年和 2002 年的 V 表

行业	1997 年			2002 年		
	二氧化硫	烟尘	粉尘	二氧化硫	烟尘	粉尘
采掘业	0.0059	0.00445	0.00308	0.00337	0.00212	0.00215
食品制造及烟草加工业	0.00347	0.00225	0.00012	0.00258	0.00236	0.00018
纺织业	0.0036	0.00179	3E−05	0.00238	0.00107	3.8E−05
服装皮革羽绒及其制品业	0.00039	0.00027	1.5E−05	0.00037	0.00021	3.3E−06
造纸印刷及文教用品制造业	0.00857	0.00658	0.00311	0.00477	0.00307	0.0002
石油加工、炼焦及核燃料加工业	0.01472	0.01287	0.07588	0.00569	0.00334	0.00113
化学工业	0.00515	0.0048	0.02754	0.00416	0.0025	0.00063
非金属矿物制品业	0.01472	0.01287	0.07588	0.02481	0.02092	0.08292
金属压延	0.0214	0.00813	0.016	0.00899	0.00364	0.0062
金属制品	0.00069	0.00078	0.00169	0.00044	0.00039	0.00016
机械设备	0.00132	0.00085	0.00029	0.00036	0.00025	0.00011
水电煤气	0.17817	0.08921	0.00162	0.0791	0.03466	0.00051
其他	0.00406	0.00143	0.00171	0.00179	0.00145	0.00056

参 考 文 献

[1]邱东、蒋萍著:《国民经济统计前沿问题》[M],北京:中国统计出版社,2008年4月。

[2]冯之浚主编:《中国可再生能源和新能源产业化高端论坛》[M],北京:中国经济出版社,2007年1月。

[3]胡鞍钢、吕永龙主编:《能源与发展——全球化条件下的能源与环境政策》[M],北京:中国计划出版社,2001年3月。

[4]田春荣编著:世界市场全书:《世界能源市场》[M],北京:中国大百科全书出版社,1995年2月。

[5]王仲颖、李俊峰等著:《中国可再生能源产业发展报告2007》[M],北京:化学工业出版社,2008年1月。

[6]世界银行东亚和太平洋地区基础设施局、国务院发展研究中心产业经济研究部著:《机不可失,中国能源可持续发展》[M],北京:中国发展出版社,2007年5月。

[7]严陆光、陈俊武主编:《中国能源可持续发展若干重大问题研究》[M],北京:科学出版社,2007年3月。

[8]韩文科、胡秀莲等著:《中国能源消费结构变化趋势及调整对策》[M],北京:中国计划出版社,2007年1月。

[9]史丹等著:《中国能源工业市场化改革研究报告》[M],北京:经济管理出版社,2006年11月。

[10]董崇山著:《困境与突破 人类能源危机及其出路》[M],北京:人民出版社,2006年5月。

[11]崔民选主编:《中国能源发展报告2006》[M],北京:社会科学文献出版社,2006年11月。

[12]美国能源信息署编著:《国际能源展望——未来国际能源市场分析与预测(至2025年)》[M],北京:科学出版社,2006年4月。

[13]魏一鸣等著:《谁能驱动中国——世界能源危机和中国方略》[M],北京:科学出版社,2006年1月。

[14]中国科学院能源战略研究组编:《中国能源可持续发展战略专题研究》[M],北京:科学出版社,2006年1月。

[15]田立新等著：《能源经济系统分析》[M]，北京：社会科学文献出版社，2005年11月。

[16]刘震炎、张维竞等著：《环境与能源科学导论》[M]，北京：科学出版社，2005年1月。

[17]倪建民主编：《国家能源安全报告》[M]，北京：人民出版社，2005年7月。

[18]王金南等著：《能源与环境 中国2020》[M]，北京：中国环境科学出版社，2004年12月。

[19]国土资源部信息中心编：《世界主要国家能源形式》[M]，北京：中国大地出版社，2004年1月。

[20]中国能源发展战略与政策研究课题组：《中国能源发展战略与政策研究》[M]，北京：经济科学出版社，2004年7月。

[21]王丹：《中国石油产业发展路径寡占竞争与规制》[M]，北京：中国社会科学出版社，2007年5月。

[22]周风起、王庆一主编：《中国能源五十年》[M]，北京：中国电力出版社，2002年1月。

[23]赵媛著：《可持续能源发展战略》[M]，北京：社会科学文献出版社，2001年4月。

[24]董承章：《投入产出分析》[M]，北京：中国财政经济出版社，2000年2月。

[25]高敏雪、李静萍，许健：《国民经济核算原理与中国实践》[M]，北京：中国人民大学出版社，2006年3月。

[26]国家统计局：《投入产出宏观经济分析》[M]，北京：中国统计出版社，1993年10月。

[27]国家统计局：《中国2002年投入产出表编制方法》[M]，北京：中国统计出版社，2005年12月。

[28]国家统计局：《中国国民经济核算体系》[M]，北京：中国统计出版社，1992年12月。

[29]廖明球：《经济、资源、环境投入产出模型研究》[M]，北京：首都经济贸易大学出版社，2005年1月。

[30]邱东、杨仲山：《当代国民经济统计学主流》[M]，大连：东北财经大学出版社，2004年5月。

[31]石小玉：《世界经济统计研究新进展》[M]，北京：中国广播电视大学出版社，2002年12月。

[32]苏汝劼、夏明：《国民经济核算概论》[M]，北京：中国人民大学出

版社，2004 年 7 月。

[33]杨灿：《国民核算与研究通论》[M]，北京：中国统计出版社，2005 年 6 月。

[34]杨廷干、刘小瑜，蔡定萍：《国民经济核算——理论、方法及应用》[M]，北京：经济管理出版社，1998 年 12 月。

[35]郑菊生、卞祖武：《国民经济核算体系原理》[M]，上海：上海财经大学出版社，2000 年 6 月。

[36]李景华：《中国第三产业投入产出分析：1987—1995》[A]，中国投入产出分析应用论文精萃，北京：中国统计出版社，2004 年 5 月。

[37]廖明球：《非线性动态投入产出模型实际应用的研究与思考》[A]，中国投入产出分析应用论文精萃，北京：中国统计出版社，2004 年 5 月。

[38]徐华强：《投入产出成本价格分析方法在中国价格改革问题研究中的应用》[A]，中国投入产出分析应用论文精萃，北京：中国统计出版社，2004 年 5 月。

[39]张金水：《可计算非线性动态投入产出模型与动态 CGE 模型的统一》[A]，中国投入产出分析应用论文精萃，北京：中国统计出版社，2004 年 5 月。

[40]邱东、陈梦根：《中国不应在资源消耗问题上过于自责——基于"资源消耗层级论"的思考》[J]，统计研究，2007 年第 2 期。

[41]蒋萍：《也谈 GDP 的口径与算法》[J]，统计研究，2008 年第 8 期。

[42]蒋萍：《人口健康与中国长期经济增长关系的实证研究》[J]，中国人口科学，2008 年第 5 期。

[43]宋旭光：《资源约束与中国经济发展》[J]，财经问题研究，2004 年第 11 期。

[44]白雪梅：《透视建模中的数据特性》[J]，财经理论与实践，2002 年第 5 期。

[45]赵进文等：《经济增长与能源消费内在依从关系的实证研究》[J]，经济研究，2007 年第 2 期。

[46]韩亚芬等：《中国经济发展和能源消耗的统计关系与节能潜力分析》[J]，资源与环境，2007 年第 2 期。

[47]中国投入产出学会课题组：《我国目前产业关联度分析——2002 年投入产出表系列分析报告之一》[J]，统计研究，2006 年第 11 期。

[48]胡萌：《再论我国能源强度降低问题》[J]，统计研究，2006 年第 3 期。

[49]肖冬荣等：《上海市能源消耗与经济增长的协整分析》[J]，安徽农业科学，2007 年第 18 期。

[50]于峰等：《开放经济下环境污染的分解分析——基于 1990～2003 年间我国各省市的面板数据》[J]，统计研究，2007 年第 1 期。

[51]钱金川：《国外能源节能战略对我国发展节能的借鉴与探讨》[J]，电气技术，2007 年第 8 期。

[52]中国投入产出学会课题组：《从 2002 年表看我国的经济状况——2002 年投入产出表系列分析报告之二》[J]，统计研究，2006 年第 12 期。

[53]马树才、李国柱：《中国经济增长与环境污染关系的 Kuznets 曲线》[J]，统计研究，2006 年第 8 期。

[54]高振宇、王益：《我国生产用能源消费变动的分解分析》[J]，统计研究，2007 年第 3 期。

[55]马道明、黄贤金：《江苏省高资源消耗型产业甄别与竞争力评价研究》[J]，中国人口资源与环境，2007 年第 5 期。

[56]中国投入产出学会课题组：《我国能源行业产业关联分析——2002 年投入产出表系列分析报告之六》[J]，统计研究，2007 年第 5 期。

[57]柴建、郭菊娥：《我国单位 GDP 能耗的投入占用产出影响因素分析》[R]，中国第七届投入产出年会，2007 年 8 月。

[58]金继红：《中国经济结构变化与二氧化碳排放实证分析》[R]，中国第七届投入产出年会，2007 年 8 月。

[59]刘洪涛、郭菊娥等：《能源投入产出分式规划模型的构建与应用》[R]，中国第七届投入产出年会，2007 年 8 月。

[60]喻春琳：《我国二氧化硫减排的投入产出分析》[R]，中国第七届投入产出年会，2007 年 8 月。

[61]齐舒畅、刘慧平等：《中国投入产出表编制近况和一些思路》[R]，中国第七届投入产出年会，2007 年 8 月。

[62]任娜：《能源安全与当代大国关系——以中日关系为例》[D]，中国优秀博士论文数据库，2007 年 3 月。

[63]李艳梅：《中国城市化进程进程中的能源需求与保障研究》[D]，中国优秀博士论文数据库，2007 年 6 月。

[64]王俊峰：《中国能源·经济·环境(3E)协调发展的研究与政策选择》[D]，中国优秀博士论文数据库，2000 年 5 月。

[65]储慧斌：《中国能源需求及其风险管理研究》[D]，中国优秀博士论文数据库，2005 年 12 月。

[66]杭雷鸣：《我国能源消费结构问题》[D]，中国优秀博士论文数据库，2007 年 1 月。

[67]Amanar Akhabbar：Leontie and Samuelson on The Non-substitution Theory Some Methodological Remarks[R]，International Input-Output Association，2006.

[68]Jordi Roca，Mònica Serrano，Income Growth And Atmospheric Pollution in Spain：An Input-Output Approach[R]，Intermediate Input-Output Meeting，2006.

[69]Debesh Chakraborty：A Structural Decomposition Analysis of Energy Consumption in India[R]，International Input-Output Association，2006.

[70]Carsten Nathani：Materials Use and Induced Energy Demand：An Input-Output，Ananlysis[R]，International Input-Output Association，2006.

[71]Toshihiko，MIYAGI：Evaluation of economic impacts from the accessibility-change by transportation investment：A SCGE modeling approach[R]，International Input-Output Association，2006.

[72]Vito Albi，Silvana Kühtz，Antonio Messeni Petruzzelli：Analysing Logistics Flows in Industrial Clusters Using an Enterprise Input-Output Model[R]，International Input-Output Association，2006.

[73]Yokoyama Kazuyo，Kagawa Shigemi：Relationship Between Economic Growth and Waste Management，Dynamic Waste Input-Output Approach[R]，International Input-Output Association，2006.

[74]Pongsun BUNDITSAKULCHAI，Hajime INAMURA，Shigemi KAGAWA and Masato YAMADA：Price-endogenized Inter-industry Approch with Goods and Bads[R]，International Input-Output Association，2006.

[75]Carsten Nathani：Materials Use and Induced Energy Demand：An Input-Output Ananlysis[R]，International Input-Output Association，2006.

[76]Helmut Mayer：Calculation and analysis of a hybrid energy input-output table for Germany within the Environmental-Economic Accounts（EEA）[R]，16th International Input-Output Conference，2-6 July，2007，Istanbul，Turkey.

[77]Giovanni Baiocchi，Jan Minxy，John Barrettz，Tommy Wiedmann：

The Impact of Social Factors and Consumer Behaviour on the Environment - an Input-Output Approach for the UK[R], International Input-Output Association, 2006.

[78]Giovanni Baiocchi, Jan Minxy, John Barrettz, Tommy Wiedmann: The Impact of Social Factors and Consumer Behaviour on the Environment - an Input-Output Approach for the UK[R], International Input-Output Association, 2006.

[79]Chang, Y. F. and S. J. Lin: Structural decomposition of industrial CO2 emission in Debesh Chakraborty, A Structural Decomposition Analysis of Energy Consumption in India[R], 16th International Input-Output Conference, 2-6 July, 2007, Istanbul, Turkey.

[80]Lilian Cristina Anefalos, José Vicente Caixeta Filho, Joaquim José M. Guilhoto: Input-Ouput Model For Economic Evaluation of the Supply Chain: The Case of Cut Flowers Exportation[R], International Input-Output Association, 2006.

[81]Nikolaos K. Adamou, Ph. D: Linkages, Impact & Feedback in Light of Linear Similarity[R], 16th International Input-Output Conference, Istanbul, turkey, 2-6, July, 2007.

[82]Manfred Lenzen, Richard Wood and Blanca Gallego: RAS matrix balancing under conflicting information[R], International Input-Output Association, 2006.

[83] Nafiseh Mohammadi, Fatemeh Bazzazan: Sources of Economic Growth and Input-Output Structural Decomposition Analysis: The Case of Iran[R], 16th International Input-Output Conference, 2-6 July, 2007, Istanbul, Turkey.

[84]Wilting, H. C. , R. Hoekstra, S. Schenau Emissions and Trade: a Structural Decomposition Analysis for the Netherlands[R], paper presented at the Intermediate Input-Output Meeting on Sustainability, Trade & Productivity, 25-28 July, 2006, Sendai, Japan.

[85]Maria Savona, Andr'e Lorentz: Demand and Technology Contribution on Structural Change and Tertiarisation: An Input – Output Structural Decomposition Analysis[R], LEM Working Paper Series, 2005. 5。

[86]Antonio Manresa, Ferran Sancho: An Applied General Equilibrium Analysis of a Double Dividend Policy for the Spanish Economy[R],

International Input-Output Association, 2006.

[87]Joaquim J. M. Guilhoto, Silvio Massaru Ichihara: The Oil and Gas Sector in the Brazilian Economy[R], 16th International Input-Output Conference, 2-6 July, 2007, Istanbul, Turkey.

[88]West, G. & Gamage, A, Macro: Effect of Tourism in Victoria, Australia, A Nonlinear Input-Output Approach [J], Journal of Travel Research, Vol. 40, Auguest 2001.

[89]De Haan M: A structural decomposition analysis of pollution in the Netherlands [J], Economic Systems Research, 2001, 13 (2): pp. 181-196.

[90]MICHAEL L. LAHR & LOUIS DE MESNARD: Biproportional Techniques in Input-Output Analysis: Table Updating and Structural Analysis[J], Economic Systems Research, Vol. 16, No. 2, June 2004.

[91]De Haan M: A structural decomposition analysis of pollution in the Netherlands [J], Economic Systems Research, 2001, 13 (2): 181-196.

[92]Geoffrey J. D. Hewings and Rodney C. Jensen: Emerging Changes in Regionanl Input-Ouput Analysis[J], the Annals of Regional Science, 2005, 8.

[93]Dietzenbacher, E. , and Los, B. (1998): Structural Decomposition Technique: Sense and Sensitivity[J]. Economic Systems Research, 10, 307-323.

[94]Haan, M. D. , (2001): A structural decomposition analysis of pollution in the Netherlands[J]. Economic Systems Research, 13(2), 181-196.

[95]Harry Wilting and Kees Vringer: Environmental Accounting from a Producer or a Consumer Principle; an Empirical Examination covering the World[J], DRAFT version, 01 June, 2007.

[96]Hoekstra, R. and M. A. Janssen: Environmental Responsibility and Policy in a Two country Dynamic Input-Output Model[J], Economic Systems Research, 18, pp. 61-84, 2006.

[97]Koichi Hikita, Kazushige Shimpo: Making Input-Output Tables for Environmental Analysis for India: 1993/94 and 1998/99[J], May 2007 Version.

[98]Kuroda, M. and K. Nomura (1998): General Equilibrium Approach on Environmental Policy[J], Mita Business Review, Vol. 41, No. 4, pp. 27-54.

[99]Nansai, K. , Y. Moriguchi, and S. Tohno (2002): Embodied Energy and Emission Intensity Data for Japan Using Input-Output Tables (3EID): Inventory data for LCA[R], Tsukuba: National Institute for Environmental Studies.

[100]Wilting, H. C. and J. P. M. Ros: Comparing the Environmental Effects of Production and Consumption in a Region; a Tool for Policy, in: S. Suh (ed), Handbook on Input-Output Economics for Industrial Ecology (Eco-Efficiency in Industry and Science) [J], Springer-Verlag, 2007.

[101]Jesper Munksgaard, Mette Wier, Manfred Lenzen, and Christopher Dey: Using Input-Output Analysis to Measure the Environmental Pressure of Consumption at Different Spatial Levels[J], Journal of Industrial Ecology, 2005, 11.

[102]Taiwan: an input-output approach, Energy Policy, Vol. 26, No. 1, pp. 5-12(8). 1998.

后　记

　　能源资源作为自然资源的重要组成部分，是现代社会人类生存和发展最重要的物质支撑。探讨导致能源消耗增长的经济技术因素，提高能源利用效率，解决能源与环境的冲突是中国进一步发展所必须面对和解决的重大问题。纵观国内现有研究，很少有人基于投入产出方法，结合计量经济方法，来测度能源投入带来的积极效应和消极效应。作为一个统计专业的研究者，为促进能源与经济的可持续发展，我认为自己应尽有限的能力做一些有益的探索。因此，自 2006 年开始，我梳理和归纳了大量关于能源投入产出问题研究的国内外前沿性文献，并逐步用投入产出方法来研究中国能源投入产出问题，最终在导师的建议下确立为自己的博士论文选题。

　　本书的研究过程综合了统计学、经济学、生态学、计量经济学等诸多学科的知识，研究方法的科学性、研究结论的正确性可能与众多专家学者的认识并非一致，许多问题尚在探索实践之中。尽管写作过程克服了重重困难，也尽了自己的最大努力，但这一选题对我而言就像一座高山，不敢仰望其高，唯有低头攀登。本书虽已搁笔，但本书中的缺点甚至错误之处在所难免，恳请各位专家、老师给予批评、指正。

　　论文完成之际，意味着博士阶段的学习也即将结束。追忆三年的学习生活，诸多老师、朋友给予了我许许多多无私的教诲、帮助和关心。首先我要特别感谢我的导师蒋萍教授。在繁忙的教学、科研工作当中，导师对我的论文写作倾注了大量心血，无论是论文的选题、开题，还是论文框架的确立以及最终定稿，导师都不厌其烦，给予了悉心指导，从而促使我的思考更加缜密而成熟。导师严谨的治学态度、谦和的待人精

神将使我受益终生。三年的写作里程，导师把我一个不会写学术论文的人变成一个完成博士毕业论文写作的人，让我懂得了什么是做人、做事、做学问。另外，导师在我的生活上也给予了莫大的关心和无私的帮助，感激之词难以言表，我唯有不懈努力，直到有一天导师能以我为荣，算是对导师最好的报答。

另外，我要感谢我的爱人周生军博士，多年来，从考取博士到论文的终稿一直离不开他在生活上的支持和学业上的帮助，是他的关怀和支持促使我顺利完成了自己的学业，迈上了我人生中一个又一个新的台阶；我要感谢国家发改委宏观经济研究院的许生博士后，从论文初稿到终稿的写作过程中，他给我提出了很多有价值的修改建议，帮我理清了写作思路；也非常感谢东北财经大学的田成诗副教授，在论文的框架结构安排上，他多次给我提出优化的方法。

"路漫漫其修远兮，吾将上下而求索"。东北财经大学——这块学术胜地既传授了我理论知识，也教给了我做人、做事的道理，我将以此为起飞平台，在以后的岁月中，继续对经济理论与统计知识进行不断探索。

尚红云